5G时代广播发展的
理念创新与实践探索

5G SHIDAI GUANGBO FAZHAN DE
LINIAN CHUANGXIN YU SHIJIAN TANSUO

申启武◎主编　　张建敏◎副主编

暨南大学出版社
JINAN UNIVERSITY PRESS

中国·广州

图书在版编目（CIP）数据

5G 时代广播发展的理念创新与实践探索/申启武主编；张建敏副主编 . —广州：暨南大学出版社，2020. 11

ISBN 978 - 7 - 5668 - 3014 - 2

Ⅰ. ①5⋯ Ⅱ. ①申⋯②张⋯ Ⅲ. ①广播事业—发展—研究—中国 Ⅳ. ①G229. 2

中国版本图书馆 CIP 数据核字（2020）第 206852 号

5G 时代广播发展的理念创新与实践探索

5G SHIDAI GUANGBO FAZHAN DE LINIAN CHUANGXIN YU SHIJIAN TANSUO

主　编：申启武　副主编：张建敏

出 版 人：张晋升

责任编辑：雷晓琪

责任校对：刘舜怡　王辰月　刘 蓓

责任印制：汤慧君　周一丹

出版发行：暨南大学出版社（510630）

电　　话：总编室（8620）85221601

　　　　　营销部（8620）85225284　85228291　85228292　85226712

传　　真：（8620）85221583（办公室）　85223774（营销部）

网　　址：http：//www. jnupress. com

排　　版：广州市天河星辰文化发展部照排中心

印　　刷：广州市穗彩印务有限公司

开　　本：787mm×1092mm　1/16

印　　张：13. 5

字　　数：265 千

版　　次：2020 年 11 月第 1 版

印　　次：2020 年 11 月第 1 次

定　　价：56. 00 元

广播学术研究正当时（代序）

覃信刚

2019 年 10 月 12 日，我有幸在内蒙古鄂尔多斯市参加了第四届中国广播创新发展高端论坛。此次论坛由中国高校影视学会、内蒙古广播电视台主办，暨南大学新闻与传播学院、中国传媒大学文化产业管理学院承办。论坛给我留下了两点深刻印象：一是演讲嘉宾来自业界、学界，他们共话 5G 时代中国广播的理论创新与实践探索，内容鲜活，受到与会 100 多位代表好评，时常掌声不断；二是暨南大学新闻与传播学院多年来致力于广播学术研究，在博士生导师申启武教授的带领下，取得不少研究成果，会上有专家热情评价"暨南大学新闻与传播学院是中国高校广播学术研究重镇，申启武教授作出了积极贡献"，引起论坛代表热烈反响与赞同。由于有这样一段前奏，当启武教授把《5G 时代广播发展的理念创新与实践探索》书稿传给我，嘱我写篇简短的序言时，我便爽快答应了。

该书汇集的大多数内容便是论坛上提交的论文，它代表了当今中国业界、学界广播研究的最新成果，很值得一读。由此我想到，广播学术研究正当时，我们应沉下心来，辛勤劳作，把广播学术研究做好，争取更大的成绩。

为什么说广播学术研究正当时？这是从当前的现实情况出发作出的判断。其一，2020 年 12 月 30 日是人民广播诞生 80 周年纪念日，值得研究的内容很多；其二，新型冠状病毒肺炎疫情使我国广播经受了严峻考验，疫情下的广播、后疫情时代的广播都值得深入研究。将两件大事结合在一起，似乎强调了广播学术研究的机遇和条件，突出了研究的重要性。

人民广播诞生 80 年来，各项事业发生了翻天覆地的变化，取得辉煌业绩：国家已建成比较完善的广播体系，截至 2019 年底，全国广播综合人口覆盖率99.1%，办有广播电台 2 825 套。经过 80 年的创业、创新，艰苦奋斗，我国已成为名副其实的广播大国，正朝广播强国迈进。同样，在 80 年的发展历程中，广播学术研究取得优异成绩：广播重大理论问题的研究取得突破性进展，表现在广播重大方针、原则问题的确立，广播发展理论、发展理念、发展战略的确立；中国广播学基本原理和广播史研究取得突出成就，特别是引领前沿、关注当代的应用广播学蓬勃兴起，成为显学。但是，构建具有中国特色的广播学还任重道远，应改变目前手法单一、路子不宽的状况，下苦功研究。我常常思考，人民广播有80年的历史实践，内容丰富，现在抓紧时间研究可以说是难得的机遇，我们应该勇攀高峰，百花齐放：

一是做好马克思主义新闻观与广播发展的研究。这里包括列宁、斯大林广播思想，毛泽东、刘少奇、周恩来、邓小平、江泽民、胡锦涛、习近平广播思想的研究。

二是关于80年通史的研究。1995 年，英国历史研究学会副会长阿萨·比格斯（Asa Biggs）出版的五卷本《英国广播史》，被称为广播学术巨著。但五卷本的史书实际只写了50年时间，我国人民广播已经有80年的发展历史，也应该有这样的巨著。另外，广播区域史的研究还比较薄弱，也应提上议事日程。除此，广播思想史、观念史、概念史、理论史等也应百花齐放。

三是现实问题的研究，包括媒介融合、大数据、云计算、人工智能、5G、区块链时代的广播等。

四是广播批评和广播效果的研究比较滞后，导致业界常常出现一些实践的问题。如"人民广播"，1948 年毛泽东指出，我们是人民民主专政，各级政府都要加上"人民"二字，各级政权机关都要加上"人民"二字，20 世纪 50 年代初，全国 50 多家电台全部加上了"人民"二字。人民当家作主，中华人民共和国广播的发展历程铺就了厚重的人民底色。可是，有的电台在改版时却把"人民"二字去掉了，背后的原因有哪些？这应认真思考。

五是广播遗产的研究。目前在全世界，广播"世界文化遗产"只有一处。世界广播已经有 114 年的历史，中华人民共和国的广播也有 80 年的历史，有许多遗产值得研究、保护。比如发射基地，目前中国有三大发射基地，分别在新疆、海南、云南，云南的发射基占地 4 000 多亩，再过几十年，很可能成为世界文化遗产，但现在就要研究。云南广播博物馆收藏着一个"九头鸟"和 87 兆赫以下的收音机，云南的山洞里如今藏着两部 20 世纪 50 年代的巨型短波发射机，这些都应该好好保护。而要做好保护，就需要研究。

六是广播经典个案的研究。如全新闻电台、音乐台、交通台、戏曲台、农村台等，虽然学界、世界以往对此进行了一些研究，但还不够，还应该加强。

七是中国广播人口述历史研究，这是抢救性的研究，应该特别抓紧时间。

八是中国广播学者著作研究，包括学者的生平和研究、评论文章选编、学者著译系年目录、评论文章目录索引等。

九是翻译出版世界广播学术研究经典文献。

这些研究，都应该有巨著出现，无论学者独著抑或专家主编；也应该有丛书出现，不管是理论、史学抑或应用方面。

2020 年春节期间，新型冠状病毒肺炎突如其来，演变成全球重大公共卫生事件。在防疫抗疫阻击战中，我国四级广播全面出动，传统媒体与新兴媒体融合报道，为打赢疫情防控阻击战提供了强大的舆论支持，立下了汗马功劳。疫情之战广播的政治传播、资讯传播、国际传播、科普传播、情感传播以及全国联动、云访谈、云制作、方舱电台、广播日志等，都值得研究，目前已经有了一些研究，但还不够，还需加倍努力，做出成效。同时，后疫情时代，广播的融合和转型研究也要提上议事日程。从这次疫情传播我们可以看出，融合传播已经成为主流传播形式，广播的智能收听已开始普及，未来的研究，应多关注互联网广播的研究，与时俱进，不断创新。

广播学术研究正当时，让我们携手前行，去谱写美好的篇章！

（作者系中国广播电视社会组织联合会学术委员会副主任，云南广播电视台原台长，云南师范大学传媒学院教授、博士生导师。）

目　录

探索与实践

成就与经验

会议综述

5G时代的广播变局

5G 环境下的广播发展

周小普　陈敬　刘楠

摘要： 5G 时代"信息随心至，万物触手及"。如果 4G 改变的是生活，那么 5G 将改变社会，真正实现万物互联。5G 将不仅仅改变广播的传播通路和传播方式，对广播的内容生产方式也将带来变革。广播应该更好地利用各种资源，将互联网的便利、优势与万众、万物互联的资源结合起来，传播真实有益、与民众生活息息相关的各类信息、知识；在这个过程中提高民众的媒介素养，提升社会对各种意见的容忍度，提供平和的讨论园地；始终占领音频传播权威的制高点，成为全社会音频内容生产和传播标准的制定者和提供者。广播应在 5G 时代参与到新的媒介环境的竞争中去，创造广播传播新的发展点。

关键词： 5G；广播；传播场景；话语体系

我们面对的是一个技术不断发展并迅速革新的时代。

2018 年 12 月，中国电信、中国移动、中国联通三大电信运营商获得全国范围 5G 中低频段试验频率使用许可，这意味着 5G 商业化在中国开始起步。2019 年 2 月，华为首台折叠屏 5G 手机上市，这意味着我国的 5G 应用走出规模试验，离正式商用更近了一步。

5G 环境下广播应该如何发展？这是所有广播人面临的问题。

一、技术与内容的相互形塑

（一）技术的进步

G 是英文 generation 的首字母缩写。1G 网络实现了模拟信号的语音传送，人们开始了移动端的通话。2G 是数字信号传输，人们能够打电话、发短信、简单浏览网页和阅读电子书，实现了 txt 格式文件的传输。3G 支持高速数据传输，可以用手机浏览大量网页并使用微博、微信和玩手游，实现了 jpg 格式较大文件的传输，但看视频还较为困难。4G 网络极大地提高了数据传输的速度和容量，人们可以随时畅快上网、视频通话，还能直播和观看短视频，avi 格式成为新的可传送单元。

随着 4G 的大规模应用，人类进入了移动互联时代，步入了"沉浸传播"生活。如果说"电脑 + 互联网"改变了传统生活和商业方式，那么"智能手机 + 4G"则改变了传统的互联网生活和互联网商业方式。

表 1　通信网络迭代功能示意

时代	网速（bps）	通信/社交	资讯	娱乐	购物	出行
1G 语音	5K	电话				
2G 文本	50K	电话/短信	移动梦网	手机报/彩铃/小游戏		
3G 图片	500K	电话/微信	微博	手机游戏/音乐	美团/淘宝/京东	携程
4G 视频	20M	电话/微信	今日头条	直播/抖音/王者荣耀	手机支付/拼多多	Uber/滴滴

5G 有如下特点：

（1）技术指标。5G 支持 0.1 ~ 1Gbps 的用户体验速率，每平方千米多达数 10Tbps 的流量密度、峰值速率以及 100 万的连接密度，毫秒级的端到端延时，每小时 500 千米以上的移动接入能力。

与 4G 相比，5G 具有速度快（数据传输速率最高可达 20Gbps，相当于 4G 的数十倍）、低延时（端到端延时仅 1 ~ 10 毫秒）、连接广（可以同时允许海量设备相互连接）等特点。

（2）强互动。5G 技术将为人群提供更多的媒体互动，这将是高速率、高精度的及时互动；是信号强、连接广的高质量互动；是能突破场景限制，实现多角度、全方位的互动。

（3）高沉浸。5G 将以融合和统一的标准，提供人与人、人与物以及物与物之间高速、安全和自由的联通。

5G 满足了超大带宽、超高容量、超密站点、超可靠性、随时随地可接入等要求。通信界普遍认为，5G 将是一个真正意义上的融合网络。

（二）传播技术影响内容

读者、听众或观众一直处在一种二元关系中，这种关系所提供的由叙事、论说与影像所构成的单纯表达性文化如今已经变成一种科技文化。正如拉什在《信息批判》一书中所说："当前的全球信息秩序是一种科技文化。之前存在的科技与文化二元论在此被裂解，融入了同一个内在平面。"① 他这里说的就是传播技术和内容的一元化。

当技术允许大量信息在单位时间内进行流畅传输的时候，量变触发了质变。传播技术与传播内容之间从来就不是彼此割裂的，新的技术总会带来新的内容。回顾之前的技术迭代，从 1G 到 5G 的发展过程看，1G 是电话，2G 就有了移动网，到了 3G 和 4G 的时代，就有了更多受众制作的 UGC 内容，比如帖子、图片、音频、小视频、直播，还有生活类内容的传播，像滴滴、淘宝、京东、美团、携程等多样的生活信息应用。大众传播的内容、形态、氛围都发生了根本性的结构改变。

当下构成文化主要成分的不再是高高在上的表达，而是与当今用户或玩家（非以往的读者、听众或观众）同在的那些作为科技的文化物品（cultural objects）。

手段与内容、技术与文化的二元划分正在消解。技术带来的改变不仅仅是传播形式上的，包括传统媒体的价值主张也不应再放置于技术的对立面。

二、技术变革背景下的广播

传播技术的快速进步和普及，给传统广播带来了很大的挑战。在这场竞争中，目前最大的胜者是移动平台端，而不是已有的频率、频道。

2018 年 12 月，中央广播电视总台与三大电信运营商及华为公司在北京签署了合作建设 5G 新媒体平台的框架协议，5G 的媒体应用已在路上。但具体到广播，则存在着一些不适应。

（一）生存空间被挤占

广播面临着多方位的挑战，既有来自异模态的影像、画面、文字，又有来自同模态的网络音频。竞争对手已经不再是不同的传统媒体和同样的广播电台，广播变成整个社会多种媒体竞争的其中一个参与者。

从即时信息服务来说，移动端也能零时延提供，曾经具备优势的交通路况信息几乎被电子导航所替代。来自方方面面的音频制作带来大量的资讯与知识产品，从娱乐与消费角度来看，针对不同喜好与取向的丰富资源随处可得，具有传统广播所不具备的优势。

---

① ［英］斯各特·拉什著，杨德睿译：《信息批判》，北京：北京大学出版社，2009 年，第 7 页。

（二）专业话语体系被解构

曾经的专业话语表达被作为某种权力表征而遭到解构与变形。

在中国当下的媒体文化当中，最早在延安成立的新华广播电台奠定了后来几十年的官方口语表达方式。广播媒体现有的话语表达依然改动不大，表现手法仍较单一。但在技术赋权的浪潮下，全民声音生产，口语表达、方言表达与情绪表达等曾经或多或少被排斥在声音文本生产之外的话语形态，开始成规模涌现并且占据了传播优势。

这实际是对广播以往话语方式的解构，是一种对抗式解码。这种新编码有些也来自专业的广播从业者。在这种背景下，表达方法依然传统的媒体的话语权逐渐衰落。

（三）缺少必要的新功能

5G 技术的高指标，带来了很多新需求，互动成为传统媒体面临的较大挑战。人们现在接触社交媒体时，感觉其中最生动、最及时、最活泼的内容是互动；如从微博、微信的跟帖以及 B 站的弹幕中，都能看到大家的意见、见解。现有的4G 技术不仅使曾经的听众人群变得惯于互动、善于互动，更乐于互动，还提供了将这些互动过程文本化的便利条件。

而广播则在各种原因的影响下，无法很好地回应这样的需求，因缺少直接互动而显得捉襟见肘，所以基本仍是单向线性传播。这类广播当下不全具备、未主动开发的媒体功能，使其在社会协调沟通层面缺少作为。

（四）媒介功能被剥夺

这些情形构成的直接后果是广播的功能被逐渐瓦解，作为重要的声音媒介失去了其不可替代性，正在逐渐失去主流声音媒介的地位。听众仍然在听，并且对内容和量有更多、更好的追求，只是他们不再选择去转动收音机的开关。

现在最大的问题是我们的传统电子媒体——包括广播，相当程度上还没有把互联网提供的无尽的资源和渠道很好地纳入运营和内容的传播中去。很多时候还是在使用原有的信道、原有的话语方式、原有的内容加工方法，使用原有的团队在做与以往几乎同样的事情，表现出对新的传播环境的不适应。因此，其生存空间被大面积挤占，失去了很多话语权——虽然还在讲话，但还有多少人在听、在看？

三、思路与对策

面对这些挑战，首先我们要将注意力重点转移到技术进步、技术应用和提升服务上；其次，应该通过应对社会需求来重构专业话语体系、扩充内容、引入互动，而不是观望等待、被动应对。

（一）熟悉技术内在的传播价值与内容

广播要在新的技术时代重新找回并拓展生存空间，必须突破内容与技术、人文与科技、内容与形式等传统的二元束缚。

在互联网平台上，技术人员往往占到工作人员数量的大半，内容加工人员则相对减少。对传统媒体来说，也要有大的转变，要重新理解技术和内容的关系。不能再像过去那样，运营内容的人员不管技术，因为现在很多时候技术就是内容。我们不能再把内容和技术人为割裂，也就是说，技术、内容的二元划分现在已经解体了。媒体人都要掌握技术、熟悉技术，学会更好地使用技术。

广播从业者要分析、理解过往话语的专业性所建立的物质与文化基础，更重要的是剖析其被解构与技术赋权之间的内在关系与潜在逻辑。在此条件之下，基于新的、更强大的技术，重新构建广播的专业话语体系。在此过程中，技术扮演的角色不应仅仅呈现在丰富传播手段、更新表达形式层面，更应该漫渗于重塑新的意义生产这种生态层面的实践中。

（二）重新构建广播的专业话语体系

如今，基于融合文化和新媒体思维的多媒体叙事成为媒体内容生产的基本叙事语言。文本生成超越了单一的元素构成法则，呈现出文字、声音、图形、图像、动画等媒介元素的融合趋势与互动结构。[①] 广播在融合叙事生产上，可以扮演积极行动者的角色，创新融合媒体叙事，通过多种叙事方式，融合媒体主体，拓展用户参与的广度和深度。

面对即将到来的 5G 技术，广播组织及从业者应该做的是，再度出发探索声音深层的媒介特质与传播逻辑。挖掘云、人工智能、沉浸技术、算法等，以及它们在新技术状态下的变化与其中蕴藏的可能性，寻找并以此激活声音的意义生产。

声音是自然界与人类社会中最原始同时也是最常用的媒介。人们很多时候是

---

① 刘涛、杨烁燴：《融合新闻叙事：语言、结构与互动》，《新闻与写作》2019 年第 9 期，第 67 页。

借助音频来感知和接触世界的。我们都会沉浸在美妙的音乐里、投入在亲朋好友的话语中、浸润在鸟叫虫鸣的自然交响中。声音作为基础媒介，其本身具有丰富的特质：接近性、亲切性、直接性、灵活性、陪伴性、交互性、兼容性、具身性……它随着技术的发展而愈加丰富，随着人类的进步而日益灵动。

声音还具有鲜明的时代印记，它能够记录和还原特定时间的感觉。一首歌能够唤起人们对过去的回忆和对当下的体察，拥有强烈的传递感受的能力。像 2019 年 70 周年国庆前后，《我和我的祖国》这首歌广为传播，一首老歌能够带给不同年龄的民众很多共同的感受。

充分挖掘音频资源的叙事潜能，其中创新形态的范例如 2019 年美国网络新闻奖的"音频数字叙事奖"作品《最后一次目击》。它还原了 1990 年波士顿艺术博物馆中 13 件艺术品被盗的新闻，内容由精心设计的音频组成，通过 10 个系列播客、广播对话记者、综合网站、音视频资源以及线下数字社区面对面的活动，为受众提供了最全面的犯罪过程记录，用专业知识和全新视角挖掘出事件内幕。

广播是以声音为传播介质、在特定技术条件下产生的媒介。但对中国广播业界来说，声音的诸多特质常常受到压抑，潜能仍然有待发掘。在声音这个非常重要的传播介质的传递技术上，在传递的内容和方式上，都要深入探讨、大胆尝试。

（三）音频与视频的关系

人们在现场感觉中，视觉是第一位的认识信号；但是在第二现场或不在现场，声音就上升为更为重要的介质。当下融媒体时代，媒体之间的边界日渐模糊，但信号、介质之间的边界依然清晰。传统媒体时代，报纸、电视和广播的思维方式有很大的差别，但现在这种边界越来越模糊，文字从业者也必须具备音像思维，即所谓的"媒介"边界模糊。"信号"边界清晰则是指文字、声音、影像等各自的功能越来越突出，在媒体生产过程中越来越强调它们的不可替代性。

就受众来说，有的人本身倾向于接收声音，有的人更倾向于图像，未来他们的信号需求分野也会越来越清晰，而不再像现在这样在某种权宜的状态下无选择地被给予各类信号。这就要求不同媒介根据其不同的意义生产路径从不同的信号出发来融合其他媒介进行传播。

另外，在视频内容的制作中，母本一般都是声音，在这一点上，声音优先于视频。视频制作往往是以声音作为文本基础，包括视频的原始声音与后期的说明声音。这方面，新的视频应用表现更为突出，抖音是其中的典型例子。

抖音、快手等短视频媒介的强大传播力让学界的关注点指向视觉，而被忽略的是，抖音平台的初衷恰是以声音作为基本框架的内容生产。在抖音平台上，理论上所有视频的原声都可以直接被当作背景声音素材来使用，其用户根据声音的内在逻辑来进行原创影像的添加、组合与剪辑。在抖音海量的作品中，声音是影像的驱动。旋律、节奏、音响、声效、音质、声线甚至音量等要素都承担了重要的表意框架作用。当 4G 技术使这些声音资源成为用户可以在移动端便捷获得、调用、拼接、处理的原材料时，声音成为影像传播的核心驱动，而画面剪辑、镜头叙事反要为之服务。目前在抖音制作者中有一个被奉为根本操作原则的术语叫"卡点"，指的就是根据某段音乐或音频的节奏来进行画面的加工。

对声音规律的把握，是我们作为主要音频内容加工者应该重新认识的。也就是说，我们在使用其他信号、介质的时候，广播运用音频的专长不应轻易被放弃，而应该更好地认识它的重要性，建立对声音信号的信心，发挥其长处，利用它对人的号召力、呼唤力、感召力、陪伴力，来使我们的传播更有魅力。

（四）扩大传播场景

广播组织与业者曾经一方面满足于私家车数量激增而带来的统计学层面的短暂红利，另一方面又止步于学科分野，以一种接近于饮鸩止渴的模式去仿效既有的媒介文本。这后一种行为被普遍错误地理解成迎合市场、迎合大众，但它所做的只是一种符号层面的复制与衍生。

5G 网络的大带宽、低时延、高连接数量和广播/组播技术，将带来传播场景的很大突破。这种突破会使声音传播登堂入室、随身随行、每时每刻；它可以精准定位，提升听众的感官体验，会极大地拓展声音媒体的应用场景；另外，还可以突破场景限制，实现以听众为中心的互动，驱动广播的转型升级。

高效的智能家居可以根据用户当前所处的各类场景匹配差异化的音频内容，促使音频使用突破场景限制。语音平台如广播和蜻蜓 FM 等与智能家居及可穿戴设备应用携手合作，根据用户的不同需求，如居家、出行的需求等提供相应的差异化节目，让语音内容得到极大的丰富，更加趋向日常化、精准化和碎片化，积极参与人们的生活。现阶段，蜻蜓 FM 已经与美的、海尔、飞利浦、华为等公司的智能家居及可穿戴设备部门达成了合作。

移动互联网时代的移动音频为音频消费者提供了超市仓储式的音频产品消费模式，极大地满足了音频消费者的非属地、非时效的多元化个性消费诉求。5G将使信息传播不再受时间和空间的场景限制，也将进一步深化媒体移动的重要性，用户将实现向移动端的全面转移。广播怎样才能更好地服务于人们的日常工作和生活，是当前广播面临的一大挑战。

（五）广播可能的互动

5G 在深刻改变广播生存空间和思维方式的同时，也将催生创新和机遇，特别是对于传统广播的弱项——互动来说。

1. 与接收互动

利用 5G 网络带来的大数据整合功能，广播可以深度挖掘每一位受众的收听习惯和需要，精细分析和解读听众的节目偏好，寻找规律和增长点，在满足用户需求的基础上进行人群细分和内容个性化定制，从而提高到达率和竞争力。这是媒体原本意义上的互动。

而新媒体应用，如抖音平台，则通过算法技术实现的独特推送传播形式使它的内容呈现同时具备了随机奖赏与历史记录识别的优势。使用者在一次次的刷屏行为中，既可以获取自己感兴趣的内容，又可能得到崭新且对位的内容。这刺激了很多用户深度卷入这种不停刷屏并获取内容的媒介接触活动中。当然在同时，很多用户也意识到这种隐形的算法与推送技术的控制性，并批评它被用来作为某种隐蔽工具，加剧了社会资源的不公平分配。这些应该为广播所引以为戒。

内容传播不只是信息的载体，它也为社会成员创造出互动的情境，这种情境是以成员的共同参与体验为基础。例如广播节目依托语音识别交互系统，将听众的感想、评论实时传至播出现场，类似于看视频时发送"弹幕"。这就使节目得到了拓展与延伸，形成即时的互动讨论，使内容与听众有更多的契合点和兴趣点，变成与听众共同创作内容。当然这要求媒体在内容、情绪、观点等多方面的包容，比之前读短信、微信的做法要有更大的宽容度。这种对内容更大的宽容度，可以拓展民意参与社会事务管理、文化创新、自我表达的域限，也会为媒体赢得接收的选择。

2. 受众参与制作

4G 时代的移动端直播与自编辑短视频，使社会成员被技术进步赋予了视觉内容传播的能力与权益。也就是说，以往的读者、听众、观众现在同时可以是生产者。随着 5G 网络及终端的应用普及，5G 与广播媒体的融合，除了给用户带来新型场景服务体验外，对媒体在采、编、播、传等各个环节的操作也会带来革命性的变化。在新的技术环境下，UGC 逐渐成为一些音频节目的主流，很多广播节目也在靠互动内容来实现播出。所以，互动也是内容生产，同时它也建立起一种新的传播关系。

参与式新闻能更好地创造"在场感"和"主角感"，增强用户与内容之间的连接和对话，提升交互叙事的地位。在跨媒介叙事中，它是在媒体融合背景下产生的"新闻室融合"（newsroom convergence）的产物，它从新闻生产的角度为内容带来变化，包括日常实践、新闻价值观、新闻文化等方面。一个成功的范例是2019 年美国网络新闻奖的获奖作品《弥天大谎》，它是由音频叙事构成的"参与式新闻"。该报道调查了分散在美国南部数十座由纳税人资助修缮的南部联邦纪念碑、神龛、博物馆，发现它们的背后隐藏着一种令人不安的矛盾历史观。两位记者，一名为白人，一名为非洲裔，收集了大量原始音频，反映出美国在奴隶制、南北战争、种族等问题上多年来存在的两极分化观点。作品通过各类叙事主体的音频表述，呈现出英美文化、西班牙文化、土著文化等不同文化主体的民众价值观，用收集到的多方音频呈现的参与性、多样性来回顾、铭记历史。

从前述抖音的视频制作方法中也可以看到，声音可以带来巨大的互动空间，这并不一定仅仅局限在听觉层面，而是可以走向听觉主导的全方位、多模态互动。再以抖音为例，其最初的操作设计就是听觉主导的视觉内容生产——由一部分节奏感强烈的音乐和音效作为背景声音，用户围绕这个声音进行解读与视频内容生产。随着抖音的普及，"卡点"（严格根据音乐的节奏点进行画面剪辑编排）这一内容生产技能迅速在全社会普及，成为新媒体话语的一个全新的构成部分。而这种从听觉到视觉的内容生产又带动了全社会范围内的各类身体互动。

这一个案启示我们，节奏只是构成声音的众多元素之一，声音的创新领域非常广阔。广播专业拥有其他任何群体所不具备的对声音的理解、把握、调度、生发的宝贵资源，懂得声音使用方法在新媒体时期可以大有作为。在5G 提供的强大技术支撑下，它所能产生的互动空间以及相应的社会影响能力将是非常可观的。

媒体互动要求紧紧围绕听众的需要，当他们的需求得到表达，他们也可以创造出独到的应用，并及时得到业界的认可和把握。调动社会对媒体的需求，容纳社会对媒体的拓展，吸引社会参与媒体的操作，吸纳社会上那些对媒体有独到体会和兴趣的人员的加入，只有真正秉持一心为受众服务的理念才能做到，这应该成为媒体唯一的追求。这其实也是一个还传播于民的过程。

广播作为传统媒体有着很多的优势，像新闻传统、文艺传统及其几十年的积累，有着非常大的潜能。这些都是对民众所需要的内容进行加工的能力。广播人要在当下的技术平台和需求市场上重新激活和重置这些存量内容和能力，参与市场竞争，根据用户的需求来提供内容，把优秀的潜能挖掘出来，提升媒体传播的效能。

四、结语

广播作为大众主流媒体，其主要社会角色是社会环境的瞭望者、政策的塑造者、知识的传播者，担负着维护社会良性运行的职责。应坚持正确的舆论导向，讲好中国故事，提高传播效果，强化广播作为主流媒体在网络时代的公益主导作用。

然而广播人对现实生存状态有着不同的反应，有人感觉在竞争中捉襟见肘，前途暗淡；也有人无视困难，依然乐观，但面对日益萎缩的市场，又不知所措。

陷于当下的一些困境，广播在竞争上确有短板，这是应该正视的现实。但是声音作为传播的主要信号、介质的性质不会改变，广播作为大众主流媒体的主要社会功能不会改变，网络时代主流媒体的主导作用不会改变。我们可以通过更多的试错来进行探索，寻找路径，已有很多电台的摸索实践取得了阶段性或是部分的成功。

5G 时代"信息随心至，万物触手及"。如果 4G 改变的是生活，那么 5G 将改变社会，真正实现万物互联。5G 将不仅仅改变广播的传播通道和传播方式，也将为广播的内容生产方式带来变革。

广播应该更好利用各种资源，将互联网的便利、优势与万众、万物互联的资源结合起来，传播真实有益、与民众生活息息相关的各类信息、知识；在这个过程中提高民众的媒介素养，提升社会对各种意见的容忍度，提供平和的讨论园地，并始终占领音频传播权威的制高点，成为全社会音频内容生产和传播标准的制定者和提供者。在 5G 时代，广播应参与到新的媒介环境的竞争中去，创造广播传播新的发展点。

（作者分别系中国人民大学新闻学院教授、博士生导师，中国人民大学新闻学院研究生。）

5G时代对外成就性传播的内容及形式的创新探索

卢文兴

摘要：鉴于国际经济、政治、文化长期处于错综复杂的斗争格局中，对外成就性传播或将长期面临观念冲突、语言差异、渠道不畅等境况，需借助5G商用带动媒体生态变革的契机，增强"以人民为中心"的传播意识，创立政府与民间共搭台的传播渠道，突出文化内涵与符号相通的传播内容，探索传播目标地人们熟悉且乐于接受的传播方式，塑造谦逊自信、达观包容的传播形象，让"中国故事""中国声音"更从容地"走出去"。

关键词：5G；全球化；对外传播；"走出去"

媒体因所担负的职责、服务人群、发布范围和渠道的不同，在世界许多国家中一直存在着内外不同的传播指向和规范。而进入互联网传播时代，以共享、平等、个人化的传播理念，将世界联结成地球村，这也使得这些担负内外传播不同任务的媒体再难以有纯粹的服务指向，只有调整编辑、传播方针，统筹兼顾对内对外传播，才能确保信息在互联网传播中的内外"两相宜"。

然而，要达到这一目的并非易事。现实中，一些媒体因对互联网传播规律缺少足够的认识，未及时做好新媒体渠道布局，传播的层次要求不甚清晰，报道的尺度把握不准，时常出现因内容不适引发传播对象的反感甚至是泄密的问题。一些自媒体更是将个人负面情绪宣泄到网上，发表不当甚至是错误言论，引发社会负面舆情，西方一些国家的敌对势力趁机煽动蛊惑，对国内和谐社会建设造成阻碍。此外，对外成就性传播报道中，一些缺乏国际化元素、大量留存对内传播痕迹的内容，也严重影响了中国故事"走出去"的脚步。

在网络数字技术带来新闻信息传播向全球化和全民化方向演进的今天，对外传播无疑要严格贯彻党和国家对外交往的大政方针，密切关注国际舆论格局变动趋向，抓住5G商用推动互联网传播高速发展机遇期，增强"以人民为中心"的传播意识，推进从理念到渠道再到传播方式的全面重塑，克服观念冲突、语言差异、渠道不畅等诸多不利因素，提升跨国界、跨文化的传播影响力。

一、增强"以人民为中心"的传播意识

世界上一直存在着两种截然不同的传播观：一种是"以自我为中心"的传播意识，图谋"文化扩张""文化渗透""文化侵略""颜色革命"和颠覆别国政权；一种是"以人民为中心"的传播意识，助推各国人民密切交流、友好往来、真诚合作，协力打造人类共同的幸福家园。

我国的媒体传播工作，历来坚持"党性与人民性相统一"。在对外成就性传播中，以各国人民为主要诉求对象，努力满足各国人民的需求，争取各国人民对中华文化的认知与认同，尊重各国人民的文化追求和价值选择，不自以为是，不强加于人。因此，我们需要全面增强"以人民为中心"的传播意识。

（一）增强"以人民为中心"的传播意识，是我国国体、政体的内在要求

我国宪法及与之相配套的法律体系对人民至高无上权力地位的规定，超越历史任何时候和当今所有国家；在执政实践层面，更是向着"一切权力属于人民"的目标，持续调整、改革和不断完善。作为党和政府喉舌的媒体，只有在传播中把人民权益举过头顶，准确诠释"人民当家作主"的原则，充分体现中华人民共和国国体、政体的本质特征，才能加深传播对象对"中国道路"的正确认识。

（二）增强"以人民为中心"的传播意识，是我国媒体发展的必然要求

随着中国特色社会主义进入新时代，我们党和国家坚持"以人民为中心"的发展理念，誓要"永远把人民对美好生活的向往作为奋斗目标"，提出要"让全国人民共享改革开放成果"的指导思想，出台了一系列合民意、惠民生的政策措施，积极推进社会各项事业同步发展，一心一意全面建设惠及十几亿人口的高水平小康社会。媒体作为时代记录者、"社会晴雨表"，时时聚焦党和政府执政为民、发展为民的理念和实践，处处展示中国人民幸福生活场景，才符合我国新发展理念，也才能呈现更有魅力的"中国故事"。

（三）增强"以人民为中心"的传播意识，是我国对外交往的现实要求

我国作为全球经济发展的动力引擎和负责任的大国，始终坚持和平发展、共同发展的理念，目前正大力推进"一带一路"国际合作，主动把中国发展同世

界其他国家发展结合起来，把"中国梦"同各国人民的梦想结合起来，推动构建人类命运共同体和全球治理体系的改善与发展。国之交在民相通，担负对外传播的媒体，将中国政府在灾害频发及贫困地区开展的各种援助一件件说具体，把中资企业和中华儿女在全球各地大力履行社会责任、为各国人民所做的公益事业一桩桩讲清楚，传播对象一定能够从中感受到中国人民的友好与善意，也才能真心实意地为"中国声音"喝彩。

（四）增强"以人民为中心"的传播意识，是我国网络传播的发展要求

尽管我国接入互联网络比外国晚了 25 年，但截至 2019 年 6 月，我国的互联网用户已增至 8.54 亿，手机上网用户 8.47 亿，互联网普及率达 61.2%①。互联网能在短暂时间内发展成信息传播主通道，在于其技术变革最大限度地促进了全民对传播的参与。对外传播面对比我们早进入互联网 25 年的国际社会，在各国人民更早、更快地参与互联网传播的客观背景下，中国媒体在传播时只有融入更多的人民性元素，才能跟上全球互联网传播发展的步伐，也才能让五大洲更多不同种族、不同文化的人们被中国"网红""爆款"所吸引。

二、创立政府与民间多渠道的传播平台

我们正处在全球传媒生态巨大变革的时代。互联网络、移动终端、人工智能、数字技术的综合运用，完全颠覆了人类信息传播的传统结构与模式。对外传播也只有全方位推进传统媒体与新兴媒体的融合发展，演化出千姿百态的新闻与信息传播的新平台、新渠道，才能让"中国声音"传得更远。

当前，我国在互联网基础建设和互联网应用投资上的开放度不断扩大，越来越多的民间资本、海外资本流入互联网信息传播投资领域。特别是进入 5G 时代，民间传播力量会进一步发展壮大，创立政府与民间多渠道的传播平台，拓展民间对外传播手段，不仅势在必行，且大有可为。

（一）优化平台

我国的对外传播在很长一段时间内由专门从事对外传播的专业媒体执行，主要通过广播、电视、报纸、杂志等传统媒介，为中国连接世界架设了信息沟通的

---

① 第 44 次《中国互联网络发展状况统计报告》，中国互联网信息办公室，http：//www.cac.gov.cn/2019－08/30/c_1124938750.htm。

桥梁。但不得不承认，这些专业媒体在互联网技术运用、传播平台改造提升和渠道布局上，相对滞后于其他国家具有全球领先地位和具有在地优势的传媒，导致传播力、影响力此消彼长。

对外传播平台再造既迫在眉睫又任重道远，一方面需要加强与腾讯、阿里巴巴、百度等民营互联网"巨头"的合作，在 5G 商用的进程中，加快 AI、4K/8K、VR/AR 等新技术的应用，增加中高端信息服务供给，力争在传播平台先进性上与竞争对手缩小差距甚至超越竞争对手。

另一方面针对传播对象所在国家和地区互联网技术更新迭代的客观情况，因地制宜配置多层次传播平台，使之与传播对象信息接收终端完全匹配。如发达国家和地区的各种媒体发展都比较充分，我国需要同时提升传统媒体与新兴媒体传播平台建设的水准；一些落后或封闭国家和地区新兴媒体发展比较滞后，则相应多用力于传统媒体升级，同时适当超前布局新兴媒体平台，以引领媒体发展潮流。

（二）拓展渠道

第 44 次《中国互联网络发展状况统计报告》的数据显示，我国网络视频用户规模已达 7.59 亿，占网民整体的 88.8%。2019 年上半年，我国手机网民经常使用的各类 App 中，即时通信类 App 的使用时间占比为 14.5%，网络视频和短视频 App 的使用时间占比为 24.5%。[①] 视频在社会表达中的主流化，[②] 为对外传播拓展了新的渠道。

如国际在线 2018 年成立"强国路上网评融媒体工作室"，在中央广播电视总台这一庞大母体的支持下，打造"三台三网共振、第三方同频"融媒体平台，当年共创作推出了 130 个融媒体产品，获全网推送 60 期，全网推送率近 50%。其中 5 个短视频为爆款产品，总浏览量超过 2.5 亿人次。[③]

互联网上诞生的自媒体是对外传播的又一重要渠道。为此，担负对外传播任务的许多媒体，鼓励体系内的新锐专业力量，在全球有影响力的社交、搜索、资讯、视频等平台上开设自媒体账号。例如《中国日报》年轻记者彭译萱创作的日志式视频博客"小彭 Vlog"，以其鲜明的个性和独特的亲和力"圈粉"无数，

---

① 第 44 次《中国互联网络发展状况统计报告》，中国互联网信息办公室，http：//www.cac.gov.cn/2019－08/30/c_1124938750.htm。

② 喻国明：《5G 时代视频传播的机遇与挑战——在"5G 融合、智慧赋能：2019 视频融合传播数据价值创新峰会"的演讲》，《现代视听》2019 年第 10 期，第 87－88 页。

③ 《5 个短视频，2.5 亿点击，国际在线"圈粉海外"有高招！》，搜狐网，https：//www.sohu.com/a/338404301_181884，2019 年 9 月 3 日。

短短半年时间，在微博、微信和各大视频平台总播出量超过 4 800 万次。①

（三）延伸传播

在海外通过合作、收购或自建传播平台，是拓展对外传播渠道的又一有效方式。抖音海外版——TikTok 两年时间内覆盖 150 多个国家和地区，其成功秘诀在于平台打造和经营的在地化。2017 年 11 月，抖音母公司以 10 亿美元收购一款美国短视频应用 Musical. ly。当时，这款以年轻人通过对口型假唱和跟着音乐跳舞来制作短视频的社交 App，已经令美国青少年群体为之疯狂，一度高居美国 App Store 榜首②。在产品拥有权变更后不久，看到的是字节跳动关闭 ML，将用户平移到 TikTok，并升级了推荐引擎，加入用户评论等许多新功能，下载量迅速上升，被 Facebook 创始人马克·扎克伯格称为"中国科技巨头推出的首款在全球备受欢迎的消费者互联网产品"。

对外传播者在 TikTok 注册自媒体账号，可直接与传播对象交流，也可借鉴 TikTok 走出国门的模式，在传播目标地选择合作对象。这当中，海外华侨与港澳台同胞是一个值得关注的合作群体。目前，定居海外的华侨华人超过 6 200 万，侨眷侨属 1.2 亿，另有 3 000 多万港澳台同胞，他们在国际社交媒体上注册的自媒体更是不计其数。对外传播的专业媒体可以与这些人员和媒体平台寻求合作，由传播对象自我传播或在地延伸传播，直接打开"走出去"的通道，使沟通更顺畅，相互了解更到位，情感更融洽。

三、突出文化内涵与符号相通的传播内容

对外传播面对的是全球 200 多个国家和地区，若要触及绝大部分的传播对象，则需跨越千山万水，但不同国家和民族的文化鸿沟，通常比地理距离还要遥远。逾越这一道道鸿沟，仅靠自信和勇气远远不够，还需要找到不同文化相通的"密道"。

文化现象纷繁复杂，文化内涵深邃厚重。不同国家和地区的文化或大同小异，或小同大异，或内同外异，或外同内异，完全不同或毫无二致的文化是不存在的。对外传播一方面要尊重文化多样性，坚持文化平等性，增强文化开放性，强化文化互鉴性，另一方面要避开文化对立，淡化文化差异，增进文化认同，寻求文化相通。

---

① 钱韶：《小彭的 Vlog：这位"网红"新闻人，为什么人气这么高?》，"影视前哨"微信公众号，https：//new. qq. com/omn/20191007/20191007A06MBD00. html，2019 年 10 月 6 日。

② 《收购竞品、高薪"挖墙脚"，抖音海外版 TikTok 为何火遍美国?》，《21 世纪经济报道》，2019 年 10 月 16 日。

（一） 把握共同命运

身在不同国家和地区的人们，可能会因为相互之间的各种利益纠纷和价值冲突而势不两立、大动干戈，但在面对人类共同的危机和挑战时，也不得不同仇敌忾，携手为共同的未来而奋斗。

对外成就性传播从这一辩证思维出发，以全球视野深刻把握当今世界不稳定、不确定因素，持续关注地区冲突、局部战争和各地恐怖活动，深入思考气候变化、网络安全、难民危机、粮食安全、资源短缺、环境污染、疫病流行、跨国犯罪等全球性威胁的根源和应对策略，特别是聚焦中国在防范化解重大风险、精准脱贫和污染防治三大攻坚战中的全民大行动，必然有助于各国人民增进共识、统一行动，也有益于提升中国的全球影响力。

危机通常是危险与机遇并存。人类共同应对挑战的意识与捕捉机遇、合作共赢的认识同等重要。"构建人类命运共同体，建设持久和平、普遍安全、共同繁荣、开放包容、清洁美丽的世界，这是中国为全球治理提出的中国智慧和中国方案"。[①] 讲述中国推进全球性、地区性合作的真实故事，是对外成就性传播容易获得认同的重要内容。

如国际在线配合"一带一路"倡议提出 5 周年，推出 5 分钟动漫音乐短视频《"一带一路"一起走》，以张骞、玄奘等历史人物的动漫形象在古丝绸之路上行进为切入点，梳理历史脉络，绽放新时代"一带一路"在"五通"方面焕发的夺目光彩。视频在微博"国际在线新闻"账号的主页上的浏览量达到 5 253 万，点赞、转发、评论量均突破 1 万。[②]

（二） 聚焦共同价值

总体来说，人类有许多共同的利益，各个国家和民族之间也有共同的价值观。对外传播策略性地面对国与国之间同与不同的问题，通过同的叠加与放大、不同的转换与消减，在共同的语言、心理、诉求中，形成共同的思维，达成共同的目的。

过去，我们到处讲"华人爱拼才会赢"的故事。实际上，这在有些国家不但不能加分，反而会在某些方面减分。在美国，"廉价"华工屡遭排斥的历史记

[①] 《第六届"全球中国对话论坛"在伦敦举办　伦敦政经前校长吉登斯勋爵指出　数字革命　地缘政治　民粹主义变革改变生活》，"我在英伦深呼吸"微信公众号，https：//mp. weixin. qq. com/s/6hQ6eMmqtxhpC1ofsuzJtg，2019 年 12 月 10 日。

[②] 《5 个短视频，2.5 亿点击，国际在线"圈粉海外"有高招！》，搜狐网，https：//www. sohu. com/a/338404301_181884，2019 年 9 月 3 日。

忆至今犹在。在欧洲，还不时传出华人超市开业时间过长而被同业非议、华人企业招聘员工被公然拒绝加班的新闻。而日本、韩国和东南亚受儒家文化影响比较深的国家，在吃苦耐劳品格的认同上与欧美国家恰恰相反。所以，谈人性特点要分场合、看对象。与鼓吹法治的国家论守法，和推崇勤劳的民族谈勤劳，才能说到一块。

中国人民因近代史上屡遭外敌侵略而对如今中国的民族自立、自信、自强和经济社会发展成就无比骄傲自豪，但周边一些国家视中国为竞争对手，或因中华民族向着民富国强迈进而产生各种猜疑、担忧，还有那些正在与中国进行各种谈判的国家，在听到中国在经济、科技、军事等领域的进步与强大时，反而更有压力，甚至沉不住气了，种种情况增加了中国与之沟通的难度。而需要与中国联手应对霸权主义或与中国建立全面战略合作伙伴的国家，则欣闻中国不断强大的信息，也对合作更有信心。发展中国家则乐见中国的高质量成长，因为这既为它们提供了学习借鉴的榜样，同时也让它们增加了底气。

总之，对外成就性传播，不能千篇一律、一成不变，不要以为每个议题都能放之四海而皆准。必须坚持一切从实际出发，具体问题具体分析，根据不同国家和地区的价值追求，从不同选题、不同角度，讲述不同版本的"中国故事"，满足在地化、个性化的要求，进行语言切换、方式调整等技术性变换，实现逻辑对接、价值观联通等传播策略与艺术的创新，确保信息内容的文化内涵相吸而不相斥。

（三）面对共同课题

一般情况下，能引起传播对象主动关注的一定是他们感兴趣的内容，而从兴趣角度考量新闻与传播的价值，无论中外都离不开接近性这把尺子。面向各国人民的对外传播，最容易切中传播对象需求与喜好的，无疑是与他们来自同一个阶层的共同生活课题。因为社会角色、文化品位、心理特征、思想情感、生活场景、宗教信仰、人生愿景等方面的相似，必然产生更多共同感兴趣的话题，容易引发思想与情感的共鸣。因此，对外成就性传播必须深入社区，话筒和镜头靠近百姓，以贴近性吸引更多的关注。

一个大国的全球性、地区性的战略合作举措，本国建设与发展的时代性课题、历史性项目，这些都会对许多相关国家产生影响。面对这样的重磅题材，若传播以高站位、全视角、大叙述的方式，铺开全景式的画卷，给人登高望远、"一览群山小"的感受，那么受众就只有精英阶层。而若从百姓视角和惠民的角度来看，若洞见国事、喻示大道，则更多的传播对象会因其"下沉""接地气"而感到亲切和乐于接受。因为一个国家的建设与发展如何，这个国家的公民最有发言权。

对热点事件和敏感议题，让普通百姓来说事讲理，也会因其与传播对象的身份更接近而更快地入脑入心。香港修例风波中对暴徒袭击内地学生、普通游客，致死 70 岁清洁工的传播，香港汇丰银行一对铜狮子二战时遭掳掠、现又遭暴徒焚烧而让周边市民伤心流泪的镜头，广为转发的网帖《暴徒儿子被抓，香港妈妈：我绝对不保释他》，都给人留下深刻印象。媒体若能始终沉入到社会大众，让香港居民中更多受害者现身说法，用"活生生""血淋淋"的惨痛事实，打开被蒙蔽的眼睛和心灵，一定会让更多的受骗者及早清醒。

（四）寻求共同符号

推动不同文化互学互鉴，既是为了吸收各国文明的新鲜元素，丰富中华文化的内涵，也是为了让中国走出去，为世界文明的发展作更大的贡献。

文化有表层文化、中层文化和深层文化之分。中层文化和深层文化完全属于抽象思维，适合专业研究领域的小众传播。表层文化，其形象思维多于抽象思维，适合大众传播。不同文化若要相通相融，在于循序渐进，即从表层进入中层再到深层。而面向社会大众的文化传播，也必须从表层文化开始。重形象思维的表层文化传播，自然也应当注重形象感知。一些国家和地区推行文化生活化，通过契合人民日常生活的点点滴滴来推广文化，既有利于提升民族的整体素质，又因为每个个体所展示的不同的文化魅力，而为文化形象生动地传播探索出新路。

中华传统优秀文化自古以来既凝聚着中华儿女的生活哲学，又反过来滋润着芸芸众生的社会生活。文化与生活水乳交融是中华文化五千年生生不息的重要原因。当前，中国从城市到乡村都劲吹着文明新风，神州大地处处呈现中华文化多姿多彩的图景，为不同肤色人种"看见"中华文化之美，提供了无所不在、一目了然的传播图景，让他们不由自主地融入其中。

德国哲学家卡西尔曾说："所有文化形式都是符号形式。"在所有的文化符号形式中，音乐娱乐、形体艺术、风光图像等，曾被誉为"无国界语言"。现在，互联网视频、互联网直播等新媒介，以其形象性、艺术性、实时性及具有自媒体功能等特性，正日益成为全球青少年更认可的文化符号形式。

受到《人民日报》和中央电视台点赞的四川绵阳"90 后"视频女博主李子柒，用短视频向世界各地的人们描绘出中国传统文化中田园生活的诗意和美好，她把中国人传统而本真的生活方式呈现出来，让现代都市人找到一种心灵的归属感，也让世界理解了一种活着的中国文化。她在微博、抖音的粉丝超过5 000万，在境外社交平台 YouTube 上也有近 740 万的粉丝，粉丝数接近美国有线电视新闻网（CNN）。有外国网友留言称其"用一餐一饭让四季流转与时节更迭重新具备美学意义"，展示了"中国不为人知的一面"，"重拾神秘东方古国的神韵"，"让不同肤色、语言的人产生情感共振"。①

四、探索符合传播目标地人们感知规律的传播玩法

在网络信息技术快速渗透到社会生活各个领域的大趋势下，由互联网技术主导的各种花样翻新的传播新玩法，触发了传播理念、策略、主客体互动、内容和产品样式、市场营销手段等全方位调整与变革，为大众传播增添了无穷的魅力，吸引了庞大的"下沉人群"。

"以人民为中心"的对外成就性传播，按照传播目标地"下沉人群"对信息感知和记忆的规律，凸显互联网传播新玩法对于人性化需求的全方位满足，才能锁住无数的粉丝，并使他们参与到传播互动中来。

（一）从被动接受向主动参与演进

人类强烈的自我表达欲望，激发了传播对象的主观能动性，使他们从被动接收信息到积极参与传播，进而成为信息发布的主体，这是对外传播变革必须遵循的重要方向。抖音的火爆，即是人们由衷喜爱传播体验的有力例证。截至 2019 年 3 月，抖音海外版 TikTok 全球下载量突破 10 亿次，② 成为推动中华优秀文化走出去的又一成功典范。

（二）从"我对外"向"外对外"演进

在纪念改革开放 40 周年、庆祝中华人民共和国成立 70 周年的各种传播中，各类媒体所组织的"外媒中华行""外眼看中国""街坊老外说"等活动，是"让外国人来说中国""帮外国人认识中国"的生动实例。"华人头条"客户端在全球 65 个国家建立了 135 个传播站点，并通过成立国际新媒体传播协会、丝路华媒联盟来推进"外对外"传播。

（三）从"灌输式"向"欣赏式"演进

一些媒体在展示我国的发展成就时，经常以数字进行新旧对比和中外对比，这种手段已使受众产生审美疲劳。相反，以"欣赏式"取代"灌输式"，淡化宣传味，让受众主动发现兴趣点，从而产生愉悦感受，则可以有效达到传播目的。

---

① 程曼诗：《像李子柒那样讲故事》，《经济日报》，2019 年 12 月 15 日。

② 《报告："抖音"海外版下载量突破 10 亿大关　挑战 Facebook》，新浪·科技，https://tech.sina.com.cn/i/2019-02-28/doc-ihsxncvf8476428.shtml，2019 年 2 月 28 日。

如城市、乡村新老照片和视频的展播，会在视觉冲击力和艺术感染力的叠加中产生令人震撼的传播效果。近年来，《人民日报》相继推出各地"十二时辰"、《中国一分钟》等短、微视频，记录人们的生活节拍和社会变迁，将山河美与生活美融为一体，把静态素材变为动态新闻，让人们在美的体验中，油然而生身在其中的幸福感。这些经验值得对外传播借鉴。

（四）从"言尽于此"向"言无不尽"演进

传统大众媒体以新闻要素"5W"为规范，信息触达传播对象即告结束。而自媒体的信息发布，仅仅是传播的开始，随后的一系列传播对象参与评论、转发，抒发情感、表达意见往往才是重头戏，直接决定了舆论的风向和热度。传播界已普遍把信息发布后的评论条数作为衡量信息影响力的一个重要尺度。当然，对外传播的信息评论需要审慎把关，第一时间过滤极端、错误言论，避免因裂变式传播而影响我国对外交往的工作大局。

五、塑造谦逊自信、达观包容的传播形象

我国的对外成就性传播，目的在于优化中国的国际舆情，扩大中国的国际话语权，向国际社会传播中华文化，塑造中国良好的国际形象。这需要政府及民间各种组织和海内外全体中华儿女的共同努力。

"以人民为中心"的对外传播，是准确展现中国形象的一个重要窗口。为此，媒体所传递的信息，必须是中国人民的主流思想情感；自身所塑造的形象，也必须与中华民族谦逊自信、达观包容品格相吻合。

（一）要自信，不要自大

电影《流浪地球》叫好又叫座，被《纽约时报》誉为"中国电影新时代的开端"，导演郭帆在美国曼哈顿影迷见面会上却表示："这部电影在客观上还有很多不足，之所以在票房上取得成功，主要是因为观众的宽容。"此言并非故作谦虚，相较于好莱坞科幻片的制作水准，国产科幻影片的确尚有差距。不过，有郭帆这样清醒的电影人，中国电影的前景一定会更辉煌。应当看到，对外传播队伍中不乏郭帆这样的明智之人，但不时也会出现个别好大喜功者。他们在报道新闻时，未经证实或权威认定，就贸然贴上"中国第一""世界第一"标签。有些互联网媒体在宣扬发展成就时，常常喜欢将深圳、广州等一线城市的 GDP 与一些发达国家的 GDP 相比。这种以区域"发达"衬托整体"富强"的做法，令人不舒服，也有炫耀显摆的意味。这不应该是对外传播的本意。

（二）要朋友，不要"捧友"

随着中国站起来、富起来、强起来，国际舆论中赞美中国的声音也随之多起来，特别是许多中国人民的老朋友、真朋友，经常给予中国最真诚的"点赞"。转发社交平台上外国人的客观评价，既可加强互动、增进彼此友谊，也可增强国人自信、激发不断向上提升的动力，还可创新对外传播的形式。当然，对来自净友的意见和建议，更要热烈欢迎和虚心接受，并切实改进和完善各项工作。在一些朋友对我们的新思路、新追求不了解、不理解，或因被误导和蒙骗而发出不友好、不和谐的"杂音"时，对外传播一方面要耐心细致、和风细雨式地释疑解惑，展现达观包容的大国姿态；另一方面要善于借助海外知华、友华力量，传播中国的理念和声音，抵消和化解反华势力的负面宣传，即朋友越多，事业就越兴旺。因此，对于朋友的"挑刺"，我们要冷静，但不要冷淡，更不能翻脸决裂。相反，对那些别有用心的"捧友"，要保持足够的警觉性，不要因为听了几句好话，就不知天高地厚，甚至迷失了自己。不久前在网络上出现了"2049 年中国必成为唯一超级大国""中俄两国关系中俄方视中方为'老大哥'"等说法，这明显是不怀好意者的"糖衣炮弹"，转发这样的网闻，正中一些别有用心传播者的下怀，是非常错误的做法。其实，在信息无国界与全球各国深入交往的事实面前，国家前所未有的透明化，一切不真实的传播都难逃唾弃。

（三）要深刻，不要苛刻

中国是当今世界唯一坚持马克思主义和走富有自己特色社会主义道路的大国，并逐渐走进世界舞台的中央，处在国际社会的聚光灯下，经常被拖进舆论的风口浪尖。数十年来，"中国威胁论""中国称霸论""中国崩溃论"和"中国倒退说""中国封闭说""中国专制说"等各种谎言轮番登场，不断地向中国泼污水，企图抹黑中国的国际形象。"以人民为中心"的对外成就性传播，在对我国极为不利的国际舆论环境中，不回避、不示弱，敢于正面出击，善于啃硬骨头，积累了丰富的斗争经验，但同时也存在一些不成熟的做法。

当前亟须反思两种倾向：一种是有高度没深度。有的火药味很浓，有的说过火的话，有的进行人身攻击，但对真正的问题抓不准，剖析不到位，找不到根源。俗话说，"打蛇打七寸"，舆论斗争也是如此。必须抓住要害，打到痛处。另一种不良倾向是任何时候都简单化地使用"西方""西方媒体""西方国家"

"西方势力"等概念①。其实，无论什么问题都上升到中西方矛盾，是放过真凶、到处树敌、扩大对立面的不智之举。真正高明的对策，应当是打击和孤立主要对手，缓和或争取次要对手。此外，对一些无关大是大非的问题，不能一味地针尖对麦芒，否则将因疲于应付而耽误自己发展之大事。

（作者系海峡之声广播电台原总编辑、《华人头条》总编辑、阳光学院人文与传播学院客座教授。）

---

① 于洪君：《愚君看天下 | 对外传播应是舆论斗争与人文合作的有机统一》，"察哈尔学会"微信公众号，https：//mp. weixin. qq. com/s/5agvWWIAF7T7ScxLB8LrWA，2019 年 12 月 9 日。

变革与重塑：5G 时代视听传播的内容生产

王宇　郭涵钰

摘要： 5G 新一代移动通信技术的技术赋能触发了视听内容生产与传播的革命性巨变。在"数字在场"与内容生产理念转场的当下，视听内容生产的三大目标定位，即数据入云、视听产品形态创新以及视听产品分发，将被无限拓宽。与此同时，"5G +"视听内容生产的运作空间将进一步扩大，发展前景也将转向服务于社会性、公共性的视听产品研发。在"5G +"引发的传媒生态巨变中，我们应以"人 +5G"的发展触角去拥抱更广泛的视听世界。

关键词： 5G 技术变革；视听传播；内容生产

一、技术变革：5G 撬动视听传播的"数字在场"与内容转场

（一）5G：技术赋能"数字在场"

5G 基础设施技术作为新一代移动通信技术，具有高速率、低延迟和大容量的技术特性，[①] 是大规模、超高清、高质量、智能化视听内容生产与传播的根本性支撑力量。探讨 5G 之于传媒业，特别是视听传播的智能化突破，并置之于与大数据、云计算、人工智能、VR、AR、MR、车联网等新技术跨界融合的共生领域，有助于以生态的、全域的、智能化的研究视角为支点，共同描绘 5G 时代视听传播的"数字在场"蓝图。

"数字在场"意味着通过 5G 通信技术，不仅可将当下的物理空间进行数字编码和传播，还可将另一个空间的活动相对于此在构成周围世界，从而在一个异

---

① 苏涛、彭兰：《热点与趋势：技术逻辑导向下的媒介生态变革——2019 年新媒体研究述评》，《国际新闻界》2020 年第 1 期，第 43 - 63 页。

空间中与此在共同在场。① 总之，5G 开启了万物皆媒、万物互联时空中人的主体性的最大化延伸以及"我"在多重空间中的同屏呈现。

革命性技术赋权于整个传媒生态，首先消解的是传统意义上的媒介内容生产理念，纵然这仍是一个新与旧、5G 与 4G、传统与新生共存的传媒格局，但属于技术的变革（而非演进）所提供的高清晰、高仿真、个性化、定制化与沉浸式的 5G 体验却是视听内容生产与传播的最有效变量。因此，"数字在场"的技术可能为 5G 时代的视听内容生产与传播提出内容转场的必要性与迫切性。

（二）5G 时代视听内容转场的三大目标定位

内容转场的核心意义在于传统视听内容生产理念必须向以 5G 技术为核心的智能化内容生产主旨转变。笔者认为，拓宽视听传播生产信源，真正落实并优化 VR、AR、MR 等技术应用平台以及建立体量更大的基于新技术应用的计算平台与分发平台，这是当前以及今后一段时间 5G 背景下视听内容转场的三大目标定位。

事实上，4G 通信技术以及 4G 时代的新媒体技术已经实现了大规模用户入口的构建以及用户数据库、内容数据库、产品数据库的数据沉淀，这是进入 5G 时代之初，视听内容生产最需"收割"的数据红利。与此同时，5G 通信技术以及 5G 时代的新媒体技术，在实现了人与人、人与物、物与物的互联互通后，因智能传感器的泛在化而释放的信息源将是巨大的。这些新旧元数据以最广泛的分布、最迅捷的速率上传于云端，为 5G 时代的视听内容生产提供了最直接、最便利、最有效的数据源。因此，在实践生产领域必须建立并夯实云采编理念以及关键性技术平台。数据信源的扩充增量，必须依靠 VR、AR、4K、8K 等技术加持，基于新技术应用的算法平台和分发平台实现视听内容采编以及传播的智能化与智慧化。5G 的低延迟技术大大改善了现有穿戴设备的眩晕感，带宽的增加也使得更多的超高清频道大规模落地成为可能，人工智能驱动下算法新闻的分发、反馈技术，又反哺于当前 5G 视听产品的高精度分发环节。

三大目标定位拓宽了数据入云、视听产品形态以及分发反馈机制的创新理念，是 5G 技术赋能下视听传播实现内容转场的应然和必然。以 2020 年疫情下的"两会"采访为例，在记者名额大幅缩减，"云跑会"成为采访方式时，"5G + AR"成为记者实现"实地采访"的辅助"神器"。佩戴上便携式"5G + AR"眼镜后，通过 Type – C 接口将它和手机连接，便可以实时锁定和识别会场采访对

---

① 蓝江：《5G、数字在场与万物互联——通信技术变革的哲学效应》，《探索与争鸣》2019 年第 9 期，第 37 – 40 页。

象。识别到人后，系统提前录入的人物姓名、职务甚至兴趣爱好等信息会实时展示在眼镜右上角的微型屏幕上，记者提前录入的采访提纲会立刻在关联的手机App 上展示，起到采访提示的作用。① 5G 助力疫情下的"两会"采访，必然衍生出许多极具"5G＋"技术色彩的视听产品，而这些视听产品又会通过各种平台实现多渠道、高精度分发，其所释放的巨大能量不可估量。

事实上，"5G＋"并非只适用于非常时期的"实地采访"，在大型现场直播领域早已大放异彩。如 2019 年江西春晚以"5G＋8K＋VR"的方式播出，在 5G 高速率、低延迟、大容量技术的支撑下，超高清全景 VR 视频实时回传、在线编辑和一体化分发流程得以有效保证，创造了中国电视史上首个基于 5G 网络录制的超高清全景 VR 春晚的历史纪录。再如央视 2019 年春晚则在多个舞蹈类和歌唱类节目中运用虚拟技术，实现了蝴蝶、海浪跃然于舞台的超真实视听效果，高清精致、色彩逼真，极大地丰富了视听传播的视觉设计与场景建构，创造性地延展了视听叙事的边界。

二、产品重塑："5G＋"视听内容生产的运作空间与发展前景

（一）"5G＋"：视听内容生产的运作空间

移动通信技术不仅高度影响着移动互联网的发展，其与传媒业之间的天然耦合性，也共同决定了三者之间齐驱并进、互动深融的发展业态。从视听传播的发展意义来看，如果说从 1G 到 4G 的技术更迭本质上属于技术演进，5G 技术则是革命性的。简言之，1G 带来语音传播的便捷，2G 引发"语音＋文字"的传播，3G 呈现"语音＋图文"的发展，4G 涌现"图文＋影音"的视听现实，而 5G 是对视听传播的革命性提升。

首先，5G 更高的速率、更宽的带宽、更低的延时、更少的资费，有效地支持了更多频段的视听产品落地，不仅惠及 4G 时代发展起来的短视频，使其内容品质得到最大幅度的提升，还将有效拉长短视频的呈现时长，创建更多属于 5G 时代的视听产品。如抖音、快手等短视频 App 正在探索 15 分钟左右的 Vlog 视听产品生产，在 4G 时代构建的平台级用户池的基础上，借助 5G 的力量，实现短视频高质量发展的"弯道超车"。

---

① 崔爽：《疫情下两会采访 5G 装备将派上大用场》，新华网，http://www.xinhuanet.com/tech/2020－05/18/c_1125997964.htm，2020 年 5 月 18 日。

其次，囿于 4G 时代带宽不够、延时过长而只能活跃于商场体验的线下 VR、AR、MR 应用产品，5G 时代将触发大规模线上商用平台应用，为"5G＋"视听生产提供更多智能化、智慧化的应用场景，如 2020 年疫情之下的"两会"记者借助"5G＋AR"的技术辅助手段，"实地采访"、现场直播的"云跑会"采访实践，实现特殊时期视听产品的生产与传播，而虚实结合的产品形态也给用户带来了更好的视听与沉浸体验。

最后，"5G＋"技术为视频直播、重大赛事以及大型演出等视听生产提供了多机位、多角度、分景别的技术现实，其高速率的实时回传机制与高精准的分发机制，又为用户提供了个性化、定制化、精准化的视听体验。早在 2018 年平昌冬奥会上，就出现了通过在运动员身上安装传感器、配备 5G 通信模块以及高清摄像头，来收集运动员视角的画面直播。传统意义上视听产品编码过程中的导播切换机制，也将在"5G＋AI"有机结合后，被进一步弱化。比如，在 2018 年俄罗斯世界杯期间，咪咕视讯推出 AI 四维短视频，在为用户提供自由切换的转播视角的同时，也满足了用户更具现场感的观看需求与观赛体验。一言以蔽之，5G 时代的视听传播将呈现千人千面的图景。

（二）"5G＋"描绘视听传播的可能性蓝图

5G 时代，"5G＋"究竟能够描绘一幅怎样的视听传播蓝图，仍是未知数。但从 5G 给定的已知变量来看，5G 技术的不断下沉，以及业已发展起来的大数据、云计算、人工智能、VR、AR、MR、车联网等新技术的跨界深融，必将彻底打通人联网和物联网之间的边界，从而形成万物皆媒、万物互联的传媒生态。因此，在接下来的 5G 布局中，物联网以及物联网支持下的垂直行业应用场景，将深度参与 5G 生态。届时，智慧物流、智能交通、智能安防、智慧能源环保、智能医疗、智慧建筑、智能制造、智能家居、智能零售以及智能农业等应用领域将大放异彩。而传统意义上的视听传播实践，也将通过云网融合、边缘计算以及终端多样化组合等方式，实现全息数据的互联互通，进一步拓宽视听传播的边界。

值得指出的是，不同于传统运营商的主导模式，极具互联网精神的新兴技术企业，更有可能刺激 5G 视听产业的规模性爆发，将会有更多互联网企业借势资本、技术与政策的力量，优先驶入 5G 时代视听产品生产"蓝海"。相较于边界的拓宽，视听传播主导性主体的转场以及转场后的产品形态，及其背后的产品意图，更值得传媒人审视与反思。以最先发展起来的游戏领域为例，咪咕视讯团队开发的 5G 快游戏，就将 AnyTime、AnyWhere、AnyDevice 作为全场景、沉浸式游戏的体验目标，让用户随时随地畅玩各类游戏。在超快感、全场景、沉浸式游戏体验的遮蔽下，传播的是何种产品意图或何种价值观念，以及未来的产品形态与规则管控的边界在何方，将成为视听传播研究的新范畴。

2019 年是 5G 商用元年，当前 5G 尚处于基础功能标准化阶段。遵从"10 年周期法则"，从 2020 年到 2030 年，即在下一代无线移动通信系统（6G）到来之前，5G 与 B5G（Beyond 5G）将逐步实现 5G 启动之初确立的"信息随心至，万物触手及"的 5G 愿景。中兴通讯无线研究院算法部赵亚军等多位学者指出，5G 愿景强调信息交互，万物可连接，但连接对象只集中在陆地 10 千米高度的有限空间范围内，尚未达到地海空一体化的泛化连接。"一念天地，万物随心"将是 5G 愿景的进一步扩展："一念天地"中的"一念"强调实时性，指无处不在的低时延、大带宽的连接，"念"还体现了思维与思维通信的深度连接，"天地"对应地海空无处不在的泛化连接；"万物随心"所指的"万物"为智能对象，能够随心所想而智能响应，即智慧连接，呈现方式也将支持随心无处不在的沉浸式全息交互体验，即全息连接。①

综上，未来十年的 5G 视听生产将朝着智慧化、泛在化、全息式的方向发展。视听传播的边界、视听传播的主导性主体，以及视听内容生产的产品形态将更具革命性意义，"5G＋"也将会以视听形式惠及社会大众，甚至全人类。事实上，我国早在 2019 年年初就已完成全球首例 5G 远程操作手术，为 5G 时代的远程医疗奠定了基础。而当泛化连接愿景成为现实时，月球探测、海底探险以及深海远洋等技术愿景也将成为可能。

三、反思与展望：以"人＋5G"拥抱更广泛的视听世界

从单个人的元数据入云到世间万物的数据包交换，似乎只需轻轻接入 5G。AGC、UGC、PGC 对视听内容的生产与传播，也将会在大数据和人工智能带来的第四次工业革命以及 5G 引发的万物互联时代下，走向最高的生产速率。届时，一场由通信技术变革引发的技术革命，势必再次触发人们对技术的哲学反思。

其一，万物互联的世界带来了体量更大、传播速率更快、形式更为立体多变的碎片化传播，视听传播将更加难控，职业把关人的角色也将进一步弱化；其二，个人隐私数据也将在可穿戴设备大量普及以及在线解码技术的进一步发展下，越来越难以遁形，在一次次可记录、可跟踪以及可分析中，我们的位置、行为、生理甚至心理状态，都可以转化为在数据世界中的"画像"，人与技术的摩擦也将越来越大；其三，5G 技术的低延迟特性以及"5G＋VR/AR"带来的高仿

---

① 赵亚军、郁光辉、徐汉青：《6G 移动通信网络：愿景、挑战与关键技术》，《中国科学：信息科学》2019 年第 8 期，第 963－987 页。

真、超真实视听效果，无疑会引发学界、业界对实与虚、真与假、现实存在与数字在场的再判断、再分析。事实上，早在 5G 到来之前，先发展起来的大数据、云计算、人工智能等新技术早已向人类发出了类似的警告。因此，在探讨 5G 技术对视听传播的机遇与挑战的同时，更应该思考以何种状态迎接传媒生态巨变下的未来时空。

（一）在 5G 世界的集体想象中保持理性期待

不可否认，5G 时代深融共生的媒介生态，为传媒业以及视听传播生产带来了支撑性力量，具有革命性意义。它让视听内容的生产更高效，分发更精准，视听传播的边界更宽广。可以说，在 5G 世界中，人们借助技术的想象力，以视听的形式奋力勾勒乌托邦的未来图景。从"信息随心至，万物触手及"到"一念天地，万物随心"，在技术革命进行中的赛博空间里，人类收获了疆界之外更美的世界。

除了上述论及的碎片化传播、传统把关人角色弱化、数据安全和隐私等技术忧思之外，还须保持追问与反思：5G 话语建构的背后隐含着怎样的意识形态争夺与博弈？正如赫伯特·马尔库塞所论述的，公共交通和通信工具，衣、食、住的各种商品，令人着迷的新闻娱乐产品，这一切带来了固定的态度和习惯，以及使消费者产生比较愉快地与生产者进而与社会整体相联结的思想和情绪上的反应。在这一过程中，产品起着思想灌输和操纵的作用，它们引起一种虚假的而又免除其谬误的意识。① 在科学和技术占统治地位的现代社会中，科学和技术就是意识形态。

因此，无论在个人、群体抑或国家层面，都需要人们对 5G 保持理性期待。在琳琅满目的视听产品面前，要在"I feel"的感知基础上，更多地进行"I think"以及"I wonder"之辨，以多重维度的理性思考甄别技术与意识形态的关系，让技术朝着合理的生命尺度转变。

（二）在 5G 技术图景中重构人的主体性边界

人类借助技术获得主体性，但又在对"巨机器"的技术崇拜与迷失中，丧失了主体性。概言之，一旦人们寄希望于通过技术去解决一切问题，就会被技术所控制。在 5G 与大数据、人工智能、算法等技术共同勾勒的技术图景中，随处可见对新技术发展的乐观叙事，以及对未来图景的狂热想象。虚拟交通、智慧建筑、远程医疗、月球探测车等叙事话语，已越来越被人们所熟知并接受。但事实

---

① ［美］赫伯特·马尔库塞著，刘继译：《单向度的人：发达工业社会意识形态研究》，上海：上海译文出版社，2019 年，第 11 - 12 页。

上，当人们越是热议、推崇甚至期待技术的某种合力时，人类对自我的思考以及主体性的构建也就越淡漠。

技术哲学家刘易斯·芒福德，这位被誉为"最后一位伟大的人文主义者"的学者，早已在半个世纪之前那个"机器当家"的世界里，呼吁人们从对"巨机器"的技术崇拜向"让技术限制在合理的生命尺度"转变，让技术为生命服务，使技术朝着技术生态的方向转变与发展。他在《机器神话·下卷：权力五边形》一书中指出，超级技术让社会文明本身充满活力，但缺少必要的人文内容、理性反思，它不服务于一种合理的社会目标。结果这一技术文明的尾端产品往往必然是负面的、危害生命的。[①] 因此，在多元技术跨界深融唤起的革命性巨变的传媒生态里，应在 5G 技术图景中重构人的主体性边界，以"人 + 5G"去拥抱更广泛的视听世界。

（作者分别系中国传媒大学文化产业管理学院教授、博士生导师，中国传媒大学戏剧影视学院学生。）

---

① ［美］刘易斯·芒福德著，宋俊岭译：《机器神话·下卷：权力五边形》，上海：上海三联书店，2017 年，第 341 页。

5G 时代广播业态的大蜕变

吴生华

摘要： 2019 年，互联网 5G 通信技术全面投入商用。较为普遍的说法是，大众广播将会是最后受到互联网影响，但也是受 5G 通信技术冲击最大的大众媒体。号称"高速、移动、安全、泛在"的互联网 5G 通信技术，将彻底打破大众广播与互联网音频媒体收听市场的区隔，大众广播将转向平台化或融合平台化的生存，直播和付费将会成为平台化广播的主流，"广播影视"将向"视听媒介"概念转型，泛音频化将成为互联网传播的显著现象。

关键词： 5G 通信技术；广播业态；平台化；泛音频化

三年前，在北京召开 2016 亚洲广播大会期间，欧洲广播联盟广播委员会主席兼 BBC 广播代理台长格拉哈姆·埃利斯在接受记者采访时曾表示："在互联网时代，广播是伟大的幸存者。"然而，仅仅过了三年，互联网 5G 通信技术全面投入商用。一种比较普遍的说法是，三大传统媒体之中，受到 5G 通信技术影响最大的将会是大众广播。为什么是大众广播受 5G 通信技术影响最大？广播还能够继续成为"伟大的幸存者"吗？本文将试作讨论。

一、大众广播与互联网音频媒体收听市场区隔将被打破

二十世纪六七十年代，在广播的发源地美国，"车轮子和干电池拯救了广播"。而中国于 2011 年进入汽车社会，凭借着"移动车厢"的屏障，在一段时间内，大众广播与互联网音频媒体形成了相对稳定的收听市场区隔。然而随着号称"高速、移动、安全、泛在"的互联网 5G 通信技术的到来，基于技术限制的"移动车厢"屏障终将被打破。

我国平台化的互联网音频媒体发展与大众广播进入汽车收听时代几乎同步。根据公安部交通管理局发布的数据，截至 2011 年 8 月底，我国汽车保有量首次突破 1 亿辆。按照国际通用标准，一个国家 100 个家庭中有 20 个拥有汽车，即已进入汽车社会。而截至 2011 年 8 月底，国内千人汽车保有量在 60 辆左右，基

本达到汽车社会国际公认的标准，标志着中国已经进入汽车社会的初级阶段。① 也就在 2011 年前后，中国广播开始快速进入汽车收听的时代。赛立信媒介研究数据显示，2009—2010 年，听众收听广播仍以居家收听为主，但居家收听所占比例呈下降趋势，非居家收听比例明显上升。② 2006 年 7 月开播的昆明电台 FM95.4 汽车广播，是第一家打出"汽车广播"招牌的广播，到 2009 年，国内广播频率转型"汽车广播"呈井喷态势，截至 2010 年，国内以各种形式重新定位为"汽车广播"的电台频率已超过 50 家。③ 2013 年全国广播听众规模为 6.72 亿，在各类收听终端中，车载收音系统作为主要收听终端的受众群占比达 34.2%，在总收听量中，车上收听量的占比已经跃升到第一位，超过手机和传统的便携式收音机等其他终端的收听量。④

就在同一时间节点，以 2011 年 9 月蜻蜓 FM iOS 移动客户端 1.0 版上线为标志，国内平台化的互联网音频媒体开始出现并迅速发展。据统计，截至 2015 年的下半年，全国已有 150 多家互联网音频媒体诞生。⑤ 一方面，大众广播急速向汽车收听市场转向，为互联网音频媒体发展留下了空间；另一方面，网络传输技术的不足，以及网络传播对流量成本的占用等，都成为互联网音频媒体进入汽车收听市场的障碍。因此，在近十年的时间里，大众广播与微信等互联网社交媒体相结合，以直播、互动、伴随为优势，牢牢地占据着汽车收听市场。而互联网音频媒体则凭借网络大平台，充分地开发各类生产者生产的音频产品，以产品类别的细分化，将用户聚拢为全网平台上的各个"兴趣部落"。然而，这并不意味着这两个竞争者可以永久地和平共处。随着我国汽车保有量的持续高速增长，巨大的汽车收听市场，必将是互联网音频媒体觊觎的"蛋糕"。互联网音频媒体一直在等待着一个时机，而这一时机终于到来，那就是中国即将迈入 5G 通信时代。

2019 年 6 月 6 日，工信部正式向中国电信、中国移动、中国联通、中国广电发放 5G 商用牌照，新华社的说法是"我国正式进入 5G 商用元年"。工信部部长苗圩认为："5G 支撑应用场景由移动互联网向移动物联网拓展，将构建起高速、移动、安全、泛在的新一代信息基础设施。"⑥ 比较普遍的说法是，互联网 5G 通

---

① 张毅：《汽车保有量破亿带来的忧思》，网易·财经，https://money.163.com/11/109/818/7E8K23CJ00253B011_all.html，2011 年 9 月 18 日。

② 朱鲁丽：《广播非居家收听新趋势》，《视听界》2011 年第 6 期，第 66 – 68 页。

③ 罗剑锋：《步入"汽车时代"的广播之战》，《中国广告》2011 年第 7 期，第 119 – 122 页。

④ 梁毓琳：《2013 年中国广播收听市场分析》，《声屏世界·广告人》2014 年第 5 期，第 158 – 160 页。

⑤ 吴生华：《传统广播与互联网音频媒体的市场区隔和融联契合》，《中国广播》2017 年第 1 期，第 39 – 42 页。

⑥ 张辛欣：《我国正式发放 5G 商用牌照》，新华网，http://www.xinhuanet.com/fortune/2019 – 06/06/c_1124590839.htm，2019 年 6 月 6 日。

信技术改变的绝不仅仅是网络传输的速度，而在媒体传播领域，以调频和中波等无线电传播技术支撑的电子媒介，特别是大众广播，也将受到 5G 通信技术巨大的冲击。"高速、移动、安全、泛在"的特点，将使得依托 5G 通信技术的互联网音频媒体长驱直入汽车收听市场，不再有任何技术障碍。同时，稳定传输的技术保障，将使得互联网音频媒体，在保有极丰富的音频节目资源的基础上，进一步进化为更加泛在的直播平台，从而与以直播伴随为优势的大众广播形成正面竞争的态势。互联网对于新媒体的赋权，使大众广播通过精心选拔、培养主持人来进行的"精英话语"式传播，将直面互联网音频媒体直播平台的挑战。从某种意义上来看，近年来不少广播电台建立主持人工作室的尝试，就是大众广播趋于"解体"的一种表现。在 5G 通信技术的支持之下，当"人人都有麦克风"发展成为"人人都是电台"的时候，大众广播的优势将如何保持？

二、大众广播基于核心竞争要素将转向平台化生存

互联网 5G 通信时代，大众广播面临着两大挑战。一是以"路况导航"为主要内容的"必听性"将逐渐丧失；二是有海量节目、具丰富选择性的互联网音频媒体进入汽车收听市场所带来的竞争挑战。而基于核心竞争要素生存下来的大众广播也将转向平台化或更趋融合平台化的生存状态。

就目前而言，大众广播的伴随性主要表现为三个方面：一是资讯伴随，如新闻广播满足人们对新闻资讯的需求，交通广播满足人们对路面交通实时信息的需求；二是语言伴随，早晚高峰各种"脱口秀"化的大时段主持人节目，化解人们车驾途中的困闷；三是音乐伴随，各广播频率特别是音乐广播的音乐播放，对于车驾人员有着舒缓情绪、放松精神的作用。随着 5G 通信技术的发展与运用，特别是智慧车驾系统的发展，自动规划驾驶路线乃至"无人驾驶"可望实现，广播实时提供路况信息的"必听性"将逐渐丧失，其他方面的伴随性也都有被替代的可能。多种网络直播的伴随，凭借全网大平台，更加有利于"兴趣部落"的细分，比之区域性的大众广播，自然也更有吸引力。

5G 通信技术的运用，将使得汽车收听互联网音频媒体节目和直播毫无障碍。虽然这样的影响目前还没有真正显现，但互联网音频媒体的快速发展是不争的事实。专业调查公司提供的数据表明，广播收听的两种趋向十分明了：一是大众广播听众进一步向汽车收听场景集聚；2018 年上半年广播的非居家收听总量首次

超过居家收听总量，以移动收听为主的非居家收听总量占比继续走高。① 随着国内汽车保有量的持续攀升，大众广播车载用户达到 4.01 亿。二是以互联网音频媒体为主的移动智能终端，成为广播听众收听的重要端口。赛立信媒介研究移动收听指数显示，移动网络听众收听电台直播的主要途径为：蜻蜓 FM 选择率为 65.7%，"喜马拉雅"选择率为 62.9%，阿基米德 FM 选择率为 48.1%。② 虽然收听率调查公司关注的是大众广播的收听指数，但调查所显示的互联网音频媒体作为渠道的影响力十分引人注目。同时，互联网音频媒体进军汽车收听市场已经做好准备。以中国首家音频媒体平台的蜻蜓 FM 为例，继上半年亮相上海车展等，2019 年 9 月 4 日，蜻蜓 FM 携其汽车音频矩阵亮相成都国际车展，直接打出了"汽车音频营销新时代"的口号。蜻蜓 FM 就其自身的定位是"去地域化去时间化的电台聚合平台"，与福特、沃尔沃、宝马、奥迪等品牌在内的多家车厂和 TSP 厂商（即汽车远程服务提供商）合作，目前支持蜻蜓 FM 音频内容收听的汽车已达 800 万辆，用户规模达 4.5 亿，月活用户破亿。③ 而考拉 FM 研发的车载平台不仅集成了各类智能电台流及场景电台内容，还实现了车载专用软件包的安装集成和个性化定制。考拉 FM 还与多家知名后视镜和车机方案商相继展开合作，同语音供应商进行深度联调，全面介入车载后装市场。④

在这样的传播环境之下，只有具有核心竞争要素的大众广播频率才有可能生存并转向平台化生存。比如杭州交通经济广播（FM91.8）开发推广的交通广播专用融媒体工具——开吧 App。该应用依托汽车维权节目，把私家车主作为目标用户，引导杭州全市近 400 家汽车 4S 店入驻平台，构建以汽车维权为主的垂直服务体系。有学者曾经提出"新媒体的核心要素是终端、内容、关系与服务"，杭州交通经济广播借助开吧 App 新媒体终端，从"线性传播"向"平台传播"转变，形成了广播频率和客户端复合的核心竞争力。而在赛立信媒介研究移动收听指数移动网络听众收听电台直播途径排名第三位的阿基米德 FM，同样也可以看作是大众广播融合新媒体客户端多元化的互动社交、强大的后台数据服务功能转向融合平台化生存发展较为成功的案例。

① 梁帆：《2018 年上半年广播收听市场：非居家收听总量首超居家收听》，《中国新闻出版报》，2018 年 8 月 15 日。

② 黄学平：《车载和智能端成为广播收听主流——2018 年中国广播收听市场分析》，《中国广播》2019 年第 1 期，第 17 – 22 页。

③ 《蜻蜓 FM 副总裁郑毓海：构建首个音频汽车 MCN 矩阵，音频营销进入新时代》，搜狐网，https://www.sohu.com/a/339194976 – 99962283，2019 年 9 月 6 日。

④ 《车载收听，广播市场的必争之地》，"电台工厂"微信公众号，https://mp.weixin.qq.com/s/P3b4LtZwQzG9BWScyEefw，2019 年 9 月 27 日。

三、直播和付费将成为平台化广播的主流

互联网环境下，大众传播以受众注意力的集聚换取广告资源的传统广告模式渐趋崩塌。互联网技术的持续进步，对大众传播最大的冲击是传统广告业态的崩塌，广播广告也早已在向着活动化营销业态的更多融入转变。5G 通信时代，直播和付费将成为平台化广播的主流。

互联网对于"广告金主"的赋权，就是让他们直接拥有了原先为大众传媒所垄断的广告渠道，同时借助大数据的挖掘，可以直接进行精准的营销传播。因此，即使大众广播再如何与新媒体相融合，其作为大众传播所依赖的传统广告业态也正在趋于崩塌。CTR 媒介智讯监测数据显示，2019 上半年中国广告刊例花费同比下降 8.8%。每一个媒体都不轻松，传统媒体方面，电视广告刊例花费下降 12.4%，广播下降了 9.7%，传统户外下降了 18.9%；互联网方面也下降了4.3%。[1] 同时，个性化消费催生产品细分，大数据支撑下的商品定制、小众化，也使得原先的大众化广告模式趋于失灵。因此，除了承担主流新闻宣传、公共服务职能的大众媒体由政府财政支持，其余的大众媒体都将经历市场的洗牌。公共财政不支持，"广告金主"无需求，谁来为大众广播的频率播出"买单"？那么就只剩直接的音频产品消费者付费的盈利途径。以调频、中波传输的无线电广播频率，将与"高速、移动、安全、泛在"的 5G 通信技术传输的互联网音频媒体直接竞争，大众广播唯有更深地扎根本地，才能以"地域化、全时性"对抗互联网音频媒体的"去地域化、去时间化"。大众广播唯有更深地契合本地百姓的消费需求，比如饮食、维权、购房、艺术培训，等等，与本地消费更紧密地融合，才能在本地百姓的消费中获取一定的盈利，而这种盈利，其本质也已经是消费者的付费，并且与互联网音频媒体所特有的"知识付费"形成明显的区隔。同时，由于互联网媒体对传统广告业态延续的失灵，互联网音频媒体将更趋向于付费收听的模式。2018 年后，以"喜马拉雅"、蜻蜓 FM、"懒人听书"为代表的音频平台都在大力推广 VIP 用户订阅的付费模式，优质的节目内容、一批稳固的付费用户群体都正在形成。[2]

与此同时，大众广播一直以来所追求的内容细分化，亦即"类型化电台"模式，将以意想不到的方式，在互联网大平台得以实现。"类型化电台"以细分

---

① 《深入解读 2019 年中国广告市场趋势》，"电台工厂"微信公众号，https：//mp. weixin. qq. com/s/AHV4QKteryxhmJzXNGHTOA，2019 年 9 月 11 日。

② 艾瑞咨询：《中国网络音频行业研究报告》，界面网，https：//www. jiemian. com/article/2724436. html，2018 年 12 月 20 日。

化的内容定位和市场区隔，"追求某些层级听众口味喜好与需求的满足，建立特殊族群对电台的忠诚度与收听习惯，以达成听众市场占有的目标"。[①] "类型化电台"是"以听众市场的区隔，依不同的生活形态、兴趣、行为、背景等因素而规划节目的电台"。[②] 事实上，由于频率资源的制约，以及"四级办广播"区域化管理体制的限制，"类型化电台"在我国虽然有所实践，但并没有得到全面推广。而随着互联网 5G 通信技术的运用，网络传输的"高速、移动、安全、泛在"，使音频节目类型超细分化有了实现的条件。为了进军汽车收听市场，蜻蜓FM 从广播电台、汽车媒体、高校等挖掘专业主播，已有超过 2 200 位主播和 800位 KOL（关键意见领袖，亦即在某个领域发表观点并且有一定影响力的人）主播入驻，构建首个音频汽车 MCN 矩阵（Multi-Channel Network，多频道网络产品形态），节目类型涵盖汽车领域的资讯、问答、投诉、试驾、游记、导购、技术、百科 8 大类，生产包括直播、视频、图文等立体化的 MCN 矩阵内容。[③] 可以想见，互联网音频媒体平台上，除了音频资源的累积，直播形态的超细化分节目，更接近理想中的"类型化电台"，有更多直播内容可以提供给用户选择收听，并直接参与互动。2016 年下半年，荔枝 FM 发布 3.0 版本，音频直播成为 App 首页内容，由此开启了音频直播的行业浪潮。蜻蜓 FM、"喜马拉雅"等主流音频平台相继加入音频直播功能，与此同时出现了以红豆 Live（现为 KilaKila）为代表的垂直音频直播平台。[④]

四、"更多的世界，用听的"——互联网传播的泛音频化

蜻蜓 FM 的口号——"更多的世界，用听的"很准确地概括了这一趋势，一方面，无线电大众广播将趋于衰弱；另一方面，互联网传播业态在视频传播日渐占据主流的情况之下将作为接收工具的第二选择，互联网传播的泛音频化趋势也日渐明朗。

无论是"泛媒体多平台化"还是所谓的"MCN 矩阵"的说法，都包含了音频作为可选择的传播方式，汇聚到互联网的传播流量之中。艾瑞咨询认为，2014

---

① 戴元光、童兵、金冠军主编，郑贞铭编著：《20 世纪中国新闻学与传播学·台湾新闻传播事业卷》，上海：复旦大学出版社，2005 年，第 92 页。

② 蔡念中、张宏源编著：《汇流中的传播媒介——以美国与台湾为例》，台北：亚太图书出版社，2005 年，第 144 页；

③ 艾瑞咨询：《中国网络音频行业研究报告》，界面网，http://www.jiemian.com/article12724436.html，2018 年 12 月 20 日。

④ 艾瑞咨询：《中国网络音频行业研究报告》，界面网，http://www.jiemian.com/article12724436.html，2018 年 12 月 20 日。

年之后，在激烈的竞争环境和媒体转型趋势下，网络音频步入泛媒体传播时代。音频媒介和文字、视频等视觉媒介融合传播，组成内容服务矩阵。进入到 2016 年后，这一发展方向愈发明显，众多新进参与者加入音频服务领域。① 而蜻蜓 FM 所致力于构建的汽车 MCN 矩阵，号称不仅可以产出优质的汽车音频内容，还能生产包括直播、视频、图文等内容。通俗地理解，蜻蜓 FM 提出的"MCN 矩阵内容"，就是以生产音频产品为主的互联网音频媒体，将生产直播、音频、视频、图文多种媒介形态的产品，而音频只是其中的一种产品。事实上，随着语音合成技术和篇章理解技术——"人工智能合成主播"的日趋成熟，百度新闻等互联网平台都提供了"播音"的接收选择项，当用户无法观看或不想观看的时候，就可以选择以收听的方式接收内容，呈现出泛音频化的传播现象。2015 年，百度新闻客户端在当年推出的新版本中，即实现了"一切皆可播"的语音播报功能，用户下滑新闻列表即可使用语音播报。令人称奇的是，百度新闻似乎读懂了自己推荐的每一篇新闻——它为用户朗读的内容并非全篇报道，而是凝练的核心信息。新的语音播报技术几乎适用于任何生活场景，无论清晨起床时，还是户外运动时，抑或交通出行，人们都可以第一时间用"听"的方式获取信息。② 2019 年 8 月，基于科大讯飞强大的语音合成技术，国内最大的学习平台——"学习强国"也推出了图文内容可选语音播报功能，号称"解放你的手、眼，听文章"，随时随地将文字转换为声音，贴合用户"听阅读"的习惯进行播报。③ 目前，"视听"（audiovisual）这一概念已经取代"广播电视"概念，进入一些发达国家新修订和将要修订的媒体法规中，并依法出现在相关监管机构的名称中。"随着由数字网络技术所推动的媒介融合时代的到来，原本只能通过广播电影电视传播的'视听'变得无处不在；而原来的广播电影电视也随着各样的融合媒介扩展开来，大大溢出了既有的内涵和外延，转型为'视听'。""随着媒介融合不断向纵深发展，原有的文化、信息、媒介等概念出现了交汇，文化产业、信息产业、通信产业等产业之间的界限日渐模糊，广播、电视、电影概念本身也在纵横拓展，呈现泛音频化和泛视频化，并且向视听一体化方向迈进的趋势。'广播影视'概念正在向'视听媒介'概念转型。""基于信息网络技术的视听新媒体出现后，'视听'变得泛化和遍在，一切文化、传播、媒介、信息均可融合于'视

---

① 艾瑞咨询：《中国网络音频行业研究报告》，界面网，https：//www. jiemian. com/article/2724436. html，2018 年 12 月 20 日。

② 《百度新闻独家推出"人性化语音播报"》，http：//www. techweb. com. cn/news/2015 - 11 - 27/2233210. shtml，2015 年 11 月 27 日。

③ 《科大讯飞语音播报功能进驻学习强国　首都新闻随身听》，http：//news. tom. com/201909/4112704472. html，2019 年 9 月 4 日。

听'。"① 因此,"广播"泛化为音频的传播,"电视"泛化为视频和直播的传播,已经是互联网传播的主流。

（作者系浙江传媒学院新闻与传播学院教授。）

---

① 庞井君:《媒介融合背景下的视听转型》,《东岳论丛》2012 年第 10 期,第 34 - 41 页。

技术赋能广播媒体数智化的 "四要件"与"五问题"

牛存有

摘要： 人工智能、区块链、大数据和云计算对传统主流媒体的技术赋能，彻底改变了主流媒体的传统基因，并赋予互联网基因，重构了主流媒体的网络生态环境，从而使主流媒体的报道方式向轻量化、新型化、高速化方向转变，彻底将主流媒体业纯粹的内容产出改变成融入口与价值实现为一体的新型主流媒体，彻底解决了主流广播媒体用户是谁、用户在哪里、用户要什么、受众如何变用户、内容如何准确送达五大根本性问题。

关键词： 技术赋能；广播媒体；数智化

数字浪潮已经成为驱动整体经济发展的关键动力。中国信息通信研究院测算数据显示，2018 年我国数字经济总量达 31.3 万亿元，占 GDP 比重超过三分之一，数字经济发展对 GDP 增长的贡献率达到 67.9%。随着中国进入数字化时代，如何通过数字化实现行业的再升级，成为各行业共同关注的焦点。数字化技术在影响社会各行业的同时，也在影响着传媒行业的方方面面。其中最关键的是深刻影响了传媒业的生态，随着数字化、信息化技术的进步，以声音传播为逻辑起点的广播媒体经历着从传统媒体的传播出口、网络媒体的流量入口、平台媒体的移动传播到数智媒体的生态重构的升级和迭代。

一、广播媒体数智化带来广播基因与生态的重构

数字化是广播媒体数智化的初心和基石。近年来，广播媒体在构建全媒体生产指挥调度中心和全媒体内容分发传播中心、广播可视化网络直播、广播媒资数字化等领域进行了积极探索，而这种探索的起点正是数字化。广播媒体的所有数字化探索，都在为广播的智能化进行着必要准备。随着中国社会进入全面的数字化时代，实现内容产业转化效率的最大化，必须将内容生产与传播和内容产业用户管理高度结合在一起。只有实现整个内容产业链与消费产业链的全面联动和数据打通，才能实现端到端的内容流转。

　　广播媒体从传统媒体的传播出口，到网络媒体的流量入口和平台媒体的移动传播，再到数智媒体的生态重构，不仅仅是广播媒体内容生产方式与生产流程的变化，也是传播方式和传播通路的变化，从根本上改变了广播媒体的内在基因。在传统媒体的线下传播阶段，无论是居家场景还是车载移动场景，听众是单纯的被动收听者，在固定的收听场所、围绕固定的收听终端等待现成的线性节目并选择收听，形成了通过收听终端寻找声音内容的以收听终端为核心的人、音、场的关系，而在数智媒体的互联网传播阶段，人、音、场的关系被重构，本质被重新定义。听众由单纯的被动收听者转化为既是声音产品的收听者，也是声音产品生产的参与者；收听场景由线上和线下固定的收听场景演变为泛音频产品收听，触达场景全景化，所见即所听；收听的声音产品也由线性节目选择收听迭代为音频产品的全过程消费体验；人、音、场的关系也相应转化为以音频消费者的需求为中心，订制化音频产品生产和组合，收听发生在任何可以想象的触达场景下，超越了时空的限制。

　　互联网在改变广播媒体基因的同时，也改变了广播媒体的生态环境。媒体的基本经济价值从受众对媒体内容的关注产生的广告售卖模式，转化成品牌主对内容与用户连接的追求，转化为对品效合一营销模式的追求，彻底改变了媒体的生态环境，广播媒体的生态由节目→听众→广告模式，演化为内容产品→用户→传播→营销的模式组成。

　　广播节目由纯声音的节目样态演化为音视图文的产品样态，广播受众由听众演化为"群"众、"屏"民和"声"人的用户和粉丝，广播传播由单一的节目传播演化为多终端、多场景、多样态、多品种的产品体验，广播媒体经营也由广播广告的单一样态演化为 MCN、KOL、电商、带货等多样态营销模式。这种生态环境的变化，彻底打破了广播媒体以时间轴贯穿节目、内容、素材的媒体结构，形成了超越时空限制的矩阵模式，形成了以音频消费者的需求为中心，让收听发生在任何可以想象的触达场景下，重构订制化音频产品生产和组合的内容产品→用户→传播→营销的新型生态模式。

二、广播媒体数智化的"四大要件"

　　在数智化升级迭代的大潮中，广播媒体经历着媒体基因和生态环境的嬗变，其核心在于植入互联网基因，建立内容与用户连接的链路探索。随着人工智能技术在新闻业的应用，区块链技术实现数字作品的版权保护及传播追溯，大数据技术赋能深度挖掘、精准营销和塑造用户，并获取商业价值，云计算技术提供基于互联网相关服务的存储、使用和交付模式，构成了广播媒体智媒化的四大技术要件。

（一）要件一：人工智能

人工智能的核心价值是通过有效的预测和自我学习，提高人类驾驭不确定性的能力，从而形成一种先进的生产力。随着人工智能的不断发展完善，媒体在人工智能方面的应用也在不断深化，给新闻生产的各个环节注入新的力量，提高新闻内容生产效率，扩大新闻传播效果。其主要表现为：智能抓取推进信息采集的便捷化，机器写作使新闻内容生成多样化，算法持续升级让内容实现个性化推荐和人机良好的交流互通，提升用户体验。

人工智能在媒体领域的运用，不仅仅带来生产效率的大幅提升，更重要的是增加了用户的体验与感受。人工智能实用性的强化，人机协调能力的加强，采编发业务流程的重构，以及新闻工作者对人工智能系统监管权的强化，实现与人工智能系统的无缝对接，才能充分发挥人工智能的效能。

（二）要件二：区块链

区块链技术以其去中心化、不可篡改、可追溯等特点备受全球关注，并且逐渐从概念走向应用。区块链在传媒行业的应用和探索，也将改变传统媒体业态。区块链技术在内容版权保护、打击虚假新闻、再造业务流程、广告精准投放、个人隐私保护等多方面将引发新一轮的行业变革。

其主要应用领域为：搭建一个包括信源评估、网络节点审核验证、内容不可篡改等环节的新闻网络生产机制，对假新闻形成约束，有效地打击防范虚假新闻；采用数字签名对内容版权进行从确权、用权到维权的全流程跟踪，形成一个去中心、可追溯的数字版权流转生态，实现内容版权的商业变现。

此外，在产业互联网时代，定制化与智能化生产使得基于用户和产品大数据的精准投放成为广告业发展的趋势，而区块链技术可以解决当前中心化互联网平台广告传播效果统计失真的问题。其依托智能合约，实现用户关注度的精准量化，并将关注度转变成查询和交易，形成通过用户关注度付费的正向激励模式，并结合用户数据和大数据，对用户进行数字画像以实现广告精准投放，从而提高广告公司的效率和利润。

（三）要件三：大数据

大数据时代的技术变革，正在重塑媒体行业，大幅提升了新闻生产效率，也催生了全新的新闻产品形态，给媒体用户以更好的体验。媒体行业正是大数据、人工智能等新技术的用武之地，通过大数据分析为受众画像，再通过"智能算法"实现精准推送，将合适的内容产品推送给目标用户，实现内容分发的"千人千面"，彻底改变了传统的内容分发模式，提高了内容的匹配度和到达率，提高了定向传播的精度，让内容的生产与传播更有针对性，让新闻宣传与舆论引导更有精准度。

同时大数据也可以反馈受众的内容消费需求，进而改进新闻生产和传播流程，实现以人为本的新闻生产流程重构，帮助媒体更清晰地了解受众的需求，从而有针对性地进行内容生产和舆论引导，精准把握受众的兴趣偏好、意见诉求及心态变化，实现个性化的内容生产和推送。

（四）要件四：云计算

云计算、物联网和大数据是第三次信息化浪潮的三个代表技术，云计算提供服务支撑，物联网提供数据采集，大数据完成数据价值化。2019 年是 5G 发展元年，"大带宽""大连接""低延时"的特性将开启万物互联时代，新型数字化业务也将不断涌现，实现产业数字化、生活数字化与媒体数字化，让连接和数据无处不在。5G 将与以云为代表的新兴技术一起组成智能化基础设施，为即将到来的数智社会和数智媒体赋能。

数字信息化进程中产生了大规模的结构化和非结构化数据，云计算与边缘计算的整合将成为一个重要的发展方向，云计算与边缘计算的结合将构建出一个响应更加迅速且安全级别更高的互联网服务环境。而对于海量的结构化和非结构化数据的处理，云计算已经逐渐成为储存信息的主要方式，对提升和优化大数据以及对网络新媒体信息的处理有着巨大的作用。

信息技术是网络新媒体发展的引擎，随着互联网和移动互联网的发展，网络新媒体突飞猛进，日渐成为人们获取信息和新闻消息的重要来源。而网络新媒体具有数字化、网络化、互动性、超文本、虚拟性的特征，因此也形成了巨大的、格式多样化的数据资源。而这些数据特征的处理需求正是云计算的特长。云计算、云存储可以应对大规模数据压力，构建智能云应对终端的多样性需求。网络新媒体的发展趋势、内容数据的快速增长、传播终端的丰富趋势，以及云计算技术在网络新媒体行业的应用，终将更大程度地改变媒体传播的速度和广度，推动传播学甚至现代科学的进步。

三、广播媒体数智化的"五个问题"

互联网时代媒体格局、舆论生态、受众对象、传播技术都在发生深刻的变化，4G 时代移动通信技术对媒体发展已经产生了巨大影响，而 5G 将会更大限度地赋能媒体。随着 5G 技术的普及，未来媒体行业会将产生更加奇妙的变化，视频业务形态将逐渐深入各类媒体当中。受益于 5G 技术的优势特点，未来媒体报道方式也会向轻量化、新型化、高速化方向转变，媒体业也正从纯粹的内容产出变为考虑入口、变现等问题。在这种情势下，在媒体转型、媒体融合过程中一直困扰主流广播媒体的用户是谁、用户在哪里、用户要什么、受众如何变用户、内容如何准确送达五大问题将得到解决。

（一）问题一：用户是谁

用户是谁？一直是困扰广播人的重要问题。广播媒体的传统出口传播由于是面向不确定人群的广域传播，难以实现真正的内容与用户的连接，只能依靠受众调查实现粗颗粒度的用户描述；网络入口传播在一定程度上实现了内容与用户的间接连接，内容基本是从出口媒体迁移到网络媒体，仅仅是拓宽了内容的传播通路，用户描述未能真正改善；平台传播真正实现了基于平台的内容与用户的连接，但受到广播内容生产方式的局限，一方面广播电视自有平台用户流量有限，另一方面第三方平台用户流量以及用户描述难以为广播所使用；生态传播用人工智能技术改造出口媒体，采访、写作、互动、算法推荐、效果监测、营销等环节与 AI 结合，同时为技术引擎植入价值观的灵魂，用主流价值观解决算法偏差，将彻底实现广播生产方式的变革，并以媒体为基础，通过智能技术和智慧报道为政府、企业、用户提供全联结的智力支持，实现基于云端的近 7 亿新闻用户的细颗粒度描述。

根据第 44 次《中国互联网络发展状况统计报告》，截至 2019 年上半年，全国手机网民规模达到 8.47 亿，手机网络新闻用户达到 6.6 亿。而网民年龄构成中 20~59 岁的达到 72.3%，其中 20~39 岁的达到 48.3%。而 20~59 岁的广播听众占比达到 84.5%，其中 20~39 岁的占比达到 50.3%。广播听众与互联网用户的核心人群高度重叠，充分说明广播媒体数智化的用户就是 20~59 岁的核心群体。

（二）问题二：用户在哪里

尼尔森网联《中国广播及音频应用发展研究报告》显示，2018 年选择网络端口收听的占比达到 91%，较上年增长 50.2%；采用网络广播收听的较上年增长 89.9%，说明广播媒体传统传播端口的听众流向网端，因此广播媒体智媒化的用户就在网端。伴随着广播媒体的融媒化发展，广播媒体的一体两翼传播也在向网端转移和倾斜，广播听众也在向网络广播用户转型。广播智媒化对网上用户的行为追踪，全方位定位用户内容消费轨迹，深度了解广播的用户在哪里成为必然。

广播智媒化就是利用人工智能技术重构新闻信息生产与传播全流程。目前人工智能在传媒业中的应用主要集中在三个方面：智能生产、智能传播和智能管理。单纯从智能传播角度而言，主要是基于价值观主导的算法推荐，通过路径追溯、情感分析、影响评估、智能推荐，把媒体生产内容的分发从过去的不确定性传播变成当今的确定性传播，增强传播效果，并由此带来品效转换。

（三）问题三：用户要什么

媒体的生命力在于媒体生产的内容产品必须能够送达并影响到内容消费者，若想真正能够影响到内容消费者，则需要准确分析用户内容消费的偏好。前互联网时代，广播媒体可以通过受众研究以及听众见面会、听众来信等来了解、掌握和分析广播听众的收听偏好，从而实现有针对性的节目设置和编排。

伴随着广播媒体生产方式的变革，广播的传统和网络两翼传播模式也在不同程度上产生倾斜，用户在哪里，媒体的宣传报道就要到达哪里。根据第 44 次《中国互联网络发展状况统计报告》，2019 年上半年手机网民经常使用各类 App 的时长中，网络音频位列第六，占比为 8.8%。说明手机网民除即时通信 App 用时最长外，在网络视频、短视频、网络音乐、网络文学、网络音频以及网络新闻方面花费了大量的时间，而网络音乐、网络文学、网络音频以及网络新闻与广播媒体的内容产品存在大量交集，从某种程度上回答了广播智媒化过程中用户要什么的问题。

广播智媒化通过主流价值观解决算法偏差，实现主动推荐，通过传播路径跟踪、情感能量评估、用户互动效果，准确分析用户内容消费偏好，从而解决用户内容消费的痛点。

（四）问题四：受众如何变用户

广播媒体传统传播方式的短板在于内容与用户的弱连接，而广播智媒化就是构建内容与用户的连接，通过人工智能、数据挖掘和分析技术，打造基于大数据的智能平台和生态，实现内容生产和用户需求之间的智能匹配，在用户信息需求不断迭代优化的基础上，实现受众向用户的转变。

致力于内容与用户建立连接的广播智媒化，是利用人工智能技术对音频新闻信息生产与传播全流程的重构，是基于智能生产、智能传播、智能管理的全链路重构。智能生产以大数据智能分析工具作为技术支撑，实现线索挖掘、快速采编、智能助理和全景发布；智能传播则是以全媒体智能发布系统为基础，实现路径追溯、情感分析、影响评估、智能推荐和精准推送，实现信息服务的个性化、智能化；智能管理通过不同模型及算法实现对用户特征的刻画、行为轨迹等的多维度分析，对媒体优质内容资源、活动资源、经营资源沉淀的多维度受众数据进行整合、清洗、认证、管理、记录以及深入挖掘、分析，并通过智能化、个性化的信息数据服务使其转化为用户，为内容产品的优化、精准营销，以及面向用户的智能化服务提供实时、高效、个性化服务，为媒资营销管理提供支持。

（五）问题五：内容如何准确送达

人工智能技术对音频新闻信息生产与传播全流程的重构，能有效建立内容与用户的连接，为广播音频产业优质内容的高效精准送达用户提供了保障。广播媒体内容传播两翼化激发了数据结构由单一到多源，由抽样调查的小样本数据到网端的海量大数据的变革，广播媒体的智媒化依靠智能设备有效地应对了这一变革带来的问题。

媒体大数据的核心价值是精准、高效、细微、深度地挖掘用户行为，帮助媒体建立内容与用户的连接，精准了解用户的行为和特性，全面追踪用户终端前、网络上的收听行为，全方位定位用户内容消费的轨迹；基于大数据技术，精准分析音频用户内容消费偏好，进行智能推荐、多维交互，将单向听众转变为活跃交互用户，赋予广播媒体互联网基因，实现优质音频内容高效精准送达用户。

通过人工智能的技术赋能实现广播媒体在传统传播端口和网络传播端口的两翼传播模式下内容与用户的连接，同时也解决了网络端口信息轻传播和传统端口信息重传播的联通，通过大数据技术将多源异构的非结构化数据进行异构同源的结构化，实现广播音频用户收听偏好的精确描述和画像，从而实现内容的精确送达。

四、小结

综上所述，人工智能、区块链、大数据和云计算对传统主流媒体的技术赋能，彻底改变了主流媒体的传统基因，并赋予其互联网基因，重构了主流媒体的网络生态环境：通过人工智能的先进生产力提升内容生产效率；通过区块链的不可篡改、可追溯性对内容版权的有效保护形成了新型生产关系，并与生产力相匹配构成了新型生产方式，驱动着主流媒体的顺势发展；通过大数据精细把握用户的内容消费需求，实现以人为本的新闻生产流程重构，从而有针对性地进行内容生产和舆论引导；通过云计算深度挖掘网络新媒体所形成的海量、格式多样化的数据资源，适应网络终端的多样性数据需求，推动和深化主流媒体的深度和广度传播，从而使主流媒体的报道方式向轻量化、新型化、高速化方向转变，彻底将主流媒体业纯粹的内容产出改变成融入口与价值实现为一体的新型主流媒体，彻底解决了主流广播媒体用户是谁、用户在哪里、用户要什么、受众如何变用户、内容如何准确送达五大根本性问题。

（作者系尼尔森网联副总裁。）

智能场景与全息声技术：音频传播的下一个风口

汤天甜　贺思雨

摘要： 在重新审视听觉文化回归的基础上，本文从场景与全息声技术角度讨论音频传播在内容深耕、用户服务、声效环境、观众体验等方面的创新与升级。其中，线上音频传播在智能互联场景里，以用户需求为目标，实现了音频内容融合与传播路径的拓展；而线下音频传播从空间环境入手，借助全息声技术，通过改善实体空间声效环境而再造其"音"频的价值。

关键词： 听觉回归；音频传播；场景；全息声技术

"口语传播时代信息的传播来自人的交流，艺术、教育与文明通过口口相授得以流传。文字发明之后，眼睛的作用被强化，印刷术的发明使书籍与教育得到普及，文明人的视觉空间进一步放大。"[①] 1985 年，我国的电视机产量达 1 663 万台，成为世界上仅次于日本的第二大电视机生产国；到 1987 年，我国的电视机产量达 1 934 万台，成为世界最大的电视机生产国。视听技术与设备的飞速发展，使人们的注意力日渐被图像化的信息所吸引，正如海德格尔所说："从本质上看来，世界图像并非意指一幅关于世界的图像，而是指世界被把握为图像。"[②] "在这样一种视觉文化的媒介环境中，图像崇拜和狂欢成为新一代的生活方式，图像超越文字形成新的霸权。"[③]

一、风口到来：移动互联助力听觉回归

"近现代以来的视觉话语挤抑，导致了听觉感知的麻木和退化，而新时期的社会环境尤其是媒介环境的变化，一定意义上促使了听觉文化的回归。"[④] 计算机、网络技术、数字技术、移动手机的兴起与发展使传受双方角色得以互换，新

---

① 隋欣：《新媒介环境听觉文化复兴的可能》，《当代传播》2016 年第 4 期，第 45 - 47 页。

② ［德］海德格尔著，孙周兴译：《海德格尔选集》（下卷），上海：上海三联书店，1996 年，第 899 页。

③ 金霞：《读图时代的电视视觉霸权》，《湖北民族学院学报》（哲学社会科学版）2007 年第 1 期，第 113 - 116 页。

④ 刘军茹：《论新时期的媒介环境及其听觉回归》，《枣庄学院学报》2018 年第 1 期，第 16 - 20 页。

的传播关系赋予人们在信息选择、运用与生产上的主动权。中国互联网络信息中心（CNNIC）第 33 次《中国互联网络发展状况统计报告》显示，"截至 2013 年 12 月，中国网民规模 6.18 亿，互联网普及率达到 45.8%。手机网民在 5 亿用户的基础上持续增长。随着互联网普及率的逐渐饱和，中国互联网的发展主题也已经从'普及率提升转为使用程度加深'"，① 如视频、音乐等高流量手机应用被更多用户频繁使用。

中国产业信息网发布的《2018 年中国移动音乐市场现状及发展趋势分析》中显示，"2017 年我国网民规模达到 75 300 万人。其中手机网民规模占比 97.5%，从手机网民娱乐类应用使用率来看，网络音乐在手机网民中的使用率为 68.0%，仅次于网络视频排在第二位。"② 移动互联让音频从"定点"传播转为"动态"传播，从单一形式的音频到移动音频 App、有声书、音乐网站、语音软件等多种音频样态，各类移动音频平台的增加在很大程度上拓展了音频传播的范围，给用户听觉回归与感官平衡提供了新的窗口，视觉主导的霸权力量被部分消解。可见，在智能互联时代，用户听的欲望在技术创新与听觉设备更迭的助推下被再度激活，移动互联在改变人们生活习惯的同时也促成了新的媒介生态。《2018 中国移动音频行业发展报告》数据显示，"中国移动音频 App 用户规模在一年之内从 7 亿猛涨到 11 亿，涨幅高达 50.3%。同时，2018 年下半年，用户打开次数增长了 20.2 亿次，使用时长增长了 1.7 亿小时，移动音频用户黏性显著提升。"③ 在当前移动互联网红利大幅递减的下半场中，音频行业逆势上扬，用户数量的快速增长与使用时长的迅猛增加均展现出音频行业巨大的发展空间。

二、场景音频催生用户思考与用户服务

"在数字媒介时代背景下，思考人们身处什么样的听觉环境，用怎样的方式与心态在听，听与被听存在着怎样的社会关系，是考察当代听觉文化的关键切入。"④ 其中，场景化音频的出现也正是顺应了音频传播在内容深耕与路径拓展上的主流趋势。

---

① 第 33 次《中国互联网络发展状况统计报告》。

② 《2018 年中国移动音乐市场现状及发展趋势分析》，中国产业信息网，http://www.chyxx.com/industry/201808/664170.html，2018 年 8 月 1 日。

③ 易观智库《2018 中国移动音频行业发展报告》。

④ 隋欣：《新媒介环境听觉文化复兴的可能》，《当代传播》2016 年第 4 期，第 45 – 47 页。

（一）多元场景下的音频内容构建用户新的听觉思考

"2018 年，中国在线音频市场用户规模即达 4.25 亿人。预计到 2020 年，中国在线音频用户规模将达 5.42 亿。"① "音频领域成为不折不扣的"蓝海"，包含互联网巨头、内容创作者等在内的一众玩家都开始正视起音频传播在未来全球传播格局中的角色，争相进入声音'赛道'。"② 而当下移动音频行业爆发式的发展也使该领域的竞争愈加激烈，众多音频平台都积极尝试建立或巩固自己的行业地位。

据艾瑞咨询联合蜻蜓 FM 发布的《2019 年音频平台营销价值研究案例报告》显示，"蜻蜓 FM 用户的收听场景十分广泛，犹以晚上睡前（69.1%）、午休时（36.1%）以及做家务时（31.7%）三个场景为主"。③ 在睡前场景中，荔枝 FM 为用户开设了催眠频道，大量的白噪音播单，如海浪、雷雨、草原、荷塘、流水、森林等大自然的原声，为失眠的用户提供了陪伴助眠服务。在针对亲子教育场景时，荔枝 FM 开设"亲子宝贝"频道，内容涉及睡前故事、儿童歌谣、英语等。用户从以往的听音频到听场景化的音频，用户的听音需求更具针对性。这种个性化的听音方式加深了用户对音频内容本身的关注度，形成用户主体对场景化音频内容的深度依赖及自我思考。

2014 年，罗伯特·斯考伯与谢尔·伊斯雷尔在其合著的《即将到来的场景时代》一书中特别提到了"场景"（context）的概念，他们创造性地预言："未来 25 年，互联网将迈入场景时代，大数据、移动设备、社交媒体、传感器、定位系统是与场景时代有密切关联的五大要素。"④ 国内学者彭兰在其《场景：移动时代媒体的新要素》一文中也认为："移动互联网时代争夺的是场景，场景的构成元素包括：空间与环境、实时状态、生活惯性和社交氛围。"⑤ 当下，音频平台的发展更需要在守住场景的同时不受制于场景，除了对睡前、午休、做家务场景的内容植入外，更要重视多元场景下的内容开拓与深耕。例如，在健身场景下用户可以接触到专业的健身知识及健身辅导；在洗漱、沐浴场景下享受舒缓的轻音乐；在清晨起床场景下听新闻、天气及路况信息等。因此，场景化音频的开拓是音频产业发展的新增长点，随着在线音频内容的进一步开放，基于场景中的

① 艾媒咨询：《2019 上半年中国在线音频市场研究报告》，艾媒网，https://www.iimedia.cn/c400165917.html，2019 年 8 月 29 日。

② 田园：《机构媒体的"声"态布局》，《青年记者》2019 年第 21 期，第 15－17 页。

③ 艾瑞咨询：《2019 年音频平台营销价值研究案例报告》，艾瑞网，http://report.iresearch.cn/report_pdf.aspx? id=3456，2019 年 10 月 16 日。

④ ［美］罗伯特·斯考伯、［美］谢尔·伊斯雷尔著，赵乾坤、周宝曜译：《即将到来的场景时代》，北京：北京联合出版公司，2014 年。

⑤ 彭兰：《场景：移动时代媒体的新要素》，《新闻记者》2015 年第 3 期，第 20－27 页。

用户需求也将得到进一步挖掘，伴随性的场景内容为用户主体提供更多便捷服务的同时也在激发用户新一轮的听觉思考。

（二）智能语音技术促成音频的场景化教育

2018 年 9 月，科大讯飞"智慧课堂"系统正式进入华东师范大学第三附属中学，老师们通过手中的智能终端代替黑板板书，点击终端屏幕与学生们互动分享课堂教学重点，而学生们使用的智能终端则能即时接收信息、记录重点、提交答案。此外，基于智能语音技术，系统还可实现对学生的智能口语测评，并针对不同个体的学习情况生成个性化的作业。可见，"智慧课堂"系统不仅带给学生端用户更便捷的口语学习方式，也使得课堂教学的主场景更为智慧、便捷、高效。课堂教学从一对多的无反馈式教学转为一对多互动反馈式的教学，教师们的教学更具针对性，同学们的学习也更具主动性。

2019 年 11 月，由淘云科技打造的阿尔法蛋智能故事机正式上线，故事机使用 Voice Conversion 技术，父母们只需 5 分钟即可录制并生成专属的定制声音，孩子们可随时随地通过故事机听爸爸妈妈讲故事。比起传统故事机陌生、单一的语音陪伴，Voice Conversion 技术赋予故事机原声陪伴功能的同时，还可使孩子们对故事机产生更深的情感信赖。此外，故事机还兼具哄睡叫早、清晨起床的趣味互动以及夜晚温馨故事伴入眠等多样化的辅助服务，使孩子们拥有了更为主动的内容摄取权。随着人工智能科技与移动智能终端的发展，用户的听觉场景逐渐从单一场景向多场景过渡，"音频传播从生产到接收的各个环节均被不同程度地'赋能'，彼此之间的关系更加错综复杂，音频传播的生态变得丰富多元"。[①]

（三）听觉延伸：音频牵线场景互联式生活

2018 年 9 月艾瑞咨询发布的《2018 年中国网络音频全场景发展研究案例报告》显示，"现有音频用户未来倾向于通过更加多元的智能设备进行音频的收听，包括目前使用智能音箱的音频用户在内，未来会有 72.8% 的音频用户尝试通过智能音箱收听网络音频，还有 49.4% 的用户表示未来会尝试使用不包含智能音箱的智能家居产品收听音频。"[②] 由此可见，以单一音频接收终端为主的收听模式将被以智能音箱、智能家居、可穿戴智能设备为代表的新型收听模式所取代。

2019 年 9 月，Bose 智能音频眼镜（方款）在中国内地正式发售，该眼镜是

---

① 艾红红：《音频传播的升级迭代及其演进逻辑》，《青年记者》2019 年第 21 期，第 13 - 15 页。

② 艾瑞咨询：《2018 年中国网络音频全场景发展研究案例报告》，艾瑞网，http://report.iresearch.cn/report_pdf.aspx? id = 3272，2018 年 9 月 21 日。

一款集太阳镜与音频播放两种功能于一体的可穿戴设备，用户可以在佩戴眼镜隔离紫外线的同时收听流媒体信息、实现即时的语音通话。Bose 智能音频眼镜从"视"到"听"的功能扩展，充分调动了用户的感官协调，使"一镜多用"成为可能。此外，小米公司研发的智能音箱"小爱"，让音箱不再停留于简单的放音，通过人工智能语音对话，用户可以点播音乐、相声、有声书、小说、儿童读物，针对更为具体的场景，"小爱"也同样能提供精准的服务。当用户回到家，只需一句"小爱同学，我想……"，就能唤醒"小爱"打开其他智能终端，如打开电视播放节目，唤醒扫地机器人清扫房间等。在起床上班的场景下，同样一句"小爱同学，我想……"，"小爱"就会自动上线，为用户提供设置闹钟、查询天气、询问路况等服务功能。在 2019 年广州国际电子消费品及家电品牌展（CE China）上，具备全场景优势的"海尔智家"，展示了成套的智慧家庭解决方案。在智慧卧室，当体验者枕在智能枕上的那一刻，窗帘、灯光自动关闭，空调风力逐渐减弱。在智慧客厅，智慧空调能主动识别空气质量，联动加湿器、新风机等电器自动调节空气温、湿、净度等。这种以用户需求为中心、更为主动的多样服务，不仅极大程度上满足了用户的需求，也升级了用户的居家体验。

综上所述，在多元的互联场景中，用户的听觉不再受制于单个场景的局限，由"点"及"面"的智能语音家居为全场景下用户的智慧生活注入了更多的可能。但值得注意的是，智能可穿戴设备，智能音箱、智能语音家居在不断升级的过程中如何更好地提高语音内容适配的精确度，如何平衡好信息共享与智能服务等，都将成为智能音频设备开发领域的核心议题。

（四）场景音频为"银发经济"市场带来灵感

"银发经济"又称老年经济、老龄经济，其覆盖范围十分广泛，包括卫生健康服务、日常生活用品、家政服务、金融理财、旅游娱乐、房地产、保险业、教育、咨询服务等多个领域。《2019 中国互联网群体经济用户与消费行为研究报告》显示："2018 年中国银发经济相关产业规模超过 3.8 万亿元，2019 年中国老年网民仍以线下娱乐为主，但线上娱乐也逐渐成为老年网民重要的娱乐渠道，占比 24.4%。"[①] 因此，音频产业可通过开发有声阅读、新闻资讯、医疗咨询、社交互动等领域的音频内容来满足"白发群体"的线上需求，还可针对"老年"群体尝试开发适合其群体使用的智能音频设备，让"音频"服务更具专业性与针对性。

---

① 艾媒咨询：《2019 中国互联网群体经济用户与消费行为研究报告》，艾媒网，https：//www.iimedia.cn/c400166569.html，2019 年 10 月 30 日。

三、全息声技术再造实体空间内"音"值

音频内容与终端的场景化，带给用户个性化的听觉体验，而全息声技术的普及，更是为文化作品的线下展演提供了新的思路，线下音频的价值也将得到进一步的凸显。

（一）以技术为重点，加强文化作品表现力

"3D 全息声技术不同于立体声及环绕声概念，该技术基于 WFS 波场合成理论，如同全息成像一般，能够实现在真实或虚拟空间中上下、前后、左右三个维度里所有声像位置的精确定位，其突破了立体声及环绕声对最佳听音位置的局限，以及听众位置不可移动的限制。"[1] 2017 年 10 月，作为世界第一部将全息声技术运用于舞台现场演出的剧目《三生三世十里桃花》，在上海美琪大戏院上演，经过现场布置的上百个全息声点位，舞台剧《三生三世十里桃花》真实自然地呈现了剧情里的虚幻世界，其中，演员的每句台词、每次呼吸都犹如在观众耳畔，表演效果也因此更为生动。

2018 年 10 月，琶洲艺术季之"一带一路"工艺美术品交流展、"多彩的世界"油画展、"心安何处"艺术生活展在广州开幕。在"心安何处"艺术生活展上，观众只需戴上耳机，打开手机蓝牙，即可听到国内首创的全息声景交互作品《声外之物》，其会根据现场观众观赏内容的不同而自动切换声音，在很大程度上给予了作品"二次探索"的机会，赋予了观众参与式的听觉体验。

（二）以观众为中心，更新观众主体的感官体验

2019 年 5 月，上海越剧院与从事音乐工程的费迪曼逊四维创意团队合作，通过运用全息声技术在长江"黑匣子"剧场连演四场沉浸式越剧《再生·缘》，整个演出空间内并未设置独立的观众席位，观看区与演出区交织在一起，演员在大型摄像机的追踪下与观众的包围中演出，这样的席位设置不仅模糊了舞台与观众席之间的界限，同时也打破了演员与观众之间的界限，在全息声技术的支持下，无界限感与自然融入式的戏剧表演为观众带来了无"皇帝位"的沉浸式感官体验，而观众也因此得以拥有更多的观影自由。

2018 年 8 月，上海大剧院与德国汉堡国家歌剧院联合制作的户外歌剧《魔

---

[1] 陈佳、王岑予：《3D 全息声技术在影视音乐设计中的应用研究》，《艺术教育》2017 年第 19 期，第 92－93 页。

笛》，摒弃了传统镜框舞台的呈现方式，广场同大剧院建筑连接，并共同搭建出一个十字型的户外舞台，183 个音响对十字形舞台外的 4 个观众区进行分别扩声，如此声效环境的设计不仅确保了高品质的听感，更打破了观众席不同区域的听音局限。此外，剧场还采用了"四维全息声"声音定位追踪技术，乐队音响师通过触摸屏即可现场实时控制演员声音的走向，使演员的声音在舞台上有准确的定位与匹配的移动。全息声技术让演员的表演真正实现了"音随画动"，即演员走到哪里，声音就"跟"到哪里，这种极具包围感的听音方式使观众的视听感不再受制于具体的空间位置，极大地提升了用户的听觉体验。

（三）以空间入手，构建主体新的声音景观

20 世纪 60 年代末加拿大作曲家、音乐教育家莫雷·沙弗尔（R. Murray Schafer）首次提出了"声景观"（soundscape）[1] 概念，即"声景观"由"声"与"景"组成，主要研究人们对于外部"声环境"的感受以及声音如何影响个人的主观感受。不同于传统的声学概念，"声景观"是相对于视觉景观而言的听觉景观，是运用声音的要素对实体空间的声音环境进行创新的设计与规划，从而加强总体景观的调和。因此，全息声技术也区别于以往的立体声、环绕声，它是通过对环境内音箱排列而成的阵列来对声音进行还原，最大程度重现真实自然的声音，并为实体空间内主体的"声景观"体验提供技术支持。

上海中心"巅峰 632"音乐厅是一个"环形"空间，费迪曼逊四维创意团队运用全息声技术，在环形空间内装设了由 244 个音箱所构成的 5 个扬声器包围圈，将空间内的音质予以真实自然的还原。而上海西康·189 弄购物中心则凭借四维全息声技术，实现了"声音"与"购物"的实时融合，消费者们处于商场的不同位置即能获取不同的声效体验，有以热带雨林为主题的鸟鸣、雷鸣、大雨声，也有以上海弄堂为主题的叫卖声、戏台声、自行车声等，实现了实体空间内的"声景创意"。

（四）"技术＋环境"，助推影院间客流量的争夺

当下，中国的电影产业正处于高速发展的黄金时期，电影票房屡创新高，据艾媒咨询数据显示，"2009—2017 年中国电影产业年均增长 27.2%，票房截至 2018 年达到 609.8 亿元，在全球电影产业中保持第二位。"[2] 未来，线下影院除

---

① SCHAFER R M. The tuning of the world. New York：Random House, 1978. TRUAX B. The world soundscape project's handbook for acoustic ecology. Vancouver：A. R. C. Publications.

② 艾媒咨询：《2019 全球及中国电影市场运行大数据与产业布局策略研究报告》，艾媒网，https：//www. iimedia. cn/c400/65754. html，2019 年 8 月 16 日。

了对影片资源的争夺外，更应注重对影院硬件环境的改造，尝试运用全息声技术提升影院的声效环境，将在很大程度上影响未来实体影院的客流量与入座率。

当前媒介环境的改变使图像时代"重视觉、轻听觉"的视觉霸权被打破，以智能语音助手、智能音箱、智慧教育系统、智能语音家居为代表的移动音频，同人工智能与语音交互技术的深度融合催生了"音频＋"的创新，用户也逐渐由单个场景的听音转为多元场景下的互联听音。此外，线下空间场域内的移动音频传播也因"全息声技术"的发展而大有突破，其不仅实现了空间场域内的声景创意，给制作者们带来创新的思路与灵感，更是加强了作品原有内容的表现力，使文化作品、艺术作品得以走出"屏幕"，走到"身边"，带给用户们身临其境的听觉体验。未来，人工智能、语音交互、场景互联、全息声技术助力下的音频传播在银发经济市场、教育市场、电影市场等领域的探索依然值得期待。

（作者分别系西南大学新闻传媒学院副教授，西南大学新闻传媒学院硕士研究生。）

广播音频与互联网移动音频的融合发展

赖黎捷　颜春龙

摘要： 移动互联网和人工智能深度改变了传播生态，传统媒体与新媒体融合进入纵深阶段。在广播向智能媒体转型升级中，移动音频市场规模虽然稳步扩大，但也遭遇了优质人才短缺和产品不足等瓶颈。本文从广播网络化、音频化发展趋势出发，结合广播音频、互联网移动音频各自的特点、短板，梳理二者的发展现状及互融的现实路径，为广播音频发展提供思路。

关键词： 广播音频；移动音频；网络化；音频化

4 月 28 日，中国互联网络信息中心（CNNIC）发布的第 45 次《中国互联网络发展状况统计报告》显示，截至 2020 年 3 月，我国手机网民规模达 8.97 亿，网民使用手机上网的比例达 99.3%，移动互联网使用持续深化。移动互联网技术的普及，搅动了音频生态圈，传统广播受到巨大冲击，而移动音频迅速崛起。传统广播如何向移动互联网发展？移动音频如何找到可持续的盈利模式？传统广播、移动音频以及有声阅读、在线音乐等相关产业如何构建以音频为中心的良性生态圈？这是摆在广播媒体人面前一个亟待解决的现实问题。

2017 年，国务院发布《新一代人工智能发展规划》，人工智能作为国家战略在各个领域推进。除了大数据、云计算等新技术的运用，智能设备已经成为音频产品与音频内容生产无缝对接的首选路径。与之相适应的是，以"中央厨房"、云平台、可视化、短音频、内容付费等为标志的智慧型广播也全面崛起。

本文试从广播媒体的现状以及在向移动互联网发展过程中遭遇的瓶颈入手，探讨其如何以移动互联网和人工智能技术为支撑，与快速发展中的移动音频平台实现深度互融，共生共长。

一、移动互联时代，广播的发展现状及瓶颈

传统广播发展至今，从传播渠道上看，经历了从广播电台到网络电台再到"两微一端"新媒体呈现；从传播技术上看，经历了从以调幅/调频为主的无线

电传输到以数字广播为主的互联网传输，再到以音频应用为主的移动互联网与人工智能传输；从传播形式上看，经历了从现场直播到录播，再到在线直播，从单向传播到互动传播再到以用户为主导的精准传播。

（一）移动音频竞争，广播媒体压力巨大

在报纸、杂志、电视等传统媒体被网络媒体冲击得风雨飘摇的背景下，广播是近几年勉强支撑、尚没有大面积衰退的媒介，但困难已经显现，尤其是地市级及以下的广播，普遍出现了影响力下降、营收困难等情况。广播媒体不断探索、创新，积极向全媒体转型。近年来，上海广播电视台推出阿基米德 FM 音频客户端，探索广播向移动音频的转化；广东广播电视台珠江经济台探索广播电商模式；江苏广播电视台推出"大蓝鲸"系统，探索音频与综艺视频等的融合。2020年3月，中央广播电视总台声音聚合平台"云听"正式上线，依托总台优势资源，聚焦泛文艺、泛知识、泛娱乐三大品类，为各类终端用户提供优质的声音产品和服务。

然而，目前广播媒体所办的音频客户端内容多集中于音乐、娱乐、都市生活等领域，且同质化程度越来越高，而在人文历史、商业财经、教育培训等领域则乏善可陈，[①] 尚需要拿出较大力度加以改进。与之相对照的是，市场化的移动音频平台在用户内容生产、泛娱乐化社区经济、知识付费等方面风生水起，逐步形成了差异化竞争态势。在移动音频领域的竞争方面，广播媒体的压力不小。

（二）广播互联网化的瓶颈

1. 产销分离，内容创新不足

传统广播遭遇的瓶颈首先是产品问题。缺乏互联网思维，特别是缺乏面向移动互联网用户的产品开发意识，造成产销分离，内容创新不足。

广播传播模式过去为一对众的单向传输，音频内容生产以专业化的新闻、音乐、交通和都市娱乐频率为主，播出方式以固定时段的预定节目为主；移动互联网端的用户则以趣缘为主导，向科学、教育、卫生、人文、地理等各个领域垂直延展，阅听形式以碎片式、场景化收听为主，偏好任意点播、在线收听等。目前，不少传统广播的互联网化都局限在对"两微一端"的盲目扩展，缺乏对移动互联网内生动力的挖掘和与移动音频平台的协同，缺乏对与移动互联网媒介属

---

① 杨军：《从中国移动音频内容生态演进看传统广播的突围路径》，《科技风》2017 年第 12 期，第 65 – 66 页。

性适配的个性产品的研发。

2. 生产粗放，管理机制落后

广播媒体由于长期独立于市场机制之外，对新技术、新事物的敏感度以及基于市场的创新思维和管理手段，都与移动互联网下市场的实际要求相距甚远。传统广播向新媒体的转型，往往是广播加上互联网，其生产流程和管理机制并未实现根本转变。有些广播媒体还是在合并后的广播电视集团中的独立存在，并没有与电视、新媒体真正重组、互融；有些广播媒体虽然与电视媒体合并共同打造新媒体，但每个频率或终端都由其独立的团队和管理机制进行运作，难以形成协同生产。从人力调配到运行依然是传统媒体思维方式，是传统广播向移动互联网的单向融入，缺乏对移动音频应用平台的主动合作和对移动端用户的主动吸纳。其听众大多从传统电台迁移而来，新增移动端用户数量不多，黏性不强，还没真正实现移动互联网化。

3. 大数据运营能力欠缺，盈利模式单一

广播媒体在向新媒体转型过程中，其大数据运营能力普遍欠缺，缺乏精准定位、适销对路的音频产品，其盈利模式仍局限于传统的广告变现模式，缺乏对粉丝经济的开拓和在新媒体端的流量变现方式。

现在，部分广播媒体已经意识到这一问题，开始重视大数据技术在整个生产流程中的运用，如陕西广播电视台音乐广播通过大数据挖掘，对播出歌曲在网络中的点击热度、评论分析、用户心理、热播时间等进行全息测算。黑龙江广播电视台成立战略数据部，创建听友数据库。[1] 湖南长沙广播电视台提出营销整合三全策略，即全媒体营销、全案代理、全效果跟踪。[2] 但这些尝试大多仍仅限于对用户端的分析，还没有渗透到从研发到生产的全流程，其后续投入、技术开发、节目生产尚未形成良性互动的产业链。

4. 版权维护不足，跨界合作没有形成机制

广播媒体专业性强、制作精良，但版权意识不足，版权维护投入不够，没有实现音频产品的价值变现，特别是没有形成以知名主播为核心的 IP 产业链。

受无线传输技术限制，地方广播媒体只能将节目覆盖到规定的区域内。走向移动互联网后，广播借助移动互联网、车联网、物联网形成新的传播生态，不仅

---

① 凌昱婕、赵洁、欧阳宏生：《"广播＋"：互联网时代的全媒体整合——2015 年中国广播媒介融合年度报告》，《中国广播》2016 年第 2 期，第 55－59 页。

② 《融合路上：广播人的看法与办法》，"电台工厂"微信公众号，https://mp.weixin.qq.com/s/osQbZjGCwh87SvvK0Q1FGw，2018 年 5 月 22 日。

要发挥自己的云平台优势，还要与其他移动音频平台进行合作，甚至是跨媒介合作。同时，向教育、出版、娱乐、医疗、体育等多领域跨界，携手多平台、多领域共赢。目前，上述这些行动还缺乏相应的机制和动力保障。

二、广播网络音频化之路

广播媒体互联网化的最成功产品是播客。早在 2005 年，美国《连线》杂志曾预言播客将取代传统广播的地位。时隔十载，播客在互联网音频平台经久不衰，广播也以音频客户端的形式在互联网上与其他在线音频形成共生互融的新生态。

（一）内容移动化：与细分化场景适配的短音频

短音频是传统广播适应移动互联网碎片化的结果，也是其发挥自身专业制作优势的有效路径。短音频主要是对广播端节目进行二次加工，制作成 5 分钟以内的精品，适应用户移动化、碎片化消费的场景需求，同时也便于分类、标记和检索。2016 年，上海广播电视台东方广播中心推出短音频战略。2017 年，吉林广播电视台沐耳 FM 平台和专门负责短音频产品生产的机构"声音工厂"合作，推出《英雄面馆》《意聆》《沐耳公开课》等原创类短音频节目。[1]

（二）传播形式升级：广播可视化

广播向新媒体转型，走向全媒体，首先体现为传播形态的多向融合。广播节目不再局限于声音形式，而是向多感官接收形态拓展，广播节目不仅要可听、可视、可读，还要可运用。其中，广播可视化尤为突出。早期的广播可视化只是将广播节目的主持现场向听众开放，如重庆人民广播电台就曾将直播间放在百货商场的底楼，让人们看见广播的工作状态，打造"看得见"的广播。借助新媒体手段，近年来广播媒体频频进行直播间视频直播，真正实现了可视化。2015 年 4 月 3 日，原中央人民广播电台文艺之声频率"海阳工作室"与百度"实时搜索"共同推出的广播全媒体产品"围观海阳"，以视听方式进行实时直播，并融入弹幕等互联网元素，使广播挣脱了听觉的束缚，实现了从听到看的自我迭代。[2] 广播可视化打破了音频的渠道限制，丰富了媒体与受众的互动手段，进一步拉近了

---

[1] 黄学平：《短音频：移动互联广播的下一个风口》，《中国广播》2018 年第 9 期，第 51 - 54 页。

[2] 凌昱婕、赵洁、欧阳宏生：《"广播 +"：互联网时代的全媒体整合——2015 年中国广播媒介融合年度报告》，《中国广播》2016 年第 2 期，第 55 - 59 页。

与受众的距离。

（三）端口融合：从多平台聚合到智能设备

端口融合是媒体融合的重要方式。广播媒体在移动互联网上开设"两微一端"，入驻社交媒体、移动音频平台，并建立起合作关系，让广播有了更多的声音出口平台。2015 年，国内几乎所有的广播电台都入驻了新浪"微电台"。智能设备是一个新的端口，目前，腾讯"听听"、阿里"天猫精灵"、百度"小度"等纷纷入局。[①] 智能设备在产品多样化、使用场景多元化等方面与移动互联网音频消费趋势不谋而合，适合家庭陪伴或在线购物等多场景生活服务。

（四）资源整合：建立云平台与用户数据中心

大数据、云计算、人工智能等技术为广播向移动互联网转移创造了有利条件。2015 年，原中央人民广播电台建立的中国广播云平台整合了 60 家地方台的频率资源，探索台台联盟的合作方式。黑龙江广播电视台的战略数据部建有听友数据库，在广播内部可以整合各地节目资源，形成区域互补、上下联动，做到职业广播人与专业创作者的协同合作。

（五）整合营销：打造广播电商

广播向移动互联网方向的转化，逐渐走上了强化服务功能、打造综合平台的道路。苏州广播电视总台的"无线苏州"就属此类，其定位为城市公共生活服务平台，产品涵盖天气、路况、资讯、生活服务等生活的方方面面。多元产品聚合、服务功能强化的必然结果便是将线上线下活动进行无缝连接，广播电商成为传统广播整合营销的又一拓展之路。上海广播电视台东方广播中心、上海东方购物联手打造全国首家全媒体购物平台——东方广播购物，广东广播电视台珠江经济台构建了"一平台（网络商城）、一节目（常态电商节目）、一电商日（每月一次广播电商日）"的发展思路，江苏广播电视台的"大蓝鲸"客户端将所有广播电视节目、活动与销售充分融合。

---

① 黄学平：《短音频：移动互联广播的下一个风口》，《中国广播》2018 年第 9 期，第 51－54 页。

三、移动音频反向与广播的融合

（一）内容融合：集成电台

早期的互联网移动音频向广播的融合，主要表现为"FM 化"和集成传统广播的节目内容。它们的名称也几乎都以"FM"为后缀。蜻蜓 FM 被称为"网络收音机"，一直与广播媒体合作密切。2013 年以前，其内容囊括了 3 000 多家传统广播媒体和 1 000 多家高校广播的节目内容。"喜马拉雅"等其他移动音频也或多或少地集成了传统广播媒体的节目。

（二）团队融合：吸纳主播

将传统广播媒体的优秀主持人纳入创作团队，是互联网移动音频进行团队融合的常见做法。蜻蜓 FM 在 2015 年启动 PUGC 大赛，大规模邀请传统广播媒体主持人入驻，在线创作音频作品。"喜马拉雅"的发展，经历了从用户生产内容（UGC）到专业生产内容（PGC）再到专业用户生产内容（PUGC）的转变，其中专业生产内容模式有赖于其向传统广播媒体挖掘优秀主持人资源。

（三）盈利模式融合：专业用户生产内容

用户生产内容由于充分调动用户参与内容生产的积极性而被移动音频青睐，早期的"喜马拉雅"以及荔枝 FM 均采用用户生产内容模式。特别是荔枝 FM，将"人人都是主播"的理念渗透到音频生产、播出及营销的各个环节中。早期的专业生产内容主要指传统广播中职业音频制作者的高水平制作。专业生产内容是蜻蜓 FM 一直坚持的内容生产模式，这种模式有利于形成头部 IP，进而实现价值变现。2018 年，蜻蜓 FM 宣布将投入 10 亿元扶持金用于打造主播孵化体系，将主播职业化向前推进。采用专业用户生产模式的还有"喜马拉雅"，其将传统广播所擅长的专业生产内容与移动互联网适配的用户生产内容模式相融合，在内容生产的广度和深度上相互补充、相辅相成。

（四）场景融合：车联网与智能设备

移动音频的移动化传播优势与传统广播中的交通广播不谋而合，这促使其向交通广播、车联网以及相关智能设备领域进行拓展。移动音频与交通广播的融合，实质上是以消费场景融合为诉求，移动音频通过开发汽车前装与后装设备向交通广播领域渗透，并在可穿戴设备上布局移动消费场景。如蜻蜓 FM 客户端被预装在福特、奥迪等品牌汽车中；考拉 FM 生产了全球首款内置 3G 通信模块的车载智能音箱，用户可免费收听音频内容。①

四、广播音频与移动音频互融的理性思路

广播媒体与移动音频平台各有优势，前者擅长核心内容生产，后者擅长多渠道推广与分发。二者互融，可以从三个思路出发：一是借助大数据和人工智能技术实现从人、财、物到管理机制的全方位资源共享，二是以准社会交往为基础的生产者与消费者融合及其分层培养机制，三是基于"大音频"理念的跨界合作、共赢的音频生态圈重构。

(一) 以人工智能技术为支撑，打造智慧型广播

广播的痛点之一在于其节目内容的数字化、移动化不够彻底，如有限的广播可视化应用，短音频形态与细分场景的匹配度不够，用户数据资源的开发和利用也远未达到精准匹配和营销。移动音频在用户数据用于个性化节目推荐、智能终端设备的布局等方面作出了有益探索，但在核心内容生产、节目资源与场景化消费匹配等方面还较为乏力。双方在互融过程中，均遭遇可持续盈利模式、版权维护等困局。

利用大数据、云计算等技术，建立统一的、开放的、可共享的数据收集分析应用平台，打通多平台数据资源，对双方生产者、消费者、音频生产资源等各类数据进行充分挖掘和研究，并在此基础上进行全产业链资源整合，进而打造智慧型广播。新型广播可形成从资源聚合的云平台到以场景打造和社群经济为基础内容生产的新媒体化，实现集智能设备、用户数据、综合服务功能于一体的终端融合的智能化生产。这有助于解决人员、机制、版权、价值变现等一系列难题。

(二) 以准社会交往为基础，建立生产消费者养成体系

准社会交往由心理学家霍顿 (Horton) 和沃尔 (Wohl) 于 1956 年提出，是指媒介使用者对媒介人物产生情感依恋，进而发展出一种想象的人际交往关系，这种交往关系与真实的社会交往有一定的相似性。准社会交往中的媒介使用者沉迷于与媒介人物的互动，并延伸为实际消费行为，属于沉浸式传播。这种原理在音频主播与其用户之间得以广泛运用。蜻蜓 FM 所着力打造的头部 IP 就是利用了优质内容生产者的品牌效应吸附粉丝，进而提升流量；荔枝 FM 则利用粉丝对主

---

① 崔珍：《"互联网+"与广播业的融合变革》，《青年记者》2015 年第 11 期，第 52–53 页。

播的崇拜和沉迷，打造社群经济，进而开拓声音社交。

移动互联网时代，音频产品的生产与消费边界逐步消融，生产者与消费者向生产消费者转化，即消费者既消费内容又生产内容。以往专业内容生产者、草根主播、消费者各自为阵、泾渭分明，将音频产业链割裂开来。对专业生产者、专业用户生产者、用户生产者进行分层次培养，建立生产消费者养成体系，利用微信、QQ 等社交媒体和社群活动，推动生产者与其粉丝群体进行准社会交往，有助于增强用户黏性，使生产者与消费者实现深层互动的关系传播。

（三）以大音频理念为引导，重构音频生态圈

纵观广播音频与互联网移动音频的发展轨迹，目前来看，二者的融合整体上仍保持以自身优势拓展为界。事实上，双方均置身于在线音频乃至视听新媒体等更大、更激烈的媒介生态位中。来自数字出版业的在线音乐、有声阅读等产品与之形成强势竞争，QQ 音乐等社交媒体在线音频给音乐类音频产品带来巨大冲击，在线教育音频产品则给音频产品的知识付费带来巨大挑战，其他如播客等自媒体个性化移动音频产品均应纳入以音频产品为核心的音频生态圈。以音频产品为核心，通过跨界合作与差异化布局构建新音频生态圈是广播媒体与移动音频互融的另一种理性思路。2019 年被称作"5G 元年"，大数据、物联网、智能硬件以及基于传感器数据和人工智能技术的数字化内容生产，加上逼真的虚拟现实体验，都为广播与移动音频的互融，带来了无限的想象空间。

（作者分别系重庆师范大学新闻与传媒学院副教授，重庆师范大学新闻与传媒学院院长、教授。）

新媒体　新广播

融媒体中心建设情况调研及对策建议

朱旭　李贺　何娟

摘要：融媒体中心的建设和改革之路漫长而修远，要求党委、政府、媒体以及所有从业者共同努力，改革方案、管理体制、配套政策、内容制作、盈利模式等都要契合现阶段发展情境和需求，实现信息内容、技术应用、平台终端、管理手段的共融互通，提高区域融媒体的传播力、引导力和影响力，发挥主流媒体的舆论作用，更好引导群众、服务群众。

关键词：县级融媒体；津云；媒体融合

媒体融合已经成为时代发展趋势，为应对融媒体发展的趋势，新闻传媒机构需要加快自身在新闻采编、内容创作、传播渠道、运营管理等方面的创新和研究。在媒体融合的新形势下，县级融媒体中心建设既要提高政治站位，切实做好新闻舆论工作，完成舆论宣传的重要任务，同时又要积极应对媒体融合对传统传播渠道和经营带来的冲击，加快融媒体中心和工作室建设，不断创新内容和传播形式，提升媒体融合的传播力和影响力。

2018 年 8 月 21 日，习近平总书记在全国宣传思想工作会议上强调："要扎实抓好县级融媒体中心建设，更好引导群众、服务群众。"在相关政策指导下，各地区县级融媒体中心建设如火如荼开展。融媒体中心建设在全国范围内全面铺开，区域媒体的传播力、引导力、影响力和公信力在提升，同时也面临如何提升新闻策采编发和融媒体中心运营能力的挑战。

本次县级融媒体中心建设情况调研的思路主要有两点：第一，将共性与个性相结合。探究县级融媒体中心发展过程，同时结合个案研究，以小见大，揭示当前县级融媒体中心普遍存在的特点和问题。第二，将理论与实际相结合。在搜集和分析文献资料、文本案例的基础上，历时两个多月，对天津海河传媒中心、津云新媒体集团及天津市河西区、南开区、河东区、红桥区、西青区、北辰区、宝坻区、武清区、静海区、蓟州区等县级融媒体中心和媒体融合发展现状展开深入分析和调研。通过实地走访进行调研座谈，调研组获得了大量一手资料，了解当前县级融媒体中心寻求发展的难点和痛点，并在理论思考之下，剖析县级融媒体中心现状背后的深层原因。

　　与此同时，课题组还结合中央媒体及国内其他省市融媒体发展情况，进行对比和借鉴，从融媒体中心经费来源、融媒体中心人员编制、岗位设置情况、采编流程再造及人才队伍建设等多方面进行综合分析，为区域融媒体中心发展提供有效参考和建议。通过深入调研、座谈交流和综合分析，课题组对天津融媒体中心发展情况进行了总结，指出思想观念陈旧、功能架构单一、队伍建设乏力、传播实效不强、协同机制僵化及造血功能不足等问题。

一、天津融媒体中心发展情况

　　按照中央和天津市委关于加强媒体融合和融媒体中心建设的统一部署，天津在全市范围内和各区县融媒体中心不断探索新形势下媒体融合的发展道路，真正做到由物理融合向化学融合发展，努力提高区域媒体的传播力、影响力，达到宣传群众、服务群众的目标。努力在顶层设计、体制机制、人才建设、资金保障上下功夫，确保融媒体中心建设顺利进行。融媒体中心打破旧有的电视、报纸、广播等泾渭分明的媒体界限，调整内部组织结构，逐步建立起顺畅高效、一体化发展的内部运行机制。

（一）津云"中央厨房"的建设

　　天津海河传媒中心所做的"存量"改革吸取了上一轮改革的教训，对现有媒体组织结构进行了彻底改革，建立起"中央厨房"式编辑部门，对原来散落在不同媒体、不同部门的采编资源进行逐步整合，原《天津日报》《今晚报》和天津电视台所属的新媒体采编人员、平台、项目等资源整建制划入津云新媒体集团，实行按照业务条线垂直设置的"中心制"，统筹采编业务。为促使津云"中央厨房"的高效运转，天津市委宣传部还制定了《津云"中央厨房"策采编发工作方案（试行）》。"中央厨房"的建设目标是降低新闻产品的生产成本，使媒体之间的整合从物理维度进入化学维度，从横切面的相加变成纵切面的相融，实现内容生产上的科学调度和协同制作。

　　2017年3月，津云"中央厨房"的硬件设施正式建成。这是一个总面积1 000平方米的共享办公空间，各媒体的编辑、记者、摄影摄像和技术支持人员均能够在这里实现协同办公，办公空间中的物理融合为生产流程上的化学融合提供了基础。从机制上，津云"中央厨房"建立了统一的宣传、策划、指挥和调度系统；津云"中央厨房"建立了采编、技术"全媒体联动、全天候响应"机制，实现一支团队从采编到制造再到全媒体刊播的全流程协作，提高了新闻生产效率；津云客户端也同步推出，使用这一客户端，"中央厨房"的编辑可以实时掌握外派记者的点位和动向，记者在采访过程中也可以相互联系和协同，还能够利用手机或电脑等终端撰写稿件或编辑音视频素材，并用津云客户端回传到服务器，再由后方团队进行加工和刊播。

人员的整合在融合改革中起到了催化剂的作用。海河传媒中心的"中央厨房"整合了来自广播、电视和报社的采编人员，而且通过用人机制的改革，使176 个人实现了在海河传媒中心内部的交流轮岗。《天津日报》的采编人员把时政要闻资源和处理时政要闻的经验带到津云，大大弥补了此前网络媒体对时政领域不熟悉这一短板。广播电视台的采编人员和技术人员将音视频产品的采集、编辑、制作、分发等经验带入，使得团队具备了强大的多媒体产品制作能力。人员的深度整合使海河传媒中心很快形成了具有新媒体特点、因地制宜、高效互动的生产流程。

2018 年 11 月，海河传媒中心整合旗下广电和报纸的报道团队，统一对外呼号为"津云记者"，并实现了不同媒体形态的协同作战，最终形成既有权威内容又有丰富视听体验的立体式报道。《天津日报》发挥党报优势，紧跟各参会主要领导和代表，密切关注大会日程，采写了大量权威的时政报道，并共享给都市报、广播和电视。天津电视台主打视频优势，与北方网协同实现新媒体端的全媒体互动和多样化呈现。津云新媒体则着力创新报道形态，推出了微视频、H5 新闻、动画新闻、VR 新闻等多样态的新闻产品，用移动受众喜闻乐见的方式去呼应传统媒介的报道。

对于传媒而言，基于不同终端载体的介质和特点，进行一体化的内容框架设计，并且使其相互之间建立联系，既能使资源得到充分共享，又能实现内容产品的差异性和优势互补，可以有效地架构产品链，形成"长尾"效应，对于扩大媒介的市场份额、增强竞争力无疑具有重要意义。海河传媒中心成立后，着力打造了一系列媒体融合项目，如"津云调查""网罗天下""公仆走进直播间"等。以"津云调查"为例，这是海河传媒中心广电事业部的电视新闻中心与日报事业部的《每日新报》及津云新媒体共同推出的一档调查类栏目，三方共同策划和采访，以视频、图文和融媒体等方式在电视、报纸和网络上播出，实现了真正的一次采集、多种生成、多元传播。天津广播电视台广播新闻中心推出的特别节目《现场会后话发展》，与电视和新媒体实现了节目的策划、录制、播出的全过程融合。模式创新的节目《委办局长年终系列访谈》，邀请15 位委办局负责人走进津云"中央厨房"，全程与《天津日报》、《今晚报》、津云新媒体和电视新闻中心合作，实现了节目策划、直播、传播等全方位的联动创新。

（二）津云与县级融媒体中心合作情况

津云客户端将自己定位为"新闻＋政务＋服务＋互动"的新媒体形态，借鉴今日头条等商业化平台的经验，开设"津云号"。"津云号"的推出，聚拢了本地资讯资源，丰富了内容生产的途径和手段。截至目前，"津云号"收录近2 000家自媒体，政府、高校、医疗卫生机构、国企等"正规军"集体入驻。

2018年开始，海河传媒中心还积极参与县级融媒体中心建设的探索和尝试，在天津市范围内为县级融媒体中心提供技术解决方案和平台。海河传媒中心依托津云"中央厨房"的技术优势，为天津各区打造统一的区内新闻发布平台，为各委办局等部门提供移动政务、信息发布与互动的平台。目前，津云已为天津13个区建设县级融媒体中心，并承接了部分其他地区的县级融媒体中心建设的工作。通过参与县级融媒体中心的建设，津云所聚合的资源不仅限于海河传媒中心内部，还包括了区县各级政府和媒体资源。

"对于主流媒体而言，无论口号多么响亮、无论规划多么缜密，重新拥有'平台自主'和'流量自由'才是未来决定媒体融合最终成果的核心指标。"区域性资讯＋服务平台的建设，使海河传媒中心从成立前的媒体角色，转变为"社会生产、商业运转中直接面对企业的商机创造者、资源整合者、平台运营者，逐步扮演起大枢纽的角色，最终形成生态级的媒体平台"。打造具备服务能力的平台，使平台价值超越媒体和传播层面，意味着传统媒体能够向产业上游和下游延伸，以用户为中心，形成多元辐射的网状产业链。

（三）本市县级融媒体中心现状分析

1. 融媒体中心经费来源情况

融媒体中心建设工作推进的主导者是县级党委政府，媒体是参与者。政府在政策、资源、资金上的支持，对融媒体中心的发展至关重要。目前，天津市融媒体中心的经费主要以政府和财政支持为主要来源，融媒体中心为区委直属财政补助事业单位，规格为处级，划入公益二类，归口区委宣传部领导。

在调研中了解到，西青区投资3 000余万元建设了600多平方米的融媒体演播大厅，购置了一台六讯道高清转播车。2019年，西青区投资近600万元建设区级融媒体中心，硬件设备、节目制作、内容分发、新媒体发布端等方面得到进一步的提升。宝坻区财政部门将融媒体中心建设所需的人员经费、公用经费等总计2 533万元纳入财政支出预算，给予全面保障；单独列支1 500万元，用于融媒体中心"中央厨房"、新闻采编中心改造以及新媒体设备的采购等。北辰区投入

560 万元专项资金，用于新媒体运营、设备设施改造、指挥平台提升、津云北辰"中央厨房"二期等软硬件建设，将中心运行经费和媒体合作经费列入区级财政预算；规划建设 2 500 平方米融媒体中心新址，2020 年建成投入使用，筹备购置先进设备设施，搭建融媒体＋政务＋服务新平台。红桥区融媒体中心一期建设经费投入 382 万元，建设内容主要包括：App 及"中央厨房"平台开发，视频制作区建设，政务网站升级改版及运维，视频制作服务费，走廊展示区建设，办公家具采购，办公设备采购。

2. 融媒体中心人员情况

在对本市十几个县级融媒体中心的调研中发现，目前融媒体中心工作人员大部分属原区新闻中心，包括事业编制和外聘人员等多种用工性质，但总体问题是年龄结构偏大、专业素质亟待提升。

如宝坻区融媒体中心核定事业编制 120 名。设主任 1 名、副主任 3 名，科级干部领导职数 15 正 13 副。现有事业编制人员 89 人，聘任制人员 55 人（中心 23 人、鼎晟公司 18 人、民生公司 14 人）。静海区融媒体中心前身为静海区新闻中心，现有正处级领导岗位 1 人，副处级领导岗位 3 人；内设 14 个部门，核定编制 120 人，现有在编人员 102 人，人事代理人员 9 人，临时聘用人员 43 人，统筹广播、电视、报刊、新媒体四类主流媒体平台，下设 1 家全资文化传媒有限公司。武清区融媒体中心为区委直属事业单位，设主任 1 名，副主任 3 名，科级职数 14 正 16 副。现有人员 187 人，正式在编人员 135 人，外聘人员 52 人，所有外聘人员全部于 2018 年 9 月签订第三方劳务派遣合同。

3. 平台建设整合情况

县级融媒体中心建设有三个目标：一是形成主流舆论阵地，宣传党中央决策部署，宣传党的创新理论和社会主义核心价值观，宣传区县党委政府工作安排，传播区县政经资讯，对中央和本市媒体形成基层鲜活补充。二是建成综合服务平台，为基层干部群众提供政务服务、生活服务，增强互动性，在区委、区政府和人民群众之间架设沟通的桥梁。三是建成社区信息枢纽，为街道和社区提供精准化的生活资讯信息，打通线上线下，开展社区交流。

表1　天津市主要区县融媒体中心平台建设整合情况

区县名称	整合前的基本情况	融媒体建设整合情况
河西区	电视频道、报纸、微信公众号等	①报纸改为《天津日报——河西周刊》； ②推进"首善河西"门户网站建设； ③初步完成"in河西"App策划案； ④开通"新闻河西"微博和"河西融媒"抖音短视频平台
红桥区	区政务网、红桥在线、《红桥》杂志、《天津日报》红桥专版、"美丽红桥"公众号、"红桥发布"微博	①合并区政务网和红桥在线，合并后的PC端网站更名为"美丽红桥"； ②合并《红桥》杂志和《天津日报》红桥专版，集中力量做好《天津日报》红桥专版，编发适合手机阅读的电子报纸； ③对"美丽红桥"公众号和"红桥发布"微博实行联动管理，建立统一发布机制； ④新建"家在红桥"App和新媒体传播矩阵； ⑤打造"户外宣传矩阵"，整合现有区属部门户外电子宣传屏
河东区	App客户端、微信公众号、电视、报纸等	①全面打造移动客户端"直沽印象"，打造集综合性、服务性、便捷性为一体的移动平台； ②与津云、新华网等媒体平台对接，实现新闻报道集中策划、一次采集、多元生产、全面覆盖
南开区	《天津日报·南开时讯》、南开有线电视台、南开区多媒体信息网和外宣报道站为主体的报、台、网、站"四位一体"的媒体构架	①开创"和美南开"政务微信公众号和政务微博新闻传播平台； ②开设"爱的南开"微信公众号； ③开辟"看南开"头条号； ④链接"津云—云上南开"平台，发布大量新闻信息
西青区	广播、电视、报纸、网络、客户端等	①组建新媒体运营部门，加强手机客户端、微信公众号、现场云等新媒体内容编辑发布； ②打造"云上西青"手机App客户端； ③打造融媒体记者客户端

（续上表）

区县名称	整合前的基本情况	融媒体建设整合情况
北辰区	区委网信办"两微一端""瞰北辰"头条号等区级六大新媒体平台	①加快实施融合媒体指挥中心建设； ②启动津云北辰"中央厨房"建设； ③开发"云上北辰"手机 App； ④加快融媒体向政务服务和为民服务终端末梢转化
宝坻区	"两台一报"及所属新媒体	整合宝坻电视台、宝坻广播电台、《宝坻报》等传统媒体及知宝坻、宝坻融媒、宝坻微发布等区属新媒体
静海区	广播、电视、报刊三大传统媒体	①静云"中央厨房"指挥中心将进一步拓展"媒体＋政务＋服务"模式； ②区级主流媒体初步形成了"小矩阵"模式； ③广播频率"经典 FM100.8"已覆盖整个京津冀区域； ④"文明静海""静海区新闻中心新闻网"政务微信公众号； ⑤"静海融媒"抖音号、头条号
蓟州区	"两台一报"及所属新媒体	①中宣部全程跟踪县级融媒体中心建设指定单位； ②"智慧蓟州"App，手机观看直播电视节目； ③广播电台村村通广播，每天播报蓟州新闻； ④《新蓟州报》覆盖全区，每周一期投放 2.5 万份

4. 采编流程建设

在县级融媒体中心建设过程中，除了搭建技术平台、整合媒体平台这两项重要工作之外，更为重要的是按照融媒体中心建设的方案打破藩篱、创新机制，重塑传播新流程，调整内部组织结构，逐步建立起顺畅高效、一体化发展的内部运行机制。

宝坻区融媒体中心在新闻宣传和节目创作的管理上进行了机制创新，强化部门资源的整合，成立中心编审工作委员会统筹业务工作，突出抓好编前指导与编后考核两个环节，加强全过程质量管控。中心编审工作委员会又下设新闻中心编委会、节目中心编委会，分别负责新闻宣传业务和节目创作、大活动开展的统筹推进。其中，新闻中心编委会以"中央厨房"为指挥平台，按照媒体融合发展的要求，将指挥调度部、全媒采访部、全媒编辑部、融媒创作部、传播推广部的采编力量统筹调度，将力量充实到前期采访和策划编辑两个领域。

西青区融媒体中心依托津云新媒体集团的技术优势和硬件保障，在"中央厨房"指挥中心设置指挥大屏，组成兼容并包的全媒体融合工作平台，通过统一的指挥决策平台，可以加强对重大事件、重要活动、重点选题及其他专题稿件的策划，实现内容生产、协作、分发、舆情引导的"流水线"式管理及智能化审核。各媒体、各部门分工配合，实现新闻报道"一体策划、一次采集、多种生成、多元传播、一键监测、一站管理"，满足新闻生产的策、采、编、发全流程业务管理。

河东区融媒体中心重点打造四大平台"中央指挥平台""融媒采编平台""融合发布平台""数据分析平台"，实现新闻报道集中策划、一次采集、多元生产、全面覆盖，并通过对网络热点、用户偏好、新闻热度的数据收集，分析新闻产品网络传播效果，统计汇总群众需求、社情民意和舆情动态，为新闻舆论宣传提供直观判断数据支撑，为区委区政府领导决策提供参考。

红桥区融媒体中心也将集成津云新闻采编播发功能、"天津政务"App 政务服务功能和"社会治理网格化管理"公众版信息互动功能，形成"新闻采编播发+政务服务+信息互动"的三平台互通共享融合模式，将新闻服务（美丽红桥网站、《天津日报》红桥专版、"美丽红桥"公众号、"红桥发布"微博）、政务服务信息、社区信息共享在"家在红桥"App 上集中呈现，满足用户多样化信息需求。

5. 产品制作能力

优质的内容生产能力，决定区级主流媒体的舆论引导力，不管传播形式如何创新、媒体形态如何变化，新闻舆论工作都要靠精品力作引导人、凝聚人、鼓舞人。在经费、人力、平台和流程完善后，天津市区县融媒体中心把"内容强媒"作为着力点，积极适应互联网精准化、差异化、互动化传播特点，产品制作能力进一步提升，先后推出了一批原创作品，相继形成点击"爆款"，新闻舆论传播力、引导力、影响力、公信力显著提升。

比如《宝坻欢迎你》是 2019 年元旦出品的新年主打歌，先后在全国 60 多家主流音乐平台、短视频网站、KTV 上线，热度迅速提升，其中新华社客户端点击量超过了 150 万。国庆前夕，宝坻区委宣传部和融媒体中心共同推出庆祝中华人民共和国成立 70 周年重要策划"北国江南田野放歌 宝坻人民深情告白：我爱你中国"，《人民日报》客户端、新华社客户端、央广新闻客户端、学习强国、人民网、新华网、津云、《新京报》、今日头条、北方网等平台同步推送，其中，《人民日报》客户端浏览量突破了 237 万，点赞超过 11 万；《新京报》各平台的浏览量超过 150 万；10 月 8 日在新华社客户端推出，两天时间，点击量突破110 万。

河东区融媒体中心策划推出的《美丽河东因为有你》《美丽中国我是行动者》《烟头不落地 河东更美丽》微视频，点击量都实现了 10 万以上。新组建的工作室首次推出了 H5《用爱谱写教育人生》，并策划"脚沾泥土走一线聚焦精准助脱贫"系列报道，7 篇报道在全媒体发布，阅读量均达到 10 万以上。南开区融媒体中心在与新华社现场云的合作中，真正做到了讲好南开故事，平台信息的周点击率均超过 200 万人次。2019 年春节举办的"#韵味南开#春节文化惠民季"之"话民俗 说文化"系列活动的月点击率达到 835.4 万人次。静海区融媒体中心先后推出了《十大经济领军人物》《团泊洼的春天》等微视频短片，《融入京津冀协同发展静海有优势》图解等众多融合传播产品，网上单篇推送累计超过百万人次。

三、国内其他地区融媒体中心发展和媒体融合情况

从媒体融合的演进逻辑来看，我国媒体融合从出台"顶层设计"方案，到各地的具体实施，是各媒体在实践中探索适合自身独特发展道路的过程。特别是从 2014 年中央文件出台至今，媒体融合的实践在各地百花齐放。2016 年，南方财经全媒体集团成立，成为我国第一个正式获批的全媒体集团。进入 2018 年，从中央到地方纷纷进行媒体机构大整合。当然，我国各地媒体发展水平和基础条件差异很大，有些甚至处于不同的发展阶段，对于中央媒体单位以及媒体事业产业发展基础较好的地区，现阶段的主要任务是同时做强事业主体和市场主体，建设可以与互联网巨头同场竞技的新型媒体集团，比如中央广播电视台、上海报业等；对于媒体事业产业发展相对滞后的地区，现阶段的主要任务是优先打造事业主体，确保传统媒体的舆论主导地位，为传统媒体夯实新闻舆论主力军主阵地提供政策保障。

（一）中央实践：中央广播电视总台

2018 年 3 月 21 日，中央广播电视总台正式成立，撤销中央电视台、中央人民广播电台、中国国际广播电台建制，对内保留原呼号，对外统一呼号为"中国之声"。作为国务院直属事业单位，归口中央宣传部领导。鉴于电视和广播都是线性播出的媒体，三台融合实际上提供了一个良好契机，促进传统媒体在继续完

成数字化转型的同时进行相互融合，最终成为一个同时拥有广播、电视、网络、移动端等媒体形式的超大型媒体机构。

（二）上海实践：上海报业集团

2013 年 10 月 28 日，由《解放日报》报业集团和文汇新民联合报业集团整合重组的上海报业集团正式成立，整个上海几乎所有的平面媒体都成为一家。合并给上海的报业市场带来了很大改变，上海报业集团合并组建时，旗下共有正常出版的报刊 32 家，随后《新闻晚报》《东方早报》等报刊休刊，目前仅 21 家报刊实际运营。经过几年的转型，上海报业集团已经从一家传统报业集团转型为新型媒体集团，拥有网站、客户端等新媒体形态，新媒体收入占据半壁江山，特别是澎湃、界面等现象级新媒体的出现，为上海报业集团未来的发展提供了前沿阵地。2018 年，上海报业集团拥有近 10 种新媒体形态，稳定覆盖用户超过 3.2 亿。

（三）广州实践：南方财经全媒体集团

2016 年 11 月，南方报业传媒集团和广东广播电视台两家单位整合《21 世纪经济报道》和广东广播电视台经济科教频道等相关资源，成立南方财经全媒体集团。集团成立后，迅速进行财经媒体资源整合、融合，建成包括平面、广电、新媒体的"两报两台三刊四网两微一端"财经全媒体矩阵。其中，财经垂直领域"两微"传播平台 40 多个。截至目前，"21 世纪经济报道"微博粉丝超 1 646 万，官方微信用户超 150 万。在新媒体强大影响力的支撑下，2018 年集团新媒体营收比上年同期增长 20%，体现了较好的市场认可度。

南方财经全媒体集团是将优势资源整合发展的典型范例，融合了电视、广播、杂志、报纸、门户网站、移动客户端等产品，将优势资源整合在一起，实行一次性多渠道的分发策略，架构起具有极强竞争力的全媒体群。这种跨行业、跨媒体的大融合为我国媒体集团未来的发展提供了很好的范例。

（四）长兴模式：全国首个县级融媒体中心建设地方标准正式发布

2019 年 10 月，湖州市地方标准《县级融媒体中心建设管理与服务规范》发布会在湖州召开，全国首个县级融媒体中心建设地方标准正式发布。《县级融媒体中心建设管理与服务规范》湖州市地方标准由湖州市委宣传部指导，长兴县委宣传部负责，长兴传媒集团制定，分基本要求、运行管理、服务内容、服务流程、服务保障、评价与改进等多方面内容。通过该标准的制定和实施，能进一步健全县级融媒体中心建设的管理和服务机制，在全国形成可复制、可推广的"长兴经验"，助推湖州市县级融媒体中心建设持续走在全国前列。

2011 年，长兴传媒集团由长兴广播电视台、长兴宣传信息中心、县委报道组、"中国长兴"政府门户网站（新闻板块）跨媒体融合组建而成，是全国第一家县域全媒体传媒机构。在媒体融合的探索中，推动内容、平台、渠道、技术、人才、管理、经营等方面深度融合，目前集团总资产 9 亿元。多年融媒体中心建设的实践探索为标准的制订提供了有力支撑，提高了标准的适用性和实用性。

围绕加快打造全国一流现代化智慧型区域融媒体集团，长兴传媒集团大力实施深度融合、移动优先、人才强企、创新驱动四大战略，全面提升集团核心竞争力和整体实力。2016 年投资建设完成长兴县云数据中心，实现政务、民生、产业等领域数据资源的集中存储，互联互通和协同运用，推动云计算、大数据等信息产业的发展，为政府职能转变与优化提供了全面支撑，提升政府社会治理能力、强企惠民能力。2018 年 9 月，中宣部在长兴召开县级融媒体中心建设现场推进会。2019 年 7 月，长兴传媒集团获得全国首张县级互联网新闻信息服务许可证。

（五）浙江实践：建成综合服务平台

县级融媒体中心建设的目标定位是建成综合服务平台，成为"媒体 + 政务 + 服务"的重要平台，把县域内的居民最大限度地纳入服务范围，向基层干部群众提供包括政务服务、生活服务、社交传播、教育培训等在内的综合服务。

在浙江，《萧山日报》以萧山网络问政为依托，搭建连接政府与市民的民生服务平台，运行 5 年来，成为萧山实践"最多跑一次"的鲜活样本，被市民称为最贴心的网上政府平台。"24 小时内受理，5 个工作日内办结，满意不满意，网上即时打分"。2018 年，该平台实现 24 小时线上线下服务，并在《萧山日报》设置"萧山网络问政"专版及专栏发布，进行新闻报道、舆论监督和咨询服务。《瑞安日报》成立瑞安传媒集团有限公司，探索"新闻 + 政务、新闻 + 文创、新闻 + 智慧、新闻 + 服务"的经营模式。青田传媒集团拥有网站和市民卡公司，依托市民卡大数据重点打造"新闻 + 服务"项目，努力打造县一级新闻的主阵地、文化产业的主平台、信息智慧的主力军。

四、融媒体中心建设中存在的主要问题

（一）思想观念陈旧

媒体融合的首要任务是解放思想，破除观念束缚。对标中央及上海、广东等地的创新实践，从长兴推行企业化运营、桐梓移动端等融媒体建设中汲取创新经验，反观目前区县融媒体中心建设，虽然在整合平台和完善流程上取得一定的成绩和效果，但还是对习近平总书记关于媒体融合一系列重要论述的内涵要义认识滞后、不成体系，对人民群众对新媒体发展的期待把握不精准。比如，存在惰性心理，建设中习惯横向求同，忽略纵向求异，建设理念、创新思维往往跟不上形势任务；在突破体制束缚，创新运作机制上，存在畏难情绪，面对调整布局、优化结构、颠覆流程等突破点，缺乏信心，不愿试更不敢闯；存在思维惯性，谈融合还是"老框框""旧调调"，仅仅满足于渠道平台"相加"，没有实现真融真改、融合融活。

（二）体制机制束缚

传统媒体和区县融媒体中心受制于"事业单位"身份，还未成为真正的市场主体，在人事、经营、财务管理等方面还有很强的"计划经济"属性。课题组在调研一家媒体的新媒体部门时发现，该部门甚至无法自主进行商业谈判，也无法自定劳动报酬标准和奖金激励办法。同时，人事编制制度导致的同岗不同酬、同工不同身份、人才上升通道受阻等问题，极大限制了人才的积极性，这些都需要进行彻底改革。

媒体融合发展，需要在传统业务的基础上增加新媒体业务，这需要员工付出额外的劳动并且具备按新媒体要求生产内容的能力。但是区县融媒体中心内部部分人员习惯了传统的工作模式，抱残守缺，融合改革稍微触动一点既得利益就会引发强烈反弹。决策者长期囿于体制局限，或者是不愿创新，或者是不敢改革。如果没有薪酬制度、晋升制度等方面的创新，是无法激励员工积极投身新媒体内容建设和提升自身的工作效率，改进工作方法的。

此外，各融媒体中心都已经建立起了新媒体部门，但这些新媒体部门在体制机制方面仍然是传统频道、部门等科层式组织结构的延续，大家同席而坐，平行运营，甚至成为相互的竞争对手。课题组在对一家新闻客户端的运行机制进行调研时发现，其新媒体部门和传统媒体部门相对独立，各自运行，在组织架构、管理架构、技术平台方面均没有交集。媒体内部并没有真正以移动端为最高优先级，内容生产的部门分割和流程分割仍然非常严重，这种结构不利于各部门之间的协作创新。

（三）队伍建设乏力

在区县融媒体中心当中，长期从事传统文字、音视频采编的员工被调去做新媒体的情况非常普遍，这些员工对传统的工作方法非常熟悉，知识储备非常丰富，却并不清楚新媒体的传播规律，更谈不上有产品思维、数据思维、移动思维、用户思维、可视化思维这些在互联网公司常见的思维方式。即便新媒体部门有一些适应融合发展的人才，但他们在与传统采编部门、经营部门的对接、协同过程中，也往往无法逃脱传统的压力，无法改变整体的大环境，从而产生了深深的无力感。此外，媒体融合转型的过程中，需要大量的产品、运营、研发人员，但这样的人才在融媒体中心内部更是凤毛麟角。

传统媒体转型的关键是建设一支能够适应媒体融合发展以及互联网传播的"全媒型复合人才"队伍，但是从目前天津市区县融媒体中心的人员结构和专业素质情况来说，距离要达到的标准还有很大差距，全媒记者、全媒编辑、全媒管理人才匮乏，一线采编播人员的业务水平亟待提升。据调研统计，静海区新闻队伍结构单一老化、长期缺乏活力的问题较为突出，现有员工中男性不足一半，40岁以上占58%，年龄偏大、比例失衡；专业人才不足，硕士研究生学历仅占0.6%，专科及以下占40%。河东区融媒体中心的工作人员身份构成复杂、年龄结构偏大、专业素质亟待提升。82名员工中，事业编制4人，合同制78人；年龄上，36岁以上的49人，30—35岁的31人，30岁以下的仅有2人；非新闻专业学历42人，38人为新闻专业的二次学历，只有2人是原始新闻专业学历。此类现象在市级媒体中同样存在，员工大龄化现象十分突出。以天津广播为例，500多名员工中，35岁以下的员工只有120人，其中30岁以下仅有46人，处级干部大多已经在45岁甚至50岁以上。

新媒体的竞争归根结底是人才的竞争，因此，逐步优化人才环境、完善人力资源体制、激发人才创新活力，提升媒体从业者的事业心、归属感，加快推进媒体从业人员向全媒体记者、编辑及全媒型技术人才、全媒化管理人才等转型，进一步吸引、凝聚全媒体内容生产、技术研发、经营管理等方面的高端人才，不仅是媒体融合的需求，更是建设融媒体中心的必要条件。

（四）传播实效不强

融合传播有内容、有质量才有"看头"，适应互联网传播规律才有"生命力"。目前区县融媒体中心，对照"四全媒体"的建设标准，主流媒体在创新融合、提升传播实效方面仍然乏力。比如，新闻质量不高，新媒体报道速度快了，但在"速质兼顾"上仍有差距，时政报道占比大，与百姓息息相关的食品安全、交通安全等民生领域报道和公益性宣传占比小，文字图片报道偏多，群众爱看的数字化内容和互联网语态偏少；含金量不高，新闻主题策划不深，精品意识不强，区域亮点挖掘不充分，有的报道重篇幅、不重设计，影响力大打折扣；传播量不高，新闻报道只满足于"发出来"的要求，不考虑"点进去"的效果，抓不住群众的眼球，用户吸附性不强，传播力不足。

此外，传统媒体在总结转型成绩时，往往会将"两微"粉丝量、阅读量等数据重点强调，但其实，除了这些好看的数据，以及媒体影响力向互联网的延伸和提升到达率外，"两微"并未给传统媒体的未来发展带来太多有价值的内容。

（五）协同机制僵化

在传播体系建设方面，大部分区县融媒体中心基本实现了"统筹策划、一次采集、多种生成、全媒传播"的"中央厨房"调度运营模式，但对标先进地区协调联动机制，融合机制稍显僵化。比如，平台联动机制不到位，在部分区融媒体中心，"报、网、端、微、视、屏"立体化全媒矩阵还未形成；信息联动机制不畅通，目前还没有形成区镇村三级联动的信息沟通机制，距离"网格化"信息矩阵尚有距离；基层信息考核分量不足，绩效激励机制不健全，对主流媒体的新闻采编人员仍存在重数量、重出勤等粗放式的考核标准，缺乏完善细致的考核办法。

（六）造血功能不足

传统媒体境况同样不容乐观，据天津海河传媒中心主要负责人在媒体采访中透露的情况以及整合公开资料数据，2014 年之后，天津几家主要传统媒体都进入了下滑周期，报刊发行量不断降低，电视市场份额不断缩减，受众的流失带来的是广告收入直线下跌，各媒体年均降幅超过 30%。

作为区财政给予差额拨款的事业单位，县级融媒体中心唯一对外收入来源于广告业务。但财政保障之余仅靠广告收入，实际上很难覆盖运营成本。没有造血功能、全靠输血的媒体，不可能具备发展能力，也无法在有效运营中提升传播力、影响力，运营短板仍是区融媒体中心建设不容回避的瓶颈问题。

五、融媒体中心发展对策

结合课题组前期调研情况和融媒体发展实际情况，对比天津和国内其他地区融媒体中心发展情况及经验，课题组对县级融媒体中心发展提出如下咨政建议：

(一) 坚持党媒姓党，坚守社会责任

在推进融媒体中心建设过程中，要牢牢把握推进融媒体中心建设的根本前提，始终坚持党媒姓党，坚持党性和人民性相统一，坚守社会责任，始终把社会效益和人民利益放在首位，还要进一步打开"脑袋上的津门"，紧紧围绕服务经济社会发展战略这个中心，宣传好民生改善的成果和高质量发展的举措、效果，展现发展的成就。

主题报道是传统媒体的优势，但是在传播格局发生颠覆性变化的形势下，要思考如何应对的问题，必须做好两个主动。就是要在思路上主动转、在策划上主动谋，要把媒体融合后"人众力量大，台宽渠道多"的优势转化为主题报道的传播力、引导力、影响力、公信力。

(二) 创新体制机制，搭建融合发展的管理体系

媒体融合发展是一项倒逼体制改革的举措，推进传统媒体和新兴媒体实现深度融合，必须破除制约融合发展的体制机制壁垒，通过创新体制机制，搭建匹配融合发展的体系架构、组织结构和经营模式，为推进媒体融合予以坚实后盾。在坚持党管媒体原则的前提下，搭建更加适应全媒体发展的采编、经营及管理体系，继续剥离机构内的事业属性，用新的实体、新的组织、新的机制去做新的业务，去推动新平台的建立，进而吸收和转化旧的体制机制。

(1) 融媒体资源要实现全面融合，重要的一环是打破原有各媒体平台各自为战的传统模式，实现部门、人员的高度整合。融媒体中心要争取财政资金支持，完成"中央厨房"技术平台搭建任务，为重塑采编流程提供支撑。但切记要吸取其他区县融媒体中心建设当中的教训和经验，不是说有"大屏"就是"中央厨房"，不是说建立了物理的"中央厨房"就是媒体融合，也不是说将所有媒体整合在一个中心之下，就是媒体融合。媒体融合需要的不是物理变化，而是真正的化学变化。

(2) 充分发挥融媒体中心编委会作用，坚持移动优先，协调新媒体、短视频、报纸、电视、网站等平台实现选题策划、采访、制作、播发的全方位联动，落实一次采集、多元生成、全媒发布要求，扩大地方主流媒体的影响力。

(3) 建议在技术平台搭建后，融媒体中心在指挥调度平台能通过即时通信、语音通信、群组管理等实现融媒体中心人员跨组织、跨地域统一指挥调度，推动融媒体流程全面融合。尤其是在突发事件发生时，指挥调度平台的保密通信通道能够确保通信信息安全，可实现应急指挥、即时通信、协同工作组、文件传输、短信、应急指挥电话调度、内部加密语音、高清视频通话等多方应急实时指挥。

（4）加强与政务服务办联系，建立合作机制与网络，强化"媒体＋政务＋民生"公共服务效能，组织网信、政务服务、智能产业园等部门机构，加快与智慧城市建设有关的大数据对接进程，完善移动端生活缴费、政务大厅、机构公告、生活百事、预约挂号、交通服务等功能模块建设，为人民群众提供优质的互联网民生服务，强化桥梁纽带效应。

（三）优化人才配置，促进融合发展的活力

媒体深度融合发展，不仅要完成媒体资源、平台、内容、技术、体制、理念等的有效融合，更重要的是形成人才队伍的统一配合，互通互融。只有通过优化人才结构和资源配置，打造一支能力突出的全媒体实践队伍，才能激发媒体融合发展的创新活力，最终从各自为战变成融合聚力，实现多种资源的共融互通。

（1）建议在媒体融合和融媒体中心建设过程中，逐步优化人才环境、完善人力资源体制、激发人才创新活力，提升媒体从业者的事业心、归属感，加快推进媒体从业人员向全媒体记者编辑、全媒型技术人才、全媒化管理人才等转型。进一步吸引凝聚全媒体内容生产、技术研发、经营管理等方面的高端人才，不仅是媒体融合的必要条件，更是增强媒体核心竞争优势的应然之举。

（2）建议在党委、组织部、宣传部的支持协调下，创新性解决人员编制问题，同时改革绩效分配制度，推行差异化分配，鼓励想干事、能干事、干成事的干部发挥更大的优势，并带动引领。

（3）适时吸收省市级媒体人才加入，目前省市级媒体正在进一步深度改革过程中，报纸、广播、电视等媒体平台二次整合，人员变化比较大，区县融媒体中心可利用自身优势，在省市级媒体整合过程中招聘高素质人才，为融媒体中心改革积累人才优势。

（4）完善考核与激励机制。一方面可借鉴桐梓县"四全媒体考核法"，完善激励考核机制，在新闻作品上以质量论英雄、以传播实效讲优劣，打造政治硬、业务精、纪律严、作风正的新闻队伍。另一方面积极对接省市级宣传部和省市级媒体，为区县融媒体中心创优评奖建立渠道，也可采取与中央或省市媒体联合的模式，提升采编播人员的职业荣誉感。

（四）坚持内容为王，专注内容与质量

无论传播形式如何变化，内容依然是最具核心竞争力的资源；无论自媒体如何开启新的信息生成方式，主流媒体因其权威和专业依然是新兴媒体最重要的信息来源。区县融媒体中心要坚守做好内容的初心，坚持内容为王、专注内容质量，在主题宣传、形势宣传、成就宣传中，制作推出更多群众喜爱的、刷屏热传

的精品。

2019 年，河北、安徽和广东广播电视台相继在内部成立工作室，以节目生产、项目运营、多元传播为手段，以面向市场为目标，旨在带动组织内部创新和管理创新，实现组织架构扁平化、工作高效化。

海河传媒中心利用工作室这一区别于过去频道制或栏目制的生产组织形式，激发员工的生产力和创新能力，强化人才的边际效益。2018 年 3 月，海河传媒中心面向旗下的传统媒体公开征集融媒体工作室团队，鼓励采编人员以项目制的方式组织团队打造个性化内容产品，截至 2019 年年底共组建了超过 60 家工作室，吸引近 600 位传统媒体一线编辑、记者、主持人加入，推出优秀新媒体作品超过 2 000 件。

融媒体工作室可从海河传媒中心获得平台和资金支持。津云客户端单设"工作室"页卡，为工作室提供展示平台，优质内容和亮点内容还会被推荐到津云号和津云 App 首页展示。为了鼓励创作者的积极性，海河传媒中心在给予启动资金的基础上，建立了"基础资助 + 爆款优酬 + 额外奖励"这一阶梯形的工作室效果评价激励机制：以发稿数量为基础资助的依据；以访问量实行优劳优酬；以工作室各类线上线下活动对津云客户端的下载带动量给予额外奖励。此外，海河传媒中心还制定相关规则，鼓励工作室对外开展商务合作和落地活动，收入按比例给工作室提成，目前，部分工作室已经实现盈利。

建议融媒体中心积极筹措资金，创新运作机制，在区县和中心范围内鼓励采编人员建立内容生产工作室，鼓励研发符合区域发展和市民需求的融媒体产品，进一步提升传播效果和影响力。

（五）聚焦移动优先，掌握舆论主导权

当下移动互联网已经成为信息传播主渠道，成为新闻热点生成、舆论发酵的主要策源地，尤其是随着 5G 时代来临，"终端随人走、信息围人转"的传播特点将更加明显，我们必须顺应移动化大趋势，强化移动优先意识，打造与主流媒体品格和气质相一致的移动新闻精品，增强主流媒体品牌影响力，在舆论格局重构中掌握主导权。

但是课题组在调研当中深刻感觉到，区县融媒体中心还需进一步加强移动优先战略，门户网站和报纸周刊在移动战略上呈现性较弱，还需进一步加强客户端、微信公众号、政务微博和短视频平台的战略地位，以移动优先为主要思路建立完善的运作机制，在选题策划的前端就体现移动优先，在制作思路上体现移动优先，在机制上使移动平台的报道内容、速度优先于传统的报纸、电视等平台，只有这样才能保证融媒体产品在移动平台呈现良好传播效果，实现传播价值。

（六）创新盈利模式，以资本运作实现突围

盈利模式的不成熟是制约我国媒体深度融合发展的重要瓶颈，媒体融合是一项较为复杂的系统性工程，因此需要强大的资金作为保障，但传统媒体广告收入持续下滑，新媒体端的变现前景又显长路漫漫，对于县级融媒体中心来说，在打造新媒体过程中，如何盈利以保证继续发展，就成了一个严峻的问题。尽管政府的输血可以解决一时的燃眉之急，但无法持续，更不可能覆盖媒体融合转型再造的全部需要。因此，通过上市、重组、收购等多元化途径吸引资金，完成资本运作，是传统媒体在互联网和移动互联网时代突出重围的关键。

总之，融媒体中心的建设和改革之路漫长而修远，要求党委、政府、媒体以及所有从业者共同努力，改革方案、管理体制、配套政策、内容制作、盈利模式等都要契合现阶段发展情境和需求，实现信息内容、技术应用、平台终端、管理手段共融互通，提高区域融媒体的传播力、引导力和影响力，发挥主流媒体的舆论作用，更好引导群众、服务群众。

（作者单位：天津海河传媒中心广电事业部广播新闻中心。）

新媒体时代青年广播的融合与创新

——以甘肃青春调频广播为例

王成梧

摘要： 随着互联网技术的快速发展，传统广播不再是年轻人青睐的主要媒介，传统广播如何树立新理念、借助新技术、研发新平台，通过改革与创新，吸引年轻受众的关注，关系到广播的生存与未来。本文通过甘肃青春调频广播融合创新案例，力求为青年广播的改革创新提供有益的经验。

关键词： 青年广播；融合创新；新媒体时代

随着互联网技术的快速发展，媒体格局剧烈变革，受众尤其是年轻受众接受信息的方式发生了根本性的变化，传统广播不再是年轻人青睐的主要媒介，手机端成为人们获取信息、社交互动、娱乐休闲的主流媒介平台。在格局大变、深度融合的新媒体时代，传统广播如何树立新理念、借助新技术、研发新平台，通过改革与创新，吸引年轻受众的关注，关系到广播的生存与未来。

尼尔森网联媒介研究 2018 年上半年的全国调查数据显示，当前广播受众年轻化、高端化趋势明显。从年龄层次看，65 岁以上老年群体比重明显下降，25～54 岁占比达到 69.7%；车载听众中，25～44 岁占比达到 60.9%，超过综合市场 12%。[①] 为青年群体提供优质、丰富、便捷的广播内容产品，争取青年群体，让青年群体关注广播、爱上广播，不仅是青年广播的使命，也事关传统广播的未来。

近年来，甘肃青春调频广播通过明晰定位、精做内容、重构话语体系、融合新媒体新平台、注重营销推介等手段，在融合中寻求突破，赢得了年轻受众的青睐，为青年广播的改革创新探索提供了有益的经验。

---

① 尼尔森网联：《2018 年上半年全国广播收听盘点》，"尼尔森网联媒介研究"微信公众号，ht-tps：//mp. weixin. qq. com/s/nazVrhpcoJikh3IrYAGAuQ，2018 年 7 月 4 日。

一、升级创新节目内容，重构语态风格体系

青年广播面对的受众主要是"80后""90后"，他们是伴随着互联网成长起来的一代，他们获取信息、娱乐休闲的方式基本也是紧紧跟随着互联网发展的脚步。个性化、娱乐化、碎片化是他们接受信息的主要特征。因此，青年广播的节目内容和风格体系就要围绕青年受众的特点，从栏目设置、选题策划、素材选择、包装策略、语言风格、互动方式等各方面适应其需求和兴趣点。

甘肃青春调频全天节目的重头戏是经典流行音乐节目，节目歌单并非由主持人随意选择，而是严格按照青年受众的熟知度来编排。比如，现年30周岁左右的听众，出生在1988年前后，按照15岁开始主动听歌来计算，他们熟悉的歌曲应该是2003年以后的流行歌曲，所以歌单就要按照2003年以后到至少五年前止为人们所熟悉的歌曲来编排。这样有利于激发听众的共鸣，增加节目的贴近性和可听性。除了按照一般规律编排歌曲外，甘肃青春调频在歌曲的选择上，还注重大牌歌手的"流量"和与社会热点的结合，比如张学友、陈奕迅、王菲、周杰伦这些"自带流量"的歌手的新歌，会打破编排规律适当安排；徐峥获得台湾电影"金马奖"最佳男主角奖项之后，节目中也会编排徐峥主演的电影《我不是药神》的推广曲，以迎合青年听众的兴趣点，增加关注度。

当然，在新媒体野蛮式增长，媒体格局巨变的新时代，作为传统主流媒体，广播在迎合受众需求的同时，依然承担着弘扬主旋律、传播真善美价值观、引导社会舆论的社会责任。当下网络空间信息纷繁复杂，青年群体容易受网络影响而思想浮躁偏激，以青年为主要受众的广播媒体，理应也必须做好青年群体的思想引导和情绪疏导。

"爱情这件事"是甘肃青春调频开办的一档线性小栏目，栏目内容以年轻人讲述自己的爱情、婚姻故事为主。截至目前，已经播出了近500期节目，讲述了近500对年轻人的爱情故事。其中，既有积极向上、甜美和谐的故事，也不乏猜忌、指责、背叛、出轨等爱情或婚姻中的矛盾纠纷。但不管是什么样的主人公和故事，经过与主持人的倾诉交流，以及在节目中朋友、专家的劝解、释惑，大部分都有了比较好的结局。这个小栏目每期只有3到5分钟，适合碎片化收听，更因为节目内容真实、贴近生活、生动、互动性强，深受青年听众的喜爱，很好地起到了调解纠纷、疏导情绪、宣扬正确爱情婚姻观的社会效果。

此外，线性节目《1048寻城记》突出本地城市人文故事、《1048动起来》倡导健康生活方式、《街头大访问》探讨社会热点话题。全天密集编排公益广告，涉及禁毒、亲情、健康、创业等，紧贴青年人生活，起到励志、宣扬正能量

的作用。同时，也为频率打上了"温暖、时尚、关怀"的品牌形象烙印。

二、注重互动分享，强化社交平台功能

在新媒体发展迅猛的今天，较之报纸、电视，广播之所以受到的冲击相对较小，是因为广播天生具有社交平台的属性。在新技术的支持下，广播的社交功能不断完善、多元，这契合了新媒体时代信息传播的重要特征，让广播在媒介融合中显现出不凡的生命力。

2018 年 11 月，甘肃青春调频联手本地滑雪场举行"喊红包、喊雪票"大型广播互动活动，通过节目直播、微信平台语音互动，为期 3 天共 6 轮次的活动共吸引了近 220 万人次参与，频率影响力和商家品牌宣传达到了前所未有的效果，为新媒体背景下广播营销创造了成功的案例。

"80 后""90 后"思维新潮，向往自由的表达，个性突出，喜欢紧跟热点，爱好广泛，参与度高。广播的直播流加上微信、微博、视频直播、热线电话等技术手段，为年轻人提供了更便捷、更有趣的互动方式。广播只有发挥并强化直播互动的优势，让听众真正成为节目的一部分，参与甚至主导节目的生产制作，才能把广播节目"搅活"，守住广播发展的"源泉"。

在甘肃青春调频日常节目中，话题互动、游戏互动、有奖互动成为常态，听众通过微信平台、微博参与话题讨论、答题闯关、播报路况、寻求帮助等，拉近了听众与主持人的距离，让节目的影响力更大。同时，观众在互动中所提供的路况、突发事件、求助信息、个人故事、倾诉情感等内容，都成为节目最直接、最生动、最接地气的素材，让节目内容更加丰富。

随着 5G 时代的到来，可视化广播有了更多可能。通过可视化广播技术，充分运用"视频直播""弹幕""真人秀"等元素，广播的视听功能和互动性、娱乐性将会更加多元、有趣，这将更符合年轻群体的偏好。甘肃青春调频利用互联网传播手段打造融媒体可视广播平台，通过画面视觉元素、弹幕、社交平台及线上线下活动等，实现与受众的双向互动、建立深度联系，提升了广播媒体影响力。

三、拓展新媒体平台，丰富广播传播渠道

互联网背景下，广播不再是单纯的通过收音机来收听的媒体，随着新媒体技术和移动互联网的飞速发展，手机、平板电脑等智能终端的广泛普及，用户利用智能手机等移动终端接入互联网的数量越来越多。根据中国互联网络信息中心

（CNNIC）发布的第 42 次《中国互联网络发展状况统计报告》，截至 2018 年 6 月 30 日，我国网民规模达 8.02 亿，普及率为 57.7%。其中，手机网民规模已达 7.88 亿，网民通过手机接入互联网的比例高达 98.3%。[①] 但广播人大可不必纠结于年轻人不再收听传统收音机，我们争取年轻受众就是要在他们熟悉的介质、熟悉的方式、熟悉的场景下，利用新媒体平台，扩大广播的影响力和占有率。目前，车厢和手机端是广播的主战场。

尽管车联网的号角已经吹响，对广播的影响势在必行，但至少在目前，车载收音机依然是人们驾车途中不可或缺的信息媒介之一。而驾车的主力人群是年轻人，所以车厢依然是青年广播需要重视的收听场景。

智能手机是移动互联网最主要的介质，布局好广播在手机端的呈现，对于争取年轻群体至关重要。甘肃青春调频目前已经拥有了官方微信公众平台、官方微博、蜻蜓 FM、今日头条号、抖音号、映客直播号以及"视听甘肃"客户端组成的新媒体矩阵。在这些新媒体端，听众不仅可以在线收听、回听广播节目，还可以实现与主持人的即时互动，查看节目、主持人信息，微商城购物，生活信息查询等。

腾讯新媒体峰会的研究数据显示，移动手机用户每小时平均切换应用程序 36 次，每天浏览 40 个网站，受众的注意力被不断"碎片化"。[②] 针对新媒体的传播特点，利用广播的声音优势，甘肃青春调频还制作了大量新媒体内容产品。例如，兰州地铁一号线开通前夕，方言节目主持人录制兰州方言报站名的短视频，配合字幕，发布在频率抖音号上，单条点赞量达到 20 多万，还引发了兰州市民关于地铁该不该用方言报站名的话题讨论。这样的新媒体产品，扩大了广播的影响力，催生了新的创收渠道，同时，有效地将粉丝导流为听众，反哺广播节目。

四、创新营销手段，吸引年轻受众注意力

当下，媒体外延被无限放大，大量新媒体、自媒体加入媒体阵营，传统媒体不再具有垄断地位。尤其是在激烈的市场竞争中，各类新媒体由于其机制更灵活、营销手段更丰富而抢占先机，传统媒体的市场占有率正在被新媒体挤占。在这种情况下，传统广播必须认清自己的地位，把自己置身于市场主体的地位中，创新营销理念和手段，不断吸引受众的注意力，打好市场竞争这一仗。

---

①　花子健：《第 42 次〈中国互联网络发展状况统计报告〉：网民规模超 8 亿》，凤凰网·科技，https://tech.ifeng.com/a/20180820/45130560_0.shtml，2018 年 8 月 20 日。

②　王春俊：《碎片化传播方式中微栏目（插件）运用——以广播精品栏目〈我叫张小扬〉为例》，《科技传播》2015 年第 5 期，第 45－46 页。

借助社会热点策划营销活动，是广告营销中常用的方式，也是广播媒体自我营销的重要手段。通过与社会热点的有机嫁接，往往可以吸引更多受众的关注，扩大宣传效应，起到事半功倍的效果。

2018 年，兰州举行了美好未来音乐节、晨曦音乐节等大型音乐活动，现场年轻人云集。甘肃青春调频在音乐节现场组织互动游戏活动，还置换了大量形象宣传广告，与主办方合作在音乐节现场启动"1048 公益音乐教室"活动。张学友演唱会临夏站期间，甘肃青春调频作为官方合作媒体，在临夏组织了"青春跑"活动，组织听众集体看演唱会。活动期间，甘肃青春调频全媒体报道，借助活动和明星的影响力，聚集了人气，吸引了流量，扩大了频率在目标受众当中的曝光度和影响力。

媒介融合时代，传统广播不再是单一的业态形式，而是以广播内容为基础，不断拓展和延伸的跨平台媒体。线下活动作为广播的重要组成部分，让广播从单一的"听觉"媒体，转变为可见、可触碰、可参与的全媒体。良好的互动关系可以将听众发展为粉丝，粉丝转化为社群，进而形成社群经济，创造新的盈利点。

由甘肃青春调频发起的"女主播下午茶"线上线下互动沙龙活动，邀请职场精英分享创业经历和职场经验，听众通过广播和微信公众平台报名参与，已成功举办了 20 余期，有数百名职场青年现场聆听、参与，为年轻的职场中人指点迷津、树立榜样。活动参与者通过微信群组建社交圈子，形成长期的创业、职场交流平台，人数不断增加，为更多的年轻人带来职业上的积极影响。频率还打造了自己的鲜花品牌"Lady Fafa"，通过与商家的深度合作，由广播主持人设计、策划不同主题的鲜花，听众可以通过收听广播节目或者在微信公众平台发送关键词下单购买。这既是打造主持人的一种手段，也成为广播一种新的盈利项目。

五、结语

移动互联网给媒体行业带来的影响尚在进行中，然而 5G 时代的智能家居已经宣布物联网时代的到来。传统媒体传播端口固定在报纸、广播、电视、手机等有限的媒介上，而物联网使信息的传播拓展出更为广阔的疆界，每个智能设备都可以成为信息的收集端和输出端，每个智能设备都可能被媒体化，这就意味着未来"万物皆媒体，一切皆平台"。[1]

---

[1] 牛存有：《对于广播媒体而言，5G 将产生什么改变?》，"电台工厂"微信公众号，https://mp. weixin. qq. com/s/AWA369Jd2G4SX236A1jT5w，2018 年 11 月 12 日。

　　传统广播遭遇的剧变，也许是自诞生以来最大的一次挑战和机遇。如何改革，如何创新，如何持续发展，是摆在广播从业者面前的必考题。办好青年广播，让青年广播在媒介融合的大时代中充当先锋，大胆探索，勇敢创新，为广播的发展先行先试，不失为一种好的战略选择。

　　技术的进步日新月异，新媒体介质不断翻新，但只要我们守住传统广播的内容生产优势，扬长避短，融合创新，在新的介质、新的平台上，创造出更多具有广播特色的产品和品牌，广播这种传统媒体就永远不会落伍。

　　（作者系甘肃广播电视台青少广播副总监。）

互联网时代的广播现状与未来

——以湖南交通台为例

唐涤非   陈娜

摘要：随着互联网的发展，多数传统媒体略呈颓势，但广播显现了逆流而上的态势。在激烈竞争的媒体环境下，湖南广播依然持有较强的影响力，其把握广播当下发展的特点，抓住广播独具的优势，将互联网思维渗入广播的管理、生产及营销，借力互联网，达到效益最高点。改革使湖南交通台在不利的大环境下，仍然保持两个基本收听指标，即收听率、市场份额皆高于省内其他电台。但关于广播未来的"寒冬说"与"春天说"一直在持续，不但引发了众多类型、更多层面的社会思考，更引领着互联网时代的广播在不断反思中调适前行。

关键词：互联网时代；湖南广播电台；现状与未来

一、广播现状

中华人民共和国成立后，随着时代发展，中国广播大致经历了 1949—1966 年、停滞十年、新时期、转型期、发展期几个阶段。在每个阶段中，广播的发展都面临不同的机遇和挑战。随着互联网技术的发展，互联网应运而生，在这种情势下，传统媒体受到了前所未有的冲击，整个传统媒体略呈颓势。然而，"赛立信 2018 年全国收听率调查——媒体用户调研"显示，电视、报纸和杂志下滑幅度均在 5% ~10%；但广播媒体积极拥抱互联网，却能逆势而上，目前是传统媒体中接触率下滑幅度最少的媒体，下滑幅度为 2.9%。在竞争如此激烈的媒体环境下，湖南广播依然保持着较强的影响力。赛立信数据显示，2018 年湖南电台的接触率为 59.1%，广播媒体覆盖 6.83 亿现实听众，基本与 2017 年持平。该数据显示，2018 年长沙地区经常收听广播的受众比例是 45.2%，与 2017 年相比基本持平。2018 年，湖南电台在长沙地区现实听众人数 549 万人，同比增长 15.5%，收听率较上年增长 7.87%，市场份额达 77.5%，处于高位，且依然呈稳步递增之势。在湖南地区，湖南电台在 2018 年的市场份额达 64.6%，较 2017 年同期上升 5.4%。在 2018 年度长沙地区的收听率排行榜中，湖南交通台

（FM91.8）、893汽车音乐电台、金鹰955稳居三甲，其中湖南交通台的市场份额保持高稳，超过30%，领跑收听市场（见图1）。

市场占有率（%）

31.6	湖南交通台
12.3	893汽车音乐电台
12.2	金鹰955
7.0	长沙交通电台
6.7	湖南NEWS938潇湘之声
6.0	长沙电台城市之声
5.9	FM105.0长沙新闻广播
5.2	湖南文艺频道摩登音乐台
4.1	1069旅游频道年代音乐台
3.6	湖南经广901

图1　湖南交通台在湖南省市场表现数据对比图

（数据来源：赛立信2018年全国收听率调查）

纵观竞争视角下的广播现状，有如下特点：

（一）逆势而上的广播

1. 交通类频率在车载人群中见优

随着人们生活水平的不断提高，汽车逐步走入平常百姓家，汽车持有量的持续攀升，使车载听众规模不断扩大。车内空间日益成为广播的主要收听场所，成为广播抵御互联网冲击的中坚力量。赛立信数据显示，2018年车载广播的用户达到4.01亿，人均日在线收听广播的时间超过一个半小时，由此可见，车载广播对市场的影响力不容小觑，价值可提升空间很大。在长沙地区，湖南电台占据车载收听市场将近80%的市场份额，其中，湖南交通台、金鹰955、893汽车音乐电台三个频率占据近六成份额。占据车载收听市场，是湖南交通台在省会长沙市场上呈现独领风骚的收听态势的强劲法宝之一。

2. 收听渠道多元化

原来主要以FM调频广播为主，车载广播是主要途径，而现在，手机广播听众基数比较大，2018年移动电台用户量达4.16亿，手机网民比例超50%，其中活跃用户量过亿，移动电台的影响力在不断扩大；各类互联网电台伴随着网络科技的发展，如雨后春笋般兴起，如"喜马拉雅"、蜻蜓FM、荔枝FM、阿基米德

FM 等网络电台已经在普罗大众中有了相当高的认知度。网络平台的优势在于能够及时接收听众信息并迅速给予反馈，互动性比传统媒体高。而听众选择网络平台，主观性强，选择充足，因此，平台的知名度和市场的良好反馈直接影响听众的选择。赛立信数据调查显示，移动网络听众收听电台有三大选项：蜻蜓 FM 以 65.7% 的高收听率在众多电台中脱颖而出，拔得头筹；而"喜马拉雅"则以 62.9% 的微弱差距紧随其后；阿基米德 FM 与前二者相比，有较大差距，占比为 48.1%，位居末位。微信公众号依靠大量微信固定用户所带来的流量及以情感共鸣为主的内容传播，顺带提高了平台中的电台链接点击量，而湖南交通频率通过多元的平台，使湖南交通台的声音遍布全国近 20 个省份。以下是湖南交通台在各移动互联网收听平台上的收听数据，数据显示，移动智能收听市场已成为湖南交通台广播收听市场的重要组成部分（见图 2）。

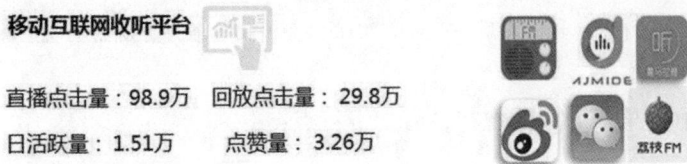

移动互联网收听平台

直播点击量：98.9 万　　回放点击量：29.8 万

日活跃量：1.51 万　　点赞量：3.26 万

图 2　湖南交通台在移动互联网各收听平台的收听数据（2018 年）

3. 注重终端升级

当下的音频传播呈现立体化走势，现在的广播已经不同于以前纯粹意义上的音频广播，互联网技术的发展，极大地丰富了广播节目传播的平台和样式，广播电台收听终端单一性的时代已经离我们远去，内容多向输出成为当下广播节目传播的主流趋向。加强对自营 App、微信公众号、小程序、官网等模式的综合使用，才是广播积极拥抱互联网的表现，升级后的收听终端是支撑广播走下去的重要载体。因此，我们也把这种现象叫"FM＋"。目前，湖南交通台也有属于自己"FM91.8＋"矩阵：分别由湖南交通台微信公众号、官方微博、小程序、头条号、企业号、百家号、抖音、快手组成；"FM91.8＋"矩阵的总粉丝超过 150 万。据"新榜数据"统计，湖南交通台微信公众号 2018 年累计阅读数 2 712 万，累计点赞数 15 万，其传播力超过 99.8% 的运营者；发布微信文章总字数 276.2 万，对应阅读时长 5 755 分钟，热点覆盖率超过 99.83% 的运营者。

4. 服务更加精准

提升节目品质，抢夺以"三高"（年轻人占比高、高收入、高学历）人群为主目标听众。一是广播收听的主体人群结构较以往更趋于年轻化。移动互联网的传播渠道令不少年轻人回流广播市场，"赛立信2018年全国收听率调查——媒体用户调研"数据显示，在2018年的广播听众中，40岁以下的人群占比超过50%，尤其是"90后"增长人数，较2017年上升幅度超过20%。有迹象表明广播并没有像其他传统媒体一样被年轻人遗弃，反而得到青年群体的认可，甚至影响力还需要依靠他们来扩大。在车载广播用户中，虽然"60后"以及年龄更长的人数较2017年的占比有较大幅度的下滑，但40岁以下人群的占比有所增长，这足以说明广播听众群体年轻化。二是目标人群是社会主力消费群体。如今，"80后"和"90后"基本都是在职人群，也是社会消费主体，他们往往倾向在娱乐、兴趣爱好等方面投入资金消费，更加注重生活体验感受，因此广播需要满足其多样化的需求。三是"80后"和"90后"听众大部分接受过高等教育，接受新鲜事物能力强，包容性广，他们对广播的内容质量有一定的要求（见图3）。

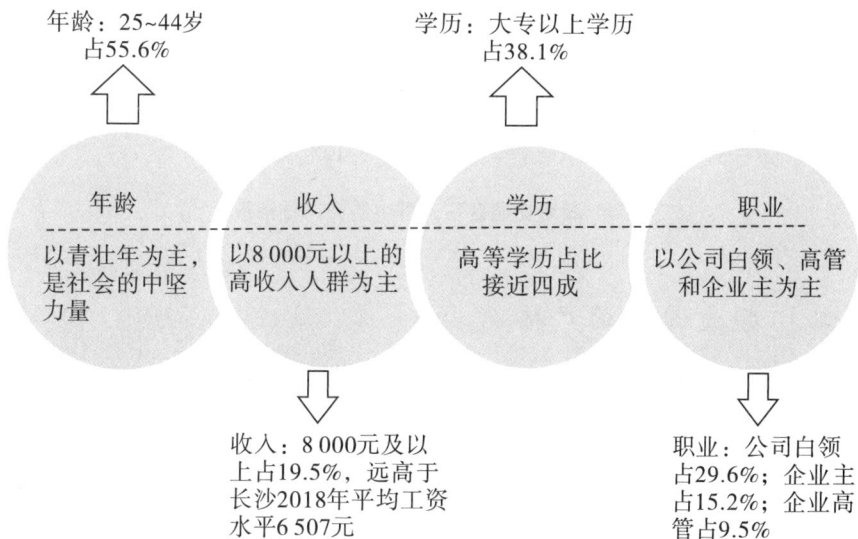

年龄：25~44岁
占55.6%

学历：大专以上学历
占38.1%

年龄	收入	学历	职业
以青壮年为主，是社会的中坚力量	以8 000元以上的高收入人群为主	高等学历占比接近四成	以公司白领、高管和企业主为主

收入：8 000元及以上占19.5%，远高于长沙2018年平均工资水平6 507元

职业：公司白领占29.6%；企业主占15.2%；企业高管占9.5%

图3 "三高"人群用户画像

在确定"三高"人群为主的目标听众的基础上，再对收听人群进行细分，"赛立信2018年全国收听率调查——湖南交通台在人群中的倾向性指数"数据显示，湖南交通台在35～44岁年龄段、15 000元及以上收入、本科及以上学历、公职人员、社科文教卫专业人员、职业经理人/高管、中层管理人员、私营业主

中的影响力巨大。这部分听众收听广播的特点：一是收听的时间更加碎片化；二是车载空间是他们主要的收听场景。配合他们的收听需求，不单纯是常规的新闻资讯和音乐，湖南交通台对其他各类资讯的放送都有涉及和设计，以此满足广大听众的收听需求，如金融理财、汽车资讯、交通消息、旅游、美食餐饮等，安排有《清风侠在路上》《大嘴说四方》《国生开讲》《辣椒家族欢乐派》等节目。

根据湖南交通台各栏目收听率的比较，可以看出以下特点："90 后"听众对潮流时尚资讯和直播赛事的关注度更高，"80 后"听众，尤其是"80 后"女性听众，对育儿知识青睐有加等（见图 4）。

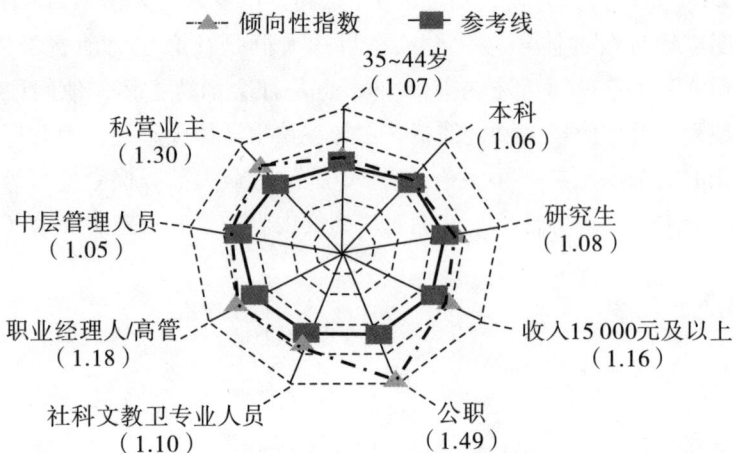

图 4　湖南交通台在人群中的倾向性指数

（二）频受困扰的广播

如今传统媒体求新求变，不断尝试打破互联网与传统媒体之间的壁垒，推动双方在传播渠道、内容、平台等多方面的深度融合，逐步形成新的广播媒体生态。湖南交通台也力求从传统运营模式转型，但是结果不尽如人意。2019 年上半年广播广告市场数据及特征分析中显示，虽然 2019 年投入举办的活动同比增长 26.57%，但 2019 年 1—7 月利润同比下滑 19.87%，2019 年品牌广告同比下滑 15.23%。尼尔森网联数据显示，整个广播广告市场也是首度出现半年度同比下降的迹象。究其原因，一是接单成本高、活动比例增加、活动成本急剧提高；二是市场环境不好，要求越来越高，回款周期却越来越长，垫资压力巨大（见图5）。

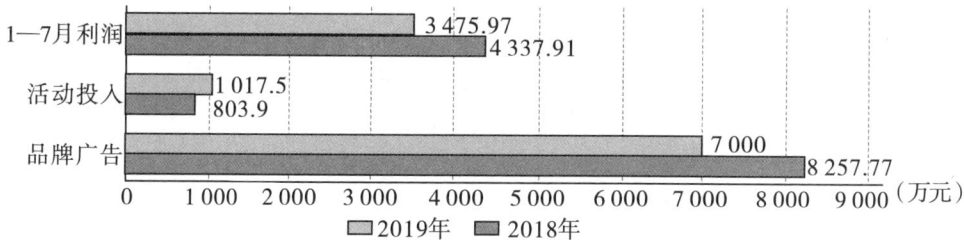

图5　2018年和2019年湖南交通台1—7月广告完成情况

（三）突出优势的广播

广播之所以成为最后才受互联网影响的传统媒体，是因为它具有传播速度快、互动性强、成本低等特点。作为区域媒体和资深地域传播的重要手段，广播要继续发挥它独特的优势。互联网的优势在于传播速度快，涉及面广，有互动性，还有大数据加持、去中心化、重分享，但互联网最大的缺点是容易出现承载的信息不完整，真实性不足，从而造成人云亦云、谣言四起的窘迫局面。面对现状，广播电台一方面要汲取互联网的优势加以发扬光大，同时也要正视互联网的不足，充分发挥有着党媒称号的传统广播优势，发挥党媒的公信力，补齐互联网信息真实度不够的短板。首先要确立"党和政府主办的媒体是党和政府的宣传阵地，必须姓党"的根本立场；其次，节目形态既要充分利用互联网，同时又要区别于互联网，在传播中把握中心思想，在多元文化里确立主流文化，在节目录制方面，把"师夷长技以制夷"做到实处。

1. 强调独创性

节目制作流程中，湖南交通台通常的做法是，素材取材于互联网，既关注互联网的声音，也关注各大官媒评论，同时会发布本地媒体平台的独到观点。例如，湖南交通台的短音频节目"声浪"的制作流程就是如此，先收录互联网中的热门话题，尤其关注话题自带的高支持率评论，综合各家所言，最后发表"声浪"的观点。每档"声浪"节目内容不长，只有3分钟，但每天都会推出6档不同的小栏目。小栏目之间形成一个循环圈，过程既可以借互联网的热度，保持新闻的新鲜度，也发出了自己独有的声音。

2. 强调公信力

栏目设置过程中，强化相关专题，如辟谣专题等。对互联网上不够精确、完整的信息，让听众可以有处求证，增强电台的公信力。湖南交通台的"国生开讲"是一档新闻脱口秀栏目，占据黄金早高峰时段，正是凭借节目中新闻内容的可探讨性及主持人的个人魅力，"国生开讲"在湖南省市场占有率高达42.6%。

3. 着力提升平台的知名度和大众的好感度

通过举办公益活动提升平台的知名度和大众的好感度。湖南交通台做了大量的公益活动，如"爱心—帮—""爱心送考""爱的代驾""爱心年货会""温暖回家路"等活动，在全国具有深刻的影响力及高度好评。

4. 展开广播盈利多元化的模式

不再只是依靠传统的广告和活动赚取商家费用，而是进行广播生态的多元化经营。第一种经营模式，还是以冠名、口播、专题、植入、特约等传统的 FM 广告样态为主；第二种经营模式，是保底加分成的模式，平台和商家按照一定比例分配利润，这种模式多用于装修广告和当季促销商品；第三种经营模式是商家用产品利润支付广告费；第四种经营模式是走出去做纯粹的电商，生产厂家不参与经营，由广播直接扶植推销产品，利用生产厂家给的最低价，湖南交通台自销，其中的利润则全部属于广告费用；第五种经营模式是和互联网公司达成战略合作，走向产业化。互联网市场上出现新事物时，湖南交通台采取不收广告费，以占股的形式入驻，用宣传资源换股权。第五种经营模式多应用于新 App，不但规避了电台的投资风险，而且高效促进了新 App 的应用和推广。

二、广播未来

互联网技术从 2G 到 4G，技术的迭代给传统媒体带来了不同的冲击，5G 的到来，是不是预示着万物互联的开启？

(一) "寒冬说"

对此，一部分人有忧患意识。他们认为 5G 的到来，对广播的未来发展是不乐观的。一方面，虽然广播是最后一批受互联网影响的传统媒体，但整个行业的发展呈下降趋势在互联网时代是无法避免的，一种媒体的介质替代另一种介质时，不是暂时更换，而是永久替代。广播人现在所做的一系列改变，不过是一种无奈的让步，可谓是夹缝中求生存，5G 的到来，只会令广播更早更快地步入寒冬。另一方面，心理学研究表明，人都有尊崇视觉的天性，相对于听觉而言，视觉通常占主导。当视频和音频只能取其一时，受众一定是首选视频。车载广播之所以能维持广播行业的生存，正是因为开车驾驶时只能选择使用耳朵听广播。未来 5G 技术的成熟，或许会带动无人驾驶行业蓬勃发展，当司机的双手和双眼得到解放时，选择音频的人群将减少，势必让广播行业前景不容乐观。

（二）"春天说"

"冬天来了，春天还远吗"，与忧患意识浓厚的群体不同，更多业内人士持乐观态度。一是即便无人驾驶行业的兴起可能使广播行业前景不乐观，但这也并不意味着广播行业会就此消亡。现在就有广播电台在转型做应急广播系统，虽然还处于起步阶段，但是基本模式已经形成。因为，广播覆盖成本低，其应急功能暂时还无法被其他媒体替代，且能够有效对接现在的"村村响""户户通"等惠民工程，在我国的山区、地质灾害频发等地方发挥重要作用。这也许可以作为部分广播焕发新机的生存点。二是5G技术的发展可以为传统媒体创造新的机遇。首先，考察竞争环境下逆势而上的湖南交通台，我们确信，随着社会的发展，技术的进步，必然会带来广播管理思维的革新，受广播管理思维革新的影响，广播的多功能、更强的集成性能、网络化、实用性等，将会更加趋于合理性、实用性。其次，摆脱技术的局限性，融媒体环境下的广播，将会打破不同行业间"老死不相往来的状态"，与其他媒体一起，彼此共处于大协作网络中，取长补短，协同合作，共谋发展。

关于广播未来的"寒冬说"与"春天说"一直在持续，不但引发了众多类型、更多层面的社会思考，更引领着互联网时代的广播在未来的时日里在不断反思中调适前行。

（作者分别系华南农业大学艺术学院副教授，华南农业大学艺术学院硕士研究生。）

参考文献

1. 王保霞：《中国新闻广播的发展趋势的浅析》，《电视指南》2017年第22期。

2. 赛立信媒介公司：《湖南电台在省级广播中的方位以及几点思考》，中国广播资讯网，http：//www.bpes.com.cn/zh－CN/displaynews.php？id＝4480，2019年6月10日。

3. 黄学平：《车载和智能端成为广播收听主流——2018年中国广播收听市场分析》，《中国广播》2019年第1期。

网络语音直播的收听场景、
传播特性和文化特征分析

陈晓宇

摘要： 网络音频直播是通过网络语音直播平台，以 UGC 和 PUGC 为主要内容生产方式，进行个人化声音内容产制的音频实况传播活动。近年来，网络音频直播市场规模增长迅速，声音的去政治化、现代情感消费需求、技术革新以及资本助推下听觉亚文化的形成，是网络电台直播产业兴盛的主要因素。相对于传统广播，自媒体网络语音直播电台具有高度互动性、社交性和全民性，并在视频直播初现疲态的当下探索出一条以情感属性为主导的产业道路，占据互联网直播的长尾市场，形成蔚为可观的声音文化景观。语音直播间是自媒体主播的个人网络声音空间，声音的符号过程具有明显的新媒体文化特点。语音直播的情感属性主要源于公共传播与人际传播的双重作用和深度的互动关系模式，而直播间多元的权力关系变化是资本消费逻辑主导的结果。

关键词： 网络语音直播收听场景；传播特性；听觉亚文化

网络电台直播是建立在流媒体技术基础上的传播形态，基于实时传输音视频数据的流媒体技术，网络音视频直播有了技术的保障及随之而来的广阔市场空间。进入 21 世纪以来，我国的城市化进程从未止步，媒介技术在为个体提供丰富的消费渠道、带来极大便利的同时，也改造着大众的生活方式与文化消费方式。不可否认的是，城市的生活节奏给现代人群带来诸多心理压力，人们陷入了众声喧哗而惯性孤独的状态。在"人人都是自媒体"的时代，网络电台直播以更加个性化的方式拉近了人们的心理距离，"声音服务"成为一个蓬勃发展的产业。回顾声音作为传播媒介的发展历程，其社会功能经历了去政治化的历程，并在技术赋权的今天不断生产新的文化内容。

一、声音的旅程：从声音政治到全民麦克风

（一）声音的去政治化历程

在媒介传播过程中，声音具有社会性和历史性，受到意识形态、技术、资本及审美等多方面的形塑。在政治学、社会学与新闻传播学研究中，"声音"一词实际上是"表达""发声"或"社会能见度"（social visibility）的媒介隐喻，已然成为权力与身份的代名词。于是，"声音"的概念又延展出"发言权"的表述，即从个体转变为主体的程式或仪式。① 中国的声音政治，经历了革命主义声音、国家的声音、平民的声音再到娱乐的声音等阶段，是一个去政治化的过程。

自工业时代广播技术诞生之日起，这一媒介形式便与国家政治意识形态紧密联系。20 世纪初，广播成为重要的舆论动员工具。军事领域的应用，让信息传播技术得到飞速的进步，电台广播是重要的意识形态武器，既有效提高信息传播效率，又发挥着不可替代的军事及社会动员功能。在我国的声音媒介发展史上，语言坚定有力、语调振奋人心、饱含革命情怀的延安电台广播是革命主义声音美学的典范。此后，新华广播以集体主义、民族主义的语态持续主导我国的声音景观。广播这一媒介是彻底的政治工具，国家语态贯穿传统广播的发展史。随着改革开放的进程加快，市场经济的发展，我国的社会转型影响媒介传播的方方面面。1986 年珠江经济广播电台开创的"珠江模式"，使广播主持人取代了传统的播音员角色，具有了更多的个人特征及自主权，广播内容多元化，开始深入百姓生活。一方面，经济的发展开拓了人们的思想和视野，大众需要更丰富的声音内容；另一方面，消费主义随着市场经济的发展渗入社会的方方面面，娱乐化和个性化特征不断凸显。广播电台的音乐、戏曲、相声小品以及广播剧等节目，已然不能满足人们的个性化需求。泛政治主义的声音形态和文化结构被消费主义不断解构并重塑。

到了 2016 年的直播元年，互联网生态已然成型，网络音视频直播也正式成为相当一部分青年群体的日常文化消费方式。建立在新媒体基础上的网络音频直播，与传统广播最大的不同，是其内容生产机制由传统媒体专业生产转变为 UGC 和 PUGC 方式生产，商业机构承担媒介平台的搭建，传播主体则以大量自媒体草根达人为主。在商业化、娱乐化过程中，声音的政治意义被不断消解，麦克风所

① 郭小平：《声音的政治：国家、市场与技术视域下的话筒工场》，《西北师大学报》（社会科学版）2019 年第 6 期，第 40 – 47 页。

隐喻的"权威、确定和中心"似乎不复存在，其传播功能也从"撒播"变为"对话"。①

（二）人人都有麦克风：技术革新带来的媒介赋权

媒介技术的发展首先使人们超越身体感官的限制，获得了更大的信息传受空间，随之而来的是文化消费在现代社会走向了大众化甚至平面化，不同地域阶层之间的信息流动加快，声音符号的共享促成了听觉文化的生产及再生产。20 世纪 70 年代末，德国的科技公司率先提出 MP3 的技术理论，利用人类听觉无法识别细微的声音差别的"缺陷"，用压缩技术减少音频文件数据量，同时还原人在心理上接收到的声音，由此诞生的 MP3 随身听具有划时代的意义——互联网的兴起为盗版音乐流通提供了自由的土壤，长期作为高雅艺术的付费音乐行业，在互联网时代成为免费午餐。20 世纪末，香港走私的录音磁带将大量音乐作品带进内地，以邓丽君为代表的"靡靡之音"，其情欲化、温情脉脉的音色成为当时的时尚之声，"邓丽君热"成了一个听觉文化事件，逐渐摆脱广播中的国家语态及长久以来的禁欲主义色彩。回顾技术革新带来的听觉文化变革，"盗版文化"是技术进步带来的难以避免的负面影响，但无论如何，MP3 技术颠覆了整个音乐行业，普通民众消费高雅音乐艺术的成本大大降低，音乐自然成为日常消费方式；"邓丽君热"的听觉文化事件则是对人们身心的解放和精神需求的进一步满足，在此基础上发展了听觉大众文化。音频内容的丰富让听众有更大的选择权，个体能够通过收听个人感兴趣的音频节目对社会公共空间的声音加以屏蔽，声音的收听转向移动化、个人化。技术的革新一方面使人的听觉感官得到延伸，另一方面又赋予个体更多自主性。

随着 5G 技术的普及，互联网在空间维度上将打通网络传播覆盖最后一公里；人工智能、物联网技术和大数据将协助音频内容的个性化推荐及垂直内容的生产，创造个体与外界更为丰富的连接。麦克卢汉提出"声音空间"的概念——听觉既在时间里又在空间里，意味着听觉空间是意识形态表达和意义争夺的场域。听觉空间是有机的、流动的、发散的、包容的。因此，耳朵更容易被暗示和控制，被特定意识形态的意义表达反复占用。② 声音能够以一种身体的"不在场"唤起主体的"在场"，更能表现主体性。③ 个人意识的崛起使人们开始捍卫自己的声音空间，对声音的消费权决定了个人对收听内容、时间和场景的选择。

---

① 米斯茹：《话筒声音的意义流变——从"撒播"到"对话"》，《文学与文化》2018 年第 1 期，第 53－58 页。

② 李秀丽：《音频内容产业发展与听觉文化觉醒》，《新闻传播》2018 年第 15 期，第 26－27 页。

③ 赵勇、张咏梅：《新媒体文化中的声音政治景观》，《视听界》2019 年第 4 期，第 44－48 页。

在移动互联网时代，声音更能够集结具备相同情感体验和认知的群体，形成了网络圈层和亚文化。社会的声音日渐丰富，个体从自主收听走向自主发声，标志着社会文明的进步和主流文化对纷繁的亚文化的包容。而声音在新媒体社会的最终归宿，即是"人人都有麦克风"——不仅在表达权利上，也在声音产制与传播上具备条件，这意味着全民直播的时代已然到来。技术赋权之下，出现"人人都有麦克风"的新媒体声音景观。

（三）音频收听场景与网络语音直播产业

视觉文化时代的到来促进了大众文化的繁荣，然而，随着移动媒体和文化消费习惯的改变，需要强注意力的"眼球经济"也初现疲态。得益于音频的伴随性、移动性特点，听觉产品渗透到诸多使用场景中是对双眼的解放。随着大众生活水平的提高，车载广播拥有广阔的收听市场。交通天气、地方新闻等地域性节目，听众来信、热线电话等节目形式，满足了用户现实生活及情感心理需求。封闭的汽车提供了一个典型的个人化听觉场景。互联网时代的语音直播则可以说异曲同工，场景化收听成为典型的消费方式。

媒介化的生存使社会生活信息大量丰富，现代人借助电子媒介可以实现异地共时的连接，与此同时，他们与现实生活的距离却不断拉大，年轻人社交很大一部分由线下转移到了线上，游戏、直播、社交 App 都促使人们借助虚拟网络获得真实的情感互动，无形中增加了对电子媒介及新媒体文化产品的依赖。根据《2019—2020 年中国在线音频专题研究报告》，近六成网民有音频收听习惯，且晚间时段吃饭休息和睡前是两大音频收听场景。音频收听主要满足放松身心、休闲娱乐、打发时间的娱乐需求，以及排解情绪、缓解孤独的心理需求。其中，超七成用户有过音频付费行为，偏好情感调频内容。用户以泛"80 后""90 后"及上班族居多，追求自由、时尚、品质、潮流，经济水平的提高使年轻用户拥有较为旺盛的消费需求及实力。

网络语音直播由最初的 YY 语音，到微博旗下的红豆 Live 进入发展初期，再到 2016 年 10 月荔枝 FM 上线语音直播功能，正式打开了市场。随后，"喜马拉雅"、蜻蜓 FM，再到 QQ 音乐、网易云音乐以及各类社交 App 纷纷上线，语音直播市场蓬勃发展。音频直播形成了直观的网络互动形式，直播间粉丝效应使语音直播既满足社交需求，又创造更大的听觉想象，增加了用户黏性。人工智能、5G、物联网技术的应用促进了音频场景智能化发展，睡前音频收听场景的开发，意味着"被窝里的经济学"被不断发掘。2020 年 1 月 17 日，UGC 音频社区荔枝

（原荔枝 FM）在纳斯达克挂牌上市，正式成为"中国在线音频行业第一股"。①目前，荔枝 App 拥有 570 万月均活跃主播，逐渐形成声音自媒体生态体系。这意味着语音直播不仅具有较大的消费市场，也是未来互联网 UGC 生态布局的重要领域。网络语音直播间的消费具有更大的感性因素，平台的商业活动策划又形成了有效的竞争机制，促使粉丝不断增加时间与金钱投入。直播间已然成为现实消费和文化消费双重作用的虚拟空间。

二、从"广播"到"音频"：网络语音直播传播特性分析

（一）网络语音直播与网络视频直播、网络电台的比较

互联网的普及让广播节目有了新的传播渠道，节目内容同步到网络平台，扩大了受众规模；随着 4G 技术普及，移动终端功能多样化，设备升级和制作门槛的降低为自媒体内容生产提供了良好土壤，网络录播电台成为普通人展示声音才华的方式。而视频直播则以其即时性、丰富性、互动性的特点占据了相当一部分市场份额，但在兴起之初也因缺少规范而出现低俗化倾向。视频直播无法缓解内容同质化导致审美疲劳等问题，在众声喧哗之后促使部分用户投向听觉消费的怀抱。语音直播电台的兴起，契合当下部分青年渴望逃离快节奏生活的心理②，具有更丰富的想象性、更细腻、更温暖的特点，能够较好地满足受众的情感需求。根据艾媒咨询发布的《2017 年中国在线语音直播市场专题研究报告》，比较网络语音直播、网络视频直播和网络电台的区别与联系，可总结出三种不同媒介形态的特点（见表 1）。

表 1　网络语音直播、网络视频直播及网络电台的比较

	网络语音直播	网络视频直播	网络电台
传播媒介	音频	视频 + 音频	音频（录播）
运作方式	自媒体/公会运营	自媒体/公会运营	自媒体/媒体机构
变现方式	打赏	打赏	打赏 + 广告
接收特点	伴随性	排他性	伴随性
时效性	实时同步	实时同步	录播异步

---

① 《"中国在线音频第一股"荔枝成功上市纳斯达克》，光明网·地方频道，http://difang.gmw.cn/gd/2020 – 01/18/content_ 33492132. htm，2020 年 2 月 5 日。

② 李巧玲：《在线语音直播的兴起与发展探析》，《新闻研究导刊》2018 年第 7 期，第 96 页。

（续上表）

	网络语音直播	网络视频直播	网络电台
互动性	强	强	弱
可控性	低	低	高
适合场景	多	少	多
情感属性	强	弱	弱

网络语音直播和网络视频直播二者均为实时传播，能够及时与受众互动，从而具备交际性，不同点在于视觉主导与听觉主导的消费方式，前者更为直观，后者更为细腻；网络电台与网络语音直播则均为音频传递，声音特色与节目内容是吸引用户的两大因素。网络电台经过录制、剪辑后上传节目，内容能够精细制作，具备一定深度，满足用户的现实需求，但互动性弱。就内容而言，一方面，直播主播专业性不足、互动过程难以主导等问题容易导致突发状况，存在较大不可控因素；另一方面，网络语音直播的娱乐性体验亦不及网络视频直播，对内容的要求更高。细腻、陪伴式的情感属性是网络语音直播区别于网络视频直播和网络电台的最大特点。

（二）从主持人到主播：网络语音直播的口语传播及符号过程

从传统广播到录播电台节目，主持人的身份功能并无太大变化。而到了语音直播间，主持人则变成了主播，"主持"的成分越来越少。传受双方的信息互动更为深入频繁，社交互动成为直播间的主要功能。角色定位的不同使得二者具有不同的口语传播特点。传统广播主持人的广播语言具有规范性、严肃性、导向性和普适性，[①] 网络电台节目也更多考虑表达的流畅性、逻辑性和结构性。而多数语音主播因不具备专业素养，而呈现更加生活化、情景化和交际化的特色。

根据雅各布森的符号过程六要素理论，当符号过程倾向不同的要素时，符号文本体现出不同特点。新媒体时代，符号文本较偏重于其中三个要素：文本、媒介和接收者。当符号过程偏向传播媒介，意在通过媒介与接收者保持接触，体现出文本的交际性；当符号过程偏向文本自身，则重在体现文本的美感和形式性；而在符号过程偏向接收者时，目的在于让受者接受信息并引发行动，具有明显的意动性。具体到语音直播间，由于网络主播自身特点、直播阶段的不同，直播内

---

① 孙越、吕冰：《浅析广播与网络音频主播的语言差异》，《视听纵横》2019 年第 4 期，第 111－112 页。

容也具有不同类型特点。在直播间的信息传递过程中，声音符号成为主播与听众的连接方式，其目的就是与听众保持接触，例如频繁的欢迎词、问候语，能够激发听众的回应和交流欲望，声音文本的交际性显而易见；而有声艺术的表演，则重在凸显文本的形式性，如诗歌朗诵、剧本演绎、歌曲翻唱等，通过展现主播的声音魅力吸引听众的关注；为了提高关注度、激发听众互动兴趣，主播往往直接请求，以近似打广告的方式促使听众评论关注、打赏礼物等，声音符号体现较强的意动性。整体而言，同一场直播中几乎都会同时存在以上三种符号过程，语音直播具有典型的新媒体符号特点。

一些网络主播既不需要具备主持人的专业素养，也没有节目策划等前期工作和公共传播的约束性，显得更为个性化。一方面，语言表达时尚化、网络化，由原来的"广播"变为个人化的"窄播"，更适合互联网原住民的消费习惯；另一方面，表达的不严谨、不标准、不丰富，在声音特质的基础上缺少内容沉淀和挖掘，也使语音内容质量参差不齐。尽管直播间包含音乐、情感、脱口秀、配音、交友等多种类型，但区别并不明显，由以上关于声音符号过程的分析也可得知，主播的话语表达方式大同小异，优质内容同样是语音直播不可或缺的价值因素。而伴随着口语传播特点的变化，传受双方的互动模式也发生根本的改变。

（三）从公共传播到人际传播：深度连接的互动关系模式

身处网络社会，人们的行为与生活方式随着媒介化生存的程度加深而发生诸多改变，最大的影响在于线上社交的渗透。社交互动的时空限制逐渐消失，媒介形式正在模糊网络语音直播的传播模式，其既具有公共传播的功能，又具备日常语音对话的人际传播特点。与之相应的是直播间互动成了一种新型网络社交方式，构建深度连接与长期稳定的互动关系成为可能。

基于网络直播间，主播与听众之间构建起一个虚拟互动场景，并通过情感互动反哺现实生活。首先，听众通过手机终端输入文字并发送到公屏进行聊天，如同正常人际交往的互动方式，双向信息传递更接近人际传播。其次，自媒体主播能够与听众进行更加生活化的话题讨论，以个人特质为基点，发展自己的直播风格，构建个人化直播间。以兴趣导向为核心的"网络化个人主义"为直播间赋予了主播全身心投入的情感，填补了碎片化时代用户的深层次、多样化需求，[1]主播通过自我呈现，自我效能感显著提升，自身得到精神上的慰藉和现实的满足感。再次，听众在掌握高度自主选择权的情况下寻找适合自己的表达交流空间，

---

① 汪雅倩：《"新型社交方式"：基于主播视角的网络直播间陌生人虚拟互动研究》，《中国青年研究》2019 年第 2 期，第 72、87－93 页。

由于隔着屏幕的神秘感，直播间的虚拟互动跨越了熟人关系中人情世故的束缚和限制，在这层神秘面纱之下听众被唤起丰富的想象，将主播人格形象理想化，并对其表达更真实的自我。通过个人倾诉、表达欣赏等方式，听众与主播双方彼此认可，实现了虚拟网络上的情感链接。可以看到，直播间成了一个个由兴趣偏好构建的场景，在这个空间中，陪伴式、匿名化的特征为彼此深入连接提供了更多可能。听众与主播相互影响，二者成了"最熟悉的陌生人"，以平等化的互动关系模式达成深度连接，能够大大提高直播用户黏性。

总而言之，移动化、个性化的语音直播，让传受双方都能更加真实地表达自我，缓解孤独感和空虚感。虚拟情感的满足反哺现实社会，有利于拓宽现实情感的宣泄途径并反作用于现实生活。① 与此同时，直播本身具有公共传播属性，而非一对一的人际交往，语音直播间就是一个具有"麦克风"与"话筒"双重功能的场域。直播内容既要适应一对多的公共传播方式，又要能展开有温度、实质性的情感互动，在这个意义上是对自媒体主播的个人素质提出了更高的要求。

三、情感经济逻辑下的听觉亚文化

自 MP3 技术对音乐产业的颠覆开始，网络社会为亚文化的生长提供了肥沃的土壤。最初的音乐盗版亚文化，源自群体成员追求平等、打破资源限制的诉求，文件免费分享、资源共享的乌托邦色彩，是亚文化群体的文化特征。根据葛兰西的文化霸权理论，大众文化是意识形态之间相互斗争、相互协商和谈判的场所，亚文化的一个特点在于对主流文化的抵抗性，音乐盗版行为正是表达着对主流文化规约和消费市场环境的抵抗。青年亚文化延续到今天的新媒体环境中，抵抗性的表现更多的是以圈层区隔的方式来标榜自身，其主体主要是以粉丝群体为代表的虚拟网络社群。例如，围绕主播聚集而成的粉丝社群，常以改用统一头像、统一昵称"马甲"等方式，体现对直播间的忠诚度。通过一定的情感投入实现共建理想世界的愿望，达成情感互动并创造圈层区隔，提高内部群体的凝聚力，是粉丝文化的显著特点。

语音直播间的出现，还在一定程度上契合现代消费群体的心理需求，直播间消费交织着粉丝经济与内容付费的商业逻辑。不同于造星时代，直播间文化更多的是通过形成粉丝社群，建立群体认同与归属感。听觉亚文化的兴起有两个特点：一是娱乐至上，声音消费主要作为一种休闲娱乐方式；二是满足心理需求，

---

① 申启武、李颖彦：《网络语音直播：情感商业化逻辑下的声音表演》，《现代传播》（中国传媒大学学报）2019 年第 2 期，第 143 - 147 页。

个体情感宣泄、缓解孤独以及社交连接的需求通过优质声音内容得到满足。如果说互联网使普通人有机会发声，那么新媒体文化产业就让受众变为了用户，主播与粉丝之间形成了某种基于情感陪伴的合作关系。由于变现方式单一，主播往往为受众而存在，赖"用户"以生存。受众的群体画像在用户、粉丝与听众的多种身份之间转变交叠。由此带来的影响是，主播与听众之间的权力关系并非一成不变，甚至时刻都在变化（见图1）。

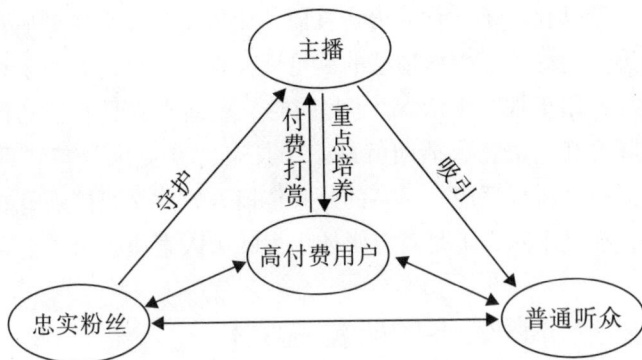

图 1　网络语音直播间关系图

　　直播间主播与受众间存在微妙的权力关系。根据听众的直播间表现可分为普通听众与忠实粉丝，在二者之中，具备高消费能力的用户，享有一定的话语权。忠实粉丝对主播的支持力度最大，负责维护直播间的氛围和秩序，建设直播间文化，同时付费意愿普遍较高；具备高消费能力的用户在关系建立的初期享有高度自主权，其去留具有不确定性，消费金额高但忠诚度有待培养；就经济贡献而言，普通听众处于权力关系最外围，同时也是粉丝群体的新鲜血液来源。普通听众、忠实粉丝与高付费用户三者之间相互转化。主播的注意力分配既取决于用户金钱投入的额度，也取决于双方情感链接的深度，还受个人意愿的直接影响。用户则通过参与游戏、点歌互动，成为声音消费者，整个直播间就是以主播为主导、以用户为中心的虚拟社交空间。在自媒体直播电台的经营中，具备高消费能力的用户转化为忠实粉丝，能够持续稳定维持主播的影响力和经济收益，达成效益最大化。直播间获取持续稳定收益的关键，是建立"高付费能力—高付费意愿"的关系氛围。

　　值得一提的是，全民直播时代，直播间单一的盈利方式与传受主体关系的变化，是内容同质化的原因之一。直观的礼物数据较大程度上直接影响着主播的直播行为。而听众对主播的支持、欣赏只能通过付费打赏的方式表达，直播平台屡见不鲜的才艺展示、主播 PK 等活动策划，培养了粉丝打榜的消费文化。可见，作为声音产业，语音直播的背后仍是"情感经济"的商业逻辑。为扩大规模生产，直播平台和公会大量招募主播入驻，采取开放式的管理，用户流量在平台引导下向头部聚集，产生更大的经济效应。情感经济的逻辑下，优质内容的标准自然而然与实时收益挂钩，以致难以衡量。就此来看，一个个直播间如同流水线上的产品，共同铸就一道声音文化工业景观。

网络语音直播的听觉亚文化，受制于商业平台的消费主义与生产机制。资本逻辑营造的消费文化一方面推动了产业发展，另一方面又以消费主义意识形态的意义表达占用听觉感官。声音工业生产出的流行音乐、话语方式与消费模式实质上是直播间听觉亚文化形式的基础。尽管如此，身处声音场域中的个体，也并不都遵循消费主义逻辑，亚文化在这个过程中具有对文化工业机制进行抵抗的自主性。语音直播的情感属性使其成为容纳青少年心理叛逆及当代青年社会压力的容器，发挥着心理调节器的作用，在一定程度上契合主流文化的正能量导向，具有现实意义。听觉亚文化与消费文化在网络语音直播平台上交织融合，以温和的方式在同一场域各取所需，满足不同群体的需求。

四、总结

回顾声音在社会语境中的发展历程，声音伴随技术的革新，在不同的历史阶段承载着不同的文化意义。媒介对身体感官的延伸与超越，带来新的声音生产方式、传播方式和消费方式。媒介技术的赋权促进个人意识的崛起并捍卫自己的声音空间，而公共空间及传统的广播语态对声音的宰制性被不断削减。音频技术、声音艺术、音频产业发展的根本动力是听觉文化的觉醒。[1] 符号化的声音成为信息爆炸时代最为直接、简便的信息工具。通过口语传播特点的比较，可发现语音直播的口语表达更加网络化，直播过程体现出符号文本的交际性、形式性及意动性，具有明显的新媒体文化特点。语音直播改变了声音的传统公共传播模式，以更为明显的人际传播特点加深听众与主播之间、听众与听众之间的情感联系，通过构建深度互动关系，有助于增强听众、主播与平台三者之间的黏性。语音直播的情感属性是区别于视频直播、网络电台等其他媒介形式的最大特点，但以 UGC 音频社区为主的内容生产机制如何持续稳定输出优质内容，成为行业需要思考、解决的问题之一。

媒介技术的赋权和音频市场的发展，为个体提供自由表达交流的网络庇护

---

① 李秀丽：《音频内容产业发展与听觉文化觉醒》，《新闻传播》2018 年第 15 期，第 26－27 页。

所。通过对网络语音直播这一媒介产品形式的分析，可以窥见新媒体的声音文化景观：网络社会的听觉亚文化为受众提供精神安放空间，用户自主参与的平台互动建构网络化个人主义，良性的情感链接有助于反哺现实生活，而直播平台的运作依靠的是商业资本的逻辑，直播文化也与消费主义存在千丝万缕的联系。粉丝文化是直播亚文化的重要组成部分，在平台和公会组织的助推下，粉丝效应带动了情感经济的发展。

无论是商业资本推动的"声音工业"，还是回归声音美学的语言艺术，或是传统媒体的内容生产，未来的声音产业都要更加注重受众的需求与特征。语音直播市场尚未成熟，在产业发展迅速的同时，需要进一步的行业规范并引导理性消费。随着 5G 时代到来，全媒体融合将扩大声音传播的覆盖面，创造更大的影响力，内容生态建设将成为网络音频直播行业发展的关键。声音承载着丰富的文化意义，循着社会转型和技术进步的轨迹，成为互联网文化景观的重要建构渠道，将在新媒体环境下继续扮演重要的角色。

（作者系暨南大学新闻与传播学院硕士研究生。）

移动音频的崛起与传统广播的选择

申启武

摘要：移动音频的悄然崛起改变了广播传播的生态格局，给传统广播的生存发展带来巨大影响，同时也给传统广播以借鉴意义。新媒体时代，传统广播依然拥有不可替代的价值。面对移动音频的冲击与挑战，传统广播应该在"变"与"不变"中探寻新的生存发展空间，在秉持广播的媒介特性，按广播的规律办广播的基础上坚定不移地走融合发展之路。

关键词：移动音频；传统广播；运营之道

近年来，在新媒体的强力冲击下，报纸营收"断崖式"下滑，电视营收每况愈下，弱势的广播则是平稳发展甚至逆势上扬。然而，当我们对广播的发展态势作如此乐观的判断时，似乎忽视了这样一个严峻的现实：伴随着移动互联网的飞速发展，智能收听逐步成为人们一种新的信息消费习惯，移动音频已悄然崛起并且正在改变广播传播的生态格局。面对正在崛起的移动音频，传统广播应该做出自己的选择。

一、移动音频的崛起及其对传统广播的影响

移动音频是基于移动互联网技术而出现的一种以智能手机、平板电脑、车载音响、可穿戴设备等移动终端为载体，通过在线或下载等方式，提供语音收听的音频传播业务。与传统广播不同的是，移动音频的传播范围无远弗届，而且其个性化、场景化和交互性特征明显，同时，在大数据和人工智能技术的支持下，移动音频能够全面收集用户反馈的信息，便于根据用户的收听习惯和收听需求调整内容结构，从而更好地满足用户的收听体验，越来越得到用户的接受和认可。

（一）移动音频的发展状况

2011年9月，蜻蜓FM问世，我国移动音频的大幕正式拉开。随着智能手机的普及，在移动互联网技术的支持下，自2013年起，运营商们开始发力移动音频市场，"喜马拉雅"、考拉FM、荔枝FM、企鹅FM、"懒人听书"等纷纷上线，

移动音频快速发展。同时，经历 2015 年以来的跑马圈地、版权争夺、资本涌入和商业模式的深度探讨，以及荔枝 FM 从录播音频产品转战语音直播并逐步实现去 FM 化，移动音频在 2017 年已被网络用户广泛认知。经历 2018 年移动音频市场的赛道细分，眼下，移动音频逐渐定格为综合性的移动电台、有声听书和语音直播三大模块的市场构成。

易观数据显示，移动音频的用户规模在 2016 年和 2017 年增长明显放缓的情况下，2018 年取得了巨大发展，连续 12 个月稳步增长，全年涨幅 50.3%，软件打开次数和使用时长下半年迅猛增长。由此可见，移动音频的用户规模呈不断上升趋势。当然，移动音频目前还没有显现其应有的市场效益，但是通过广告、知识付费、打赏分成以及周边产品的开发，移动音频市场依然前景看好。艾瑞咨询数据显示，2017 年中国网络音频行业市场规模为 33.2 亿元，其中广告和用户付费分别占 36.2% 和 35.3%。

目前活跃在移动音频市场的 App 有 20 多个。其中综合类的"喜马拉雅"、蜻蜓 FM，听书类的"懒人听书"，直播类的荔枝 FM，头部效应明显，用户规模较大，市场占有率较高，移动音频市场显现出了寡头垄断的竞争态势。

（二）移动音频对传统广播的影响

移动音频的悄然崛起，在推动传统广播互联网化的同时，全方位地改变了广播传播的生态格局。诚如尼尔森网联副总裁牛存有所言，"广播的传输方式也由电磁波或导线的传统传播方式向数字音频和网络传播方式转变，广播的收听设备由传统模式下的收音机（半导体）向智能移动设备迭代，广播听众从传统收听环境下高忠诚度的'慢活族'演变为互联网传播环境下用户体验式的'指尖族'，广播听众的行为正在从传统环境下的听广播向互联网环境下听节目、玩互动、建社群、淘活动、刷消费等平台化行为转换"[1]。这无疑给传统广播的生存发展带来巨大影响。

1. 移动音频改变了传统广播收听的市场格局

尼尔森网联数据显示，2018 年我国广播听众规模约 4.13 亿，广播接触率较 2017 年同期下滑 0.8%，其中城市听众占广播听众的 65% 以上，是广播媒体的价值主体。在三大收听渠道中，车载收听的听众比例最大，达到 58.92%；其次是智能收听终端，收听比例达到 42.19%，近年来车载收听比例稳中略降，智能收听终端大幅提升；传统收听的听众继续下滑，比例不到 20%。在收听比例稍有

---

① 牛存有：《打造拥有数据资产的智慧型广播》，《中国广播》2017 年第 12 期，第 29－33 页。

下滑的情况下，智能收听比例的持续上升，意味着传统广播听众规模的收缩。艾瑞咨询《2017年中国车载媒介场景白皮书》数据显示，有67%的传统广播听众在知晓移动音频的前提下表示出选择迁移的意向。当然，理想中的车联网目前还未真正走进人们的生活，传统广播依然是车载收听的主要对象，而且智能收听也包含着传统广播直播流的节目内容。但是，在移动互联网技术的支持下，移动音频已慢慢向车载收听市场渗透，智能收听的对象主体则是以PGC、PUGC、UGC模式进行内容生产的移动音频。显然，移动音频在瓜分着传统广播的收听市场，并开始逐步引领听众声音消费的新时尚，传统广播主宰收听市场格局的时代一去不复返了。

2. 移动音频分流了传统广播广告的市场份额

传统广播的广告经营是一个"二次售卖"的过程。在这里，传统广播首先将信息产品卖给作为终端消费者的听众，然后，再将听众的时间和注意力卖给广告商。因此，听众花费在传统广播信息产品上的时间或注意力直接影响其广告的经营收入。由于移动音频瓜分了传统广播的收听市场，对听众的时间和注意力产生了一定程度的分流，其结果必然因时间和注意力的减少而导致广告收益的下降。事实也是如此，近年来，传统广播的广告营收虽然稳中有升，但是始终处于波动状态，而且上升幅度放缓。CTR媒介智讯发布的调查数据显示，传统广播的广告营收在2015年小幅下滑后，2016年和2017年分别增长2.1%和6.9%，2018年同比增长5.9%。这样的增长幅度相较于20世纪头10个年头的增长率已相去甚远。国家广电总局数据显示，2017年广播广告收入155.56亿元，比2016年的145.83亿元增加9.73亿元，同比增长6.67%；2018年仅140.37亿元，比2017年同比下降9.53%；网络媒体广告收入491.88亿元，比2017年同比增长60.37%。由于统计口径不同，二者的数据存在一些偏差，但其结果都表明，传统广播的广告营收逐步收窄，网络媒体的广告营收前景广阔。

3. 移动音频吸纳了传统广播专业的优秀人才

人是生产力中最活跃的因素，专业的优秀人才则是生产力中最活跃因素的最活跃部分，任何行业的创新发展都离不开对专业优秀人才的需求。然而，近年来，随着新媒体的蓬勃发展，传统广播不断出现一些专业优秀人才甚至核心团队跳槽或辞职的现象。有的到新媒体公司担任要职，其中不乏移动音频企业；有的搭建音频平台，成立自己的公司；有的搭载移动音频平台，进行产品营销。"这些优秀人才、核心团队带走的不只是丰富的媒体从业经验，更是集聚在人才周围的重要资源，是广电媒体参与未来市场竞争的重要力量。"[①] 不仅如此，一些节目主持人即使身处体制之内，也会将大部分精力投入到移动音频业务中；或干起网络主播的营生，或独立制作移动音频产品分发给各个平台。他们虽不能说是"身在曹营心在汉"，但事实上已在为移动音频的内容生产，贡献了自己的聪明才智。

二、移动音频的运营之道及其对传统广播的借鉴意义

移动音频的崛起根本上得益于先进的移动互联网传输技术。相较于传统广播的地域性覆盖，移动音频无远弗届的传播能力本身就造就了其在传播范围方面的比较优势。在此基础上，移动音频颇具创意的运营之道在提升自身核心竞争力的同时，也给传统广播提供了一定的借鉴意义。

(一) 移动音频的运营之道

移动音频充分认识和把握自身的媒介特性，在内容生产、品牌营销以及盈利模式的选择方面表现出了非凡卓越的运营智慧和独具创意的运营之道。这也正是在网络视频主导移动用户市场的生态环境下，移动音频依然能够在夹缝中生存、在竞争中崛起的原因所在。

1. 内容生产：精品内容 IP 化 + 主播资源优质化 + 名人专家大 V 化

内容为王是媒体创新发展不变的铁律。传统媒体如此，新媒体也不例外，因为受众真正认知和了解某个媒体是通过接受其传播的信息内容实现的。相较于网络视频的声画合一，移动音频声音符号单一性的先天不足本身就要求其必须在内容生产上下功夫。因此，精品内容 IP 化 + 主播资源优质化 + 名人专家大 V 化成了移动音频打造品牌 IP、赋予产品传播力和吸引力的主要举措。

(1) 精品内容 IP 化。

近年来，一些移动音频平台纷纷发力有声图书市场，打造精品的有声内容，并且通过与出版商签约合作的方式实现对知识产权的有效保护。例如："喜马拉雅"与中国出版集团、中信出版集团等多家线下出版商签约有声出版协议，并与阅文集团、纵横网等线上出版机构达成排他性合作。目前，该平台已拥有市场上超过 70% 的畅销书有声版权。"懒人听书"则与阅文集团合作，拥有其 85% 的网

[①] 李岚、莫桦、黄田园：《革新图存：加快广电媒体融合发展的"四个转变"》，《传媒》2015 年第 23 期，第 35 - 37 页。

络文学的有声改编权。蜻蜓 FM 也通过与中文在线、掌阅科技等版权方达成双向合作关系，获取优质版权。

（2）主播资源优质化。

针对 UGC 产品存在的参差不齐现象，移动音频平台采取诸多措施对主播资源进行孵化培养，以提升其专业素质与业务能力。荔枝 FM 推出全新音频直播功能后，投入百万"荔枝"进声价计划基金扶植优秀主播，举办"谁是女王""音乐红人""我的 FM 男友大赛"等活动，全网选拔优秀主播，并在播客学院开设直播语音课程，为直播的内容质量提供专业保障；"懒人听书"通过主播招募计划和主播认证计划进行主播培养；蜻蜓 FM 的"天声计划"开出了百万"声酬"，发掘有学识、有内涵的素人主播加入，为优质声优提供有竞争力的任务酬劳和有长远意义的资源、培训等系列扶持；"喜马拉雅"则推出"万人十亿新声计划"，全面扶持音频内容创作者。不仅如此，该平台独家上线的"美声图书馆"，还邀请百位央视及省级卫视主持人参与朗读，进一步完善 PGC 产品。

（3）名人专家大 V 化。

为了撬动有声付费市场，网络音频搭建内容付费专区，邀请"大 V"级的名人、专家入驻平台，既为平台带来可观的经济收益，又提升了品牌 IP 形象。"喜马拉雅"上线"付费精品"专区后，主持人马东的《好好说话》独家登录专区，10 天内获得 1 000 万元收入。随后，吴晓波、罗振宇、郭德纲、蔡康永、袁腾飞等数十位大咖也先后登台亮相。而蜻蜓 FM 则将蒋勋、高晓松、梁宏达、张召忠、李开复等名家大 V 收入麾下。

2. 品牌营销：跨界联合，活动先行，线上线下齐发力

为了树立平台良好的品牌形象，提升平台的美誉度和影响力，几家头部的移动音频企业通过跨界联合举办各种营销活动，而且对于重点打造的内容产品还线上线下齐发力，努力实现超强的聚客效果。"喜马拉雅"联合浙江卫视共同推出的主题为"十年之约"的 2019 思想跨年晚会，大咖云集，让电视观众感受到"喜马拉雅"这样一个音频平台的思想高度和理念追求。该平台推出的"大脑加油站"在上海书展期间登台亮相，开辟了独特的线下场景体验。为配合世界杯期间发布的首档体育 IP 产品《足球先声》，蜻蜓 FM 改装出一辆配备足球和声音相关体验装置的主题大巴，策划了"巴士多城巡游计划"等系列活动。由荔枝 FM 打造的"声音画像馆"则是根据"你听起来很美"的概念搭建小型装置体验屋，采用快闪店的方式将声音社交落地线下，让参与者与新奇的声音互动新玩法"亲密接触"。

成功的品牌营销活动不仅可以提升移动音频的品牌形象，而且为移动音频平

台带来了丰厚的营收回报。"喜马拉雅"首创的知识消费节——123 知识狂欢节，首届活动当天总销售额为 5 088 万元，第三届消费总额已超过 4.35 亿元，比第二届多出两倍。

3. 盈利模式

变单一广告营收为多元化商业营收的企业的生存与发展离不开盈利模式，盈利模式的选择自然是移动音频运营过程中必须面对的问题。回顾移动音频的运营发展之路，不难发现，2012—2014 年移动音频还是单一的广告模式，2015 年"打赏＋分成"模式崭露头角，到了 2016 年，知识付费全面爆发，直播打赏全面跟进，再到 2017 年围绕知识付费的粉丝经济、会员经济以及智能家居、车载产品销售等周边产品开发全面发力和 2018 年移动音频的赛道进一步细分，各头部平台凭借优质内容，在场景及生态全面布局的基础上，在品牌营销过程中与更多的用户和跨行业厂商产生互动，已经形成全新的商业模式和多元化的营收方式。

（二）对传统广播的借鉴意义

新媒体时代，在网络视频主导用户市场的生态环境里，相对弱势的移动音频能通过用户付费与打赏的方式实现商业营收，一方面表明其经营运作十分成功，另一方面也为传统广播提供了一定的借鉴意义。

1. 精品节目的打造是传统广播吸引听众的不二法门

媒体的存在是基于受众的选择。知识付费能搅动移动音频市场，根本原因在于移动音频为用户提供了各类有益的精品产品。而传统广播在精品节目打造方面所做的努力还远远不够。目前，传统广播以直播化的播出方式进行信息传输，而直播化的播出方式是一把"双刃剑"，它在将广播快捷性的传播优势发挥到极致的同时，"采、编、播"合一的内容生产机制也催生了大量"口水多过茶"的垃圾节目。如今，海量的信息已经让人应接不暇，不会再有多少人对垃圾节目产生兴趣，更何况是本已弱势的传统广播。因此，新媒体时代，传统广播要想在残酷激烈的媒体竞争中立于不败之地，必须通过精品节目的打造吸引听众。换句话说，传统广播必须给听众收听节目的理由，让听众在收听节目的过程中能获得自己需要的东西。二十世纪八九十年代，中央电台的节目《午间半小时》曾风靡全国，虽然与当时的媒体生态不无关系，但是栏目本身确实是精品迭出，佳作频现。在新媒体时代的今天，《新闻纵横》依然能够实现社会效益与经济效益的双丰收，进一步表明精品节目的打造是传统广播吸引听众的不二法门。

2. 本土化运营是传统广播生存发展的基础

移动音频无远弗届的传播能力决定这个世界任何地区的任何人都有可能成为

其产品用户，所以移动音频内容丰富、种类繁多，并且以矩阵产品的陈列方式供用户随时随地点击收听，意在满足不同用户个性化的消费需求和场景化、互动化的消费体验。然而，传统广播的地域性覆盖决定其听众规模的有限性，而且听众群体也多为广播频率的属地居民。一方水土养一方人，不同地区都有不同的风土人情、风俗习惯和生活习惯，形成各具特色的地域文化。由于身处同一个生活圈，听众对本地的新闻更感兴趣，更渴望了解和自己息息相关的信息。那么，作为地域性覆盖的传统广播应该研究和把握不同地区的文化特征和生活习惯，适应不同地区的文化需求和消费选择。基于这样的认识，传统广播在具体的经营运作过程中应该将本土化思维融入内容生产、品牌营销和盈利模式的选择中。唯其如此，传统广播才能拥有听众，拥有市场，拥有收益，进而拥有广阔的生存发展空间。

当然，本土化是一个相对的概念，对于不同层级的广播媒体，其本质不尽相同。就中央人民广播电台而言，本土化更多是强调"讲好中国故事，传播好中国声音"，应该从"越是民族的，越是世界的"的高度去理解和把握其本质内涵。地方广播媒体的本土化运营同样应该站在不同的高度去理解与把握。这样，广播媒体的本土化运营才会更加科学、合理和有效。

3. 互联网思维是传统广播融合转型的精神旨归

移动音频的运营之道让我们看到互联网思维在内容生产、品牌营销和盈利模式选择方面的意义与价值。新媒体时代，传统广播要想在残酷激烈的媒体竞争中立于不败之地，必须通过融合发展实现转型升级，而融合发展的基本路径是用互联网思维改造传统广播。互联网思维包括用户思维、极致思维、迭代思维、平台思维、跨界思维等诸多内涵。其中，用户思维指的是在产品价值链的各个环节中都要"以用户为中心"去考虑问题；极致思维，就是把产品、服务和用户体验做到极致，超越用户预期；迭代思维是指在持续更新中不断完善产品；平台思维是开放、共享、共赢的思维，其精髓在于打造一个多主体共赢互利的生态圈；跨界思维则是将产业经营的触角延伸至其他领域。在这里，用户思维处于绝对中心地位，因为产品的极致化及其持续更新都是建立在让用户满意的基础上的一种价值追求；再者，没有用户思维，平台思维、跨界思维也就失去其实际意义。

事实上，精品节目的打造和本土化运营从某种意义上说也是基于用户思维对传统广播提出的要求。但是，仅有这些是不够的，传统广播的融合发展必须进一步将极致思维、迭代思维、平台思维、跨界思维融入内容生产、品牌营销和盈利模式的选择等经营运作的各个环节，以更加开放的姿态通过生产方式、传播机制、营销手段和盈利模式的变革形成多元化的运营生态，为传统广播的转型升级提供有力支撑。

三、传统广播的选择

移动音频的崛起改变了广播传播的生态格局，但对传统广播的广告营收并没有产生颠覆性的影响。主要原因在于传统广播依然拥有潜在的庞大市场空间，而且其线性传播的直播流也具有移动音频无法替代的优势。即便如此，如何应对移动音频的冲击与挑战是传统广播在融合发展过程中理应思考的问题。

（一）传统广播的存在价值

新媒体时代，传统广播依然拥有不可替代的价值，价值的存在决定于广播媒体的外部环境和自身优势。

1. 汽车保有量的持续增加，为传统广播提供庞大的受众资源

随着中国经济社会持续快速发展，机动车保有量继续保持快速增长态势。截至 2018 年底，全国汽车保有量达 2.4 亿辆，比 2017 年增加 2 285 万辆，增长 10.52%。小型载客汽车首次突破 2 亿辆；机动车驾驶人达 4.09 亿人，其中汽车驾驶人有 3.69 亿人。显然，汽车保有量和机动车驾驶人的增长和整体规模发展，为传统广播的价值呈现提供了庞大的受众资源和市场空间。

当然，移动音频的渗透和影响，导致传统广播的车载收听近年来涨幅有所放缓，但传统广播主宰车载收听市场的状态在相当长一段时间内不会改变，因为现有的汽车车辆绝大多数还是传统广播的收音装置，即便是车联网时代到来，汽车的更新换代也尚需时日。不过，当车联网时代到来时，移动音频将逐步进入车载收听市场，传统广播势必面临新的挑战，这是无法回避的问题。

2. 传统广播的直播流优势尚在

传统广播节目的直播流是线性结构，与网络音频的点击、下载收听、碎片化播出有明显不同。研究者认为，"互联网广播并不排斥线性模式，第一，受众的时间资源有限，从海量内容中挑选感兴趣的内容需要付出时间成本；第二，每个人都对不期而遇的美好抱有好奇心，对未知的精彩抱有期待，并且收听直播时会产生某种时间流动的质感。因此，线性模式依然有独特魅力"。[1]

不仅如此，直播流在新闻信息的传递方面有着得天独厚的优势，因为在直播状态下，最新的新闻信息可以及时更新，随时插播，能够以最快的速度与听众见

---

[1] 曹毅：《互联网下的广播新形态》，《中国广播》2016 年第 3 期，第 38 – 42 页。

面。没有多少人会通过点击、下载去关注过时的新闻信息。尼尔森网联副总裁牛存有根据调研数据得出的听众"实效性诉求依赖传统广播，而非实效性诉求则更为依赖音频平台或音频应用"[①]的结论，在某种意义上证明了新媒体时代传统广播直播流在新闻传播方面的价值。

（二）传统广播在"变"与"不变"中探寻新的发展空间

"变"是指在新的媒介环境下，传统广播应适应听众消费的新特征、新要求，以互联网思维改造传统广播，积极主动与新媒体进行深度融合；"不变"在于传统广播的媒介特性不会改变，按广播的规律办广播不应改变。

1. "变"——坚定不移地走融合发展之路

广播从诞生的那一天起，就一直是在与异质媒介融合中取得进步、获得发展的。新媒体时代，传统广播更应该坚持融合发展不动摇。然而，当传统广播与新媒体融合、搭载新媒体的各种终端传递自己的信息并为受众所接受时，传统广播的受众实际上已经变成新媒体用户了。因此，新媒体时代，传统广播的运营除了满足传统意义上的收听需求外，还要考虑新媒体用户的消费意愿。

首先，传统广播的内容生产应借助新媒体的力量和要素，在融合发展中丰富节目内容、创新节目形式、变革节目形态，进一步凸显广播媒体的功能和优势。

其次，通过融合发展拓展传播路径，建立传统广播的渠道优势，适应新媒体用户碎片化的接受需求，对节目内容进行包装改造，将碎片化的节目内容引入新媒体，借助新媒体的各种终端，甚至建立自己的融媒体平台，实现传统广播节目的融合传播，变简单的节目移植为相互助力，优势互补，最终实现内容、终端、用户的多方面连接与融合。这一举措或许无法带来直接的经济效益，但能够聚拢人气，提升广播形象，推动线下活动有效开展，从而间接获取经济效益。

最后，链接智能语音技术，做好车载广播大文章，以迎接车联网时代的到来。在过去的驾驶场景中，人们通过传统广播媒体获取信息，但广播提供的信息难以满足受众的个性化需求。智能语音技术能够将信息获取植入汽车驾驶的现实场景中，通过人机"对话"方式，实现人与信息的直接连接，从而解放驾驶者的双手，使其在驾驶过程中注意力集中，为安全出行提供保障，也能够构建立体化数字生活服务，提升出行的幸福指数。

---

① 牛存有：《打造拥有数据资产的智慧型广播》，《中国广播》2017 年第 12 期，第 29－33 页。

2. "不变"——按广播的规律办广播

新媒体时代,传统广播需要在"变"中寻求新的发展空间,但是这种变化是建立在维护传统广播本质特性的基础上,将传统广播搭载新媒体传播平台,以新媒体作为自己的传输终端时所做的一种选择,目的是满足作为广播听众的新媒体用户的感知体验和消费需求。强调"不变",是因为传统广播有自己的运行规律和操作要求,按广播的规律办广播是经营者长期奉行的基本原则,而且在具体的经营运作过程中应该进一步张扬广播的媒介特性,彰显广播的社会功能。

强化互动,情感为伴。网络语音直播打造了"内容 + 主播 + 互动 + 情景"的社交模式。在这一模式中,面对各类情境,主播会通过声音的变换和背景音的渲染与听众分享每段寻常生活中的状态和心情,在相对隔离封闭的环境中,网络语音直播使用声音引领听众寻找情感或生活节奏上的共鸣。在个人空间私密安全性的急剧膨胀中,真实情绪的表达欲便极易被激发,而听众内心的满足感得以展现,便倾向于将主播及其节目转化为情感的寄居所。[1] 在几大传统的主流媒体中,广播拥有报纸和电视难以企及的互动优势,甚至有人认为"广播就是新媒体"。[2] 广播媒体应该积极借鉴网络语音直播的成功经验,在利用热线电话为听众与主持人创造交流对话机会的同时,还应该借助与新媒体融合发展的契机,在节目互动中将情感因素进一步放大,让富有情怀和温度的声音和因情感互动产生的朦胧亲近感陪伴在听众与广播之间,并且促使听众对广播产生情感依赖和心灵的归属感。

大直播常态化。大直播节目是广播新闻现场直播节目的延伸,它不仅仅是一次特别的直播节目或现场直播节目,而是广播媒体连续多日开辟大的时段,打破日常的节目编排模式,长时间以一个特别主题为报道主线的新闻直播节目。它融合记者连线、嘉宾访谈、专家述评、快讯播报、录音报道、音响资料、背景介绍、片头片花等诸多内容,在报道重大或重要的新闻事件时发挥着积极作用。过去,大直播常用于突发性灾害事件或战争报道,如汶川地震、冰雪灾害、海湾战争等。为了强化新闻时效性,中央人民广播电台曾设置一些直播性的栏目,如《第一报告》《直播中国》等,但是正在进行时的连线直播与固定化的栏目设置形成矛盾,所以栏目周期往往较短。若将大直播进行常态化就可以很好解决这一问题。当然,大直播常态化需要将全天候的节目进行合理设置,要做到最新新闻

---

① 申启武、李颖彦:《网络语音直播:情感商业化逻辑下的声音表演》,《现代传播》2019 年第 2 期,第 143 – 147 页。

② 林沛:《是时候重估广播的"互联网价值"了!音频是下一个巨大入口!》,"广电独家"微信公众号,https://mp.weixin.qq.com/s/cPPhPidFRzgeg – S – IK5yIA,2017 年 6 月 18 日。

信息及时播报，又不影响其他节目的安排，有不小难度，充满挑战。

坚守主流媒体的社会担当。作为传统的主流媒体，广播是党和政府的"喉舌"，也是党和政府联系人民群众的"桥梁"与"纽带"，"以正确的舆论引导人"是党和政府对广播新闻宣传一以贯之的要求。因此，强调"以用户为中心"并不意味着传统广播一定要迁就听众，而是在坚守主流媒体的社会担当，坚持正确的舆论导向的前提下，针对新媒体环境下广播听众信息消费主动性、参与性的行为特征以及碎片化、娱乐化的兴趣取向，通过运营方式的变革实现社会效益与经济效益的最大化，这才是传统广播融合发展的根本目标之所在。

（作者系暨南大学新闻与传播学院教授、博士生导师。）

探索与实践

高举旗帜，传播强音，构建全媒体传播体系

——央广网打造声音全媒体头条的思考与实践

伍刚　王春婵

摘要： 2019 年 1 月 25 日，中共中央政治局在人民日报社就全媒体时代和媒体融合发展举行第十二次集体学习。党的十九届四中全会审议通过的《中共中央关于坚持和完善中国特色社会主义制度、推进国家治理体系和治理能力现代化若干重大问题的决定》，强调坚持马克思主义在意识形态领域指导地位的根本制度，建立以内容建设为根本、先进技术为支撑、创新管理为保障的全媒体传播体系。央广网依托中国广播近 80 年的声音资源优势打造声音全媒体头条，高举旗帜、传播强音，将党的声音传播千家万户，如春风化雨深入人心。

关键词： 高举旗帜；中国强音；全媒体头条

自人类进入互联网时代，互联网便引领和开启了人类历史的新纪元。全球互联网诞生 50 年来，迅速覆盖用户 45 亿人，近五年全球移动视频增长 8.7 倍，视频数据占移动数据总流量的 78%，到 2020 年全球手机用户将达到 57 亿，移动通信服务将覆盖全球 3/4 的人口。

伴随着互联网的发展，出现了全程媒体、全息媒体、全员媒体、全效媒体，信息无处不在、无所不及、无人不用……在这个终端随人走、信息围人转的时代，互联网日益成为生产与生活的新空间、信息传播的新渠道、文化繁荣的新平台、经济发展的新引擎、社会治理的新载体、全球合作的新纽带，已成为创新驱动人类发展的先导力量。

一、信息化带来的新机遇

中华民族实现了从站起来、富起来到强起来的伟大飞跃。信息化为中华民族带来了千载难逢的机遇，推动了中国社会舆论格局发生根本改变。中央政治局集体学习把"课堂"设在媒体融合发展第一线，部署全媒体发展格局，在中国新闻史上尚属首次。

党的十九大概括和提出了习近平新时代中国特色社会主义思想，确立为全

党、全军、全国各族人民必须长期坚持的指导思想并写进党章、载入宪法，实现了世界第一大执政党从党的指导思想向国家指导思想的转化。党的十八大以来，党中央作出了加快传统媒体和新兴媒体融合发展的战略部署，习近平总书记多次深入考察调研，多次主持召开重要会议，亲自谋划、亲自部署、亲自推动媒体融合发展。习近平总书记站在党和国家事业发展大局的高度，走在全媒体时代前沿，推动媒体融合发展、建设全媒体体系决策调研、顶层设计、工作部署，为深入推进媒体融合发展提供了根本遵循，为新媒体发展指明了前进方向。

2019年1月25日，中共中央政治局在人民日报社就全媒体时代和媒体融合发展举行第十二次集体学习。习近平总书记发表重要讲话，首次将政治局集体学习"课堂"设在了媒体融合发展的第一线，采取调研、讲解、讨论相结合的形式进行，这在中国新闻史上是第一次。

为落实习近平总书记"1·25"重要讲话精神，顺应全程媒体、全息媒体、全员媒体、全效媒体发展趋势，2019年12月6日，由中央广播电视总台承担的我国首个超高清视音频制播呈现国家重点实验室在上海国际传媒港启动建设。2019年12月7日下午，由人民日报社主管、依托人民网建设的传播内容认知国家重点实验室召开研讨会及实验室第一届学术委员会第一次会议，标志着该实验室正式启动运行。2019年12月11日，由中宣部指导、科技部批准建设、新华社承建的媒体融合生产技术与系统国家重点实验室正式揭牌运行。

针对互联网尤其是移动互联网成为舆论主渠道、主阵地、主战场，新媒体呈现移动化、可视化、智能化、互动化、平台化、开放化特点，5G、8K、大数据、云计算、人工智能技术迅速普及智能传播平台，"人人都有麦克风、个个都是自媒体"成为现实，新闻媒体处于前所未有的大发展、大变革、大调整之中，中央主流媒体努力将全媒体传播实验室建成国内领先的、国际一流的国家重点实验室，适配互联网媒体日益移动化、智能化的趋势，在信息社会构建全程媒体、全息媒体、全员媒体、全效媒体的全媒体传播体系。

二、改变形态适应新形势新要求

中国共产党领导人民创造了世所罕见的经济快速发展和社会长期稳定的奇迹，中国走进世界舞台中央，"从历史向世界历史的转变"，只有将互联网这一最大变量转化为党的新闻舆论事业的最大增量，才能巩固我国意识形态安全和政权安全。

习近平总书记纵览当今世界新闻传媒多元格局和中国舆论生态的深刻变化，在理论、新闻、文艺、出版、网信、外宣以及精神文明创建等方面提出了一系列重要论述，集中体现了党在全球信息化这一新的历史条件下对新闻规律的认识和把握。

互联网日益成为舆论宣传主阵地和舆论斗争最前沿。古今中外，任何政党要夺取和掌握政权，任何政权要实现长治久安，都必须抓好舆论工作。

当今世界正处于百年未有之大变局中，世界版图和政治秩序正在发生巨大变化，当代中国用几十年的时间走过了西方国家几百年的发展历程。中华人民共和国成立 70 年来，中国共产党领导人民创造了世所罕见的经济快速发展和社会长期稳定的奇迹。中国特色社会主义进入新时代，中国特色社会主义制度和国家治理体系正推进拥有近十四亿人口大国进步和发展，确保拥有五千多年文明史的中华民族实现"两个一百年"奋斗目标，实现中华民族伟大复兴，走进世界舞台中央。

互联网等新技术、新媒介日新月异，建设和利用互联网，必须站在治国理政、定国安邦的高度，坚持马克思主义在意识形态领域指导地位的根本制度，坚持以社会主义核心价值观引领文化建设制度，不断完善坚持正确导向的舆论引导工作机制，把坚持正确政治方向放在第一位。坚持党对新闻舆论工作的全面领导，自觉承担起举旗帜、聚民心、育新人、兴文化、展形象的使命任务，做好党的政策主张的传播者、时代风云的记录者、社会进步的推动者、公平正义的守望者。实现新闻传播的全方位覆盖、全天候延伸、多领域拓展，构建资源集约、结构合理、差异发展、协同高效的全媒体传播体系，推动党的声音直接进入各类全媒体用户终端，扩大主流价值影响力版图，让党的声音传得更远、更广、更深入、更响亮。

中央主流媒体适应新形势、新要求，加速构建全媒体传播体系。2019 年以来，人民日报社推出融媒体工作室机制，组建了 45 个专业化、垂直化的品牌工作室。新华社推出卫星新闻、现场云、"快笔小新"机器人写稿系统，并发布全球媒体首个人工智能平台——"媒体大脑"和全球首个合成新闻主播——"AI 合成主播"。中央广播电视总台一评论言论节目在重大舆论事件中高频次、持续性、多角度发出中国声音，做到重要讲话、重大活动、重大事件"必有我声"，时政评论在总台自有 44 种语言平台持续播发，被海外 20 多家媒体转载转引，单期推送阅读浏览量高达 1.19 亿次。

三、呼唤全媒体传播时代最强音

实现"两个一百年""中国梦"的中华民族伟大复兴需要凝聚伟大力量，铸魂立心，以治国安邦使命呼唤全媒体传播新时代最强音，让党的创新理论如春风化雨深入人心。

2019 年 10 月 31 日，中国共产党第十九届中央委员会第四次全体会议审议通过的《中共中央关于坚持和完善中国特色社会主义制度、推进国家治理体系和治理能力现代化若干重大问题的决定》，强调坚持马克思主义在意识形态领域指导地位的根本制度，建立以内容建设为根本、先进技术为支撑、创新管理为保障的全媒体传播体系。构建网上网下一体、内宣外宣联动的主流舆论格局，建立以内容建设为根本、先进技术为支撑、创新管理为保障的全媒体传播体系。

（1）建设全媒体传播体系，必须唱响新时代中国最强音，让中国强音覆盖全球化全媒体平台全终端，有效到达全网用户。2019年11月20日，继中央广播电视总台开播国内首个上星超高清电视频道 CCTV4K 超高清频道、实现我国首次8K 超高清内容的 5G 远程传输后，我国首个国家级 5G 新媒体平台——中央广播电视总台"央视频"综合性视听新媒体旗舰正式上线，标志着中央广播电视总台媒体融合迈出了关键性步伐。

作为中央重点新闻网站和中央广播电视总台新媒体主流平台，央广网打造习近平总书记独家原声大数据融媒体头条工程，以习近平总书记重要会见、考察、调研、出访、演讲等权威原始声音为基础，形成包含图解、H5、微视频、小程序等全媒体产品矩阵，覆盖广播、电视、电脑 PC 端、手机 WAP 端、移动新闻客户端 App、第三方平台官方微博、官方微信公众号平台，打造台网并重、先网后台、移动优先、"声音信息 + 图文信息 + 视频信息 + AI + AR"跨平台全终端全媒体传播体系，让群众听得懂、听得进。截至2019年10月，统计数据表明，习近平总书记独家原声大数据融媒体头条工程产品每月覆盖用户13.06亿人次。

（2）建设全媒体传播体系，必须适应分众化、差异化传播趋势，传播时集中体现当代中国价值观念，让习近平新时代中国特色社会主义思想天天见、天天新、天天深。央广网2018年6月1日推出解读习近平总书记用典金句微解读音频全媒体栏目《每日一习话》，坚定文化自信，勇立潮头占领信息传播制高点，配合重大时政活动和时间节点，接地气、聚人气，有情感、有温度。在落细、落小、落实上下功夫，引领网友读原文、悟原理，充分发挥互联网全媒体传播平台优势，精准解读习近平总书记用典，追溯五千年薪火相传的中华文明智慧，弘扬具有当代价值的文化精神，一年来触达受众3亿人次。

（3）建设全媒体传播体系，必须用习近平新时代中国特色社会主义思想团结、凝聚亿万网民，建设有强大凝聚力和引领力的社会主义核心价值观主流意识形态。2018年2月19日，春节长假里，全国网络新媒体共同发起"牵妈妈的手"大型网络活动，深入挖掘和阐发中华优秀文化讲仁爱、重民生、守诚信、崇正义、尚和合、求大同的时代价值，使之成为涵养社会主义核心价值观的重要源泉。通过"妈妈的手"寄托远方游子对温暖家乡的深情凝望，唤醒亿万中国人骨肉团圆的精神原乡归宿。央广网提供习近平总书记朗诵《游子吟》的独家原声音频，引发超过 15 亿人次关注，成为全球华人春节最暖心的记忆。

"文者，贯道之器也"，在新的时代条件下，应高举当代马克思主义思想旗帜，坚持以马克思主义在意识形态领域指导地位的根本制度，推动建设具有强大凝聚力和引领力的社会主义意识形态，建设具有强大生命力和创造力的社会主义精神文明，建设具有强大感召力和影响力的中华文化软实力，建设健全精准传播、有效覆盖的全媒体传播体系，讲好中国故事、传播好中国声音，向世界展示真实、立体、全面的中国，更好构筑中国精神、中国价值、中国力量。

（作者分别系央广网副总编辑，中国传媒大学博士研究生。）

传承红色基因，讲好红色故事，
探索传播规律与融合创新

——以天津广播"寻访红色印迹"系列主题活动为例

朱旭　郭玥

摘要： 红色资源承载了中国共产党波澜壮阔的革命史、艰苦卓绝的奋斗史、可歌可泣的英雄史，蕴含着丰富的革命精神和厚重的历史文化，包含了革命先辈的崇高理想和坚定信念，凝聚了党的优良革命传统和集体智慧。"传承红色基因、讲好红色故事"，在中国特色社会主义新时代具有重要意义和传播价值，是主流媒体的责任与担当，是提高影响力、传播力和引导力的重要要求。"传承红色基因、讲好红色故事"，才能推动党员干部不忘初心，牢记使命，走好新时代的长征路。当红色主题报道与融媒体传播相结合，给主流媒体提出了新的课题。探索红色主题报道的传播规律和融合创新举措，有助于主流媒体顺利整合与转型，并在激烈的媒体竞争中焕发勃勃生机。

关键词： 红色主题报道；融合；传播；创新

红色基因是中国共产党人在长期奋斗中锤炼出的先进本质、思想路线、光荣传统和优良作风。党的十八大以来，习近平总书记多次强调要传承好红色基因，让信仰之火熊熊不息。近年来，中央及地方各级主流媒体不断加大红色主题报道内容和力度，在一定程度上达到了宣传和传播效果，但往往还存在内容不接地气、视角单一、语言生硬、采访呆板和思想缺乏高度等诸多问题。因此，要通过转变报道思路、报道手段、话语体系、传播形式等，全方位提升红色主题报道的整体水平。

为了庆祝中华人民共和国成立 70 周年，宣传天津的红色遗址、爱国主义和革命传统教育，传承红色基因，海河传媒中心广电事业部广播新闻中心推出"寻访红色印迹"系列主题活动，通过制作新闻报道、人物专访、专题节目、短视频、新媒体产品、现场特别节目等融媒体形式广泛传播，共计推出专题报道 18 篇，人民日报客户端、学习强国、津云新媒体、天津教育报、津门教育、超级校园等媒体平台持续关注并推送传播，关注度超过百万人次。此外，积极探索红色主题报道的融媒体表达与传播，同步推出"我心中的红色印迹"融媒体互动活动，在天津党员干部和中小学生中引起热烈反响，形成参与留言热潮。

图1 "寻访红色印迹"主要合作单位及媒体平台

一、传承红色基因，讲好红色故事，在于挖掘"源"与"魂"

不懂历史的民族没有根，淡忘英雄的民族没有魂。正如习近平总书记所说，一切向前走，都不能忘记走过的路；走得再远、走到再光辉的未来，也不能忘记走过的过去，不能忘记为什么出发。传播红色主题报道，讲好红色故事，就是要在采访的过程中深入到革命遗址遗迹中，通过保护者、研究者和革命后代的真实讲述，了解革命遗址、革命先烈和重要展品的故事，去追寻与挖掘其中的"源"与"魂"，深刻感受、传承红色基因与革命精神。

天津是一座走在改革开放和现代化建设前列的城市，拥有大量美丽的城市景观，更是一座具有光荣革命传统的城市，存有许多珍贵的革命遗迹。这些城市景观和革命遗迹相辅相成，形成了全市一百多处红色旅游地。在"寻访红色印迹"系列主题活动当中，记者分别对张太雷纪念室、于方舟烈士所在的官立中学、周恩来邓颖超纪念馆、觉悟社纪念馆、中共天津北方局旧址、吉鸿昌旧居、南开大学百年校史展、平津战役纪念馆、天津烈士陵园等进行广播、新媒体和短视频全方位报道，深入采访了周恩来邓颖超、张太雷、于方舟、吉鸿昌、刘亚楼等革命先烈的后代，共播发融媒体专题稿件18篇，报道内容具有权威性和历史价值，累计阅读和关注度超过百万人次，引起社会各界高度关注和广泛传播。

图2　广播新闻中心记者吴煜斌采访刘亚楼将军女儿

此外，在主题报道当中，为了保证采访内容的权威性和正面意义，把握好"源"与"魂"，广播新闻中心还与天津市社科联深入合作，邀请天津市委党校、天津市党史研究室、天津档案馆、市政协文史委员会等各单位专家接受采访、参与节目，结合红色故事和感人事迹，深入分析与解读，提升和延伸正面意义，挖掘其丰富的精神价值。分别推出"100年前的一张时髦结婚照""百年觉悟，梦想从这里点燃""解放天津，一座鲜为人知的纪念碑""100年前那个'90后'的一封家书""歌唱祖国从这里唱响""没有亲人的骨灰盒与没有名字的烈士墓""70年的守护"等重点专题报道，在人民日报客户端、学习强国等重点媒体平台传播，让红色主题报道更加鲜活、引人入胜，创造红色主题报道的全新传播方式。

二、传承红色基因，讲好红色故事，在于把握"正"与"活"

革命遗址遗迹是中国共产党领导全国各族人民进行新民主主义革命的过程中留下的宝贵文化遗产，蕴含着党和人民艰苦奋斗、不屈不挠、一往无前、敢于反抗的革命精神，对广大党员、干部和群众开展爱国主义和革命传统教育，有着重要意义。传承红色基因，讲好红色故事，重要的是充分把握好"正"字：挖掘红色印迹、红色故事背后的正气、正能量和正面意义，传递正确的世界观、人生观、价值观，这是主流媒体的定位所要求的，是时代发展所必需的，也可以让红色基因所蕴含的革命精神发挥更大的传播效果。

在"寻访红色印迹"系列主题活动当中，特别注重把握"正"的内涵，从张太雷、于方舟、吉鸿昌等革命先烈身上深入展现他们为了理想追求、为了民族解放、为了革命事业的奉献与牺牲。从张太雷留给妻子的一封家书、吉鸿昌外孙女郑吉安跨越时空的回信，到南开大学老校长张伯苓的爱国"三问"、平津战役中战士们的奋战与牺牲精神，再到天津烈士陵园"没有亲人的骨灰盒与没有名字的烈士墓"催人肺腑的感人故事，"寻访红色印迹"不只是展现红色故事，更重要的是弘扬正气，传递正能量、红色基因和民族精神，发挥激励和教育意义。此外，还推出录音特写"致敬革命先烈 传承红色基因"，在传承中引发思考，在传播中引起共鸣，推动党员干部在新时代创造新业绩，激励党员干部勇于担当作为。

图 3 "致敬革命先烈 传承红色基因"现场交流活动在天津平津战役纪念馆举行

传承红色基因，讲好红色故事，必须进行现代性话语转换。红色主题报道与红色故事经过不同年代的打磨与挖掘，不断丰富与充实，仍然适应不同年代主流传播对象的需求和话语方式。尤其是在当下，战争与革命的年代渐行渐远，和平与发展成为时代主题，讲好红色故事不仅需要扬正气，也需要接地气，做到化深奥理论为民间语言，化宏大理论为具体事例，群众才愿意听，才听得懂。尤其是要按照"90后"甚至是"00后"的话语方式进行转换，对红色基因的传承才能做到内化于心、外化于行。在这次主题活动当中，"寻访红色印迹"更注重语言和表达方式的改变，做足一个"活"字，做到"题目要活""语言要活""内容要活"。比如讲述张太雷故事的报道"100年前那个'90后'的一封家书"，从题目上就给人以亲近感，在故事细节中展现家国情怀，吸引各个年龄段受众的关注；再如讲述周恩来邓颖超纪念馆的报道，记者从"100年前的一张时髦结婚照"说起，另辟蹊径地讲述周恩来邓颖超两位革命家的爱情故事，从理想追求、真挚爱情、革命奋斗的角度切入，给人以亲近感，更生动地体现了他们的革命精神；还有在讲述平津战役的红色印迹故事中，特别注重展现总指挥刘亚楼声东击西，让国民党守军司令陈长捷中计的故事，传播符合受众心理，进一步提升了传播效果。

三、传承红色基因，讲好红色故事，在于突显"静"与"动"

在当今的传播格局下，媒体竞争非常激烈，已经不是过去传统媒体或主流媒体一家独大的局面，也不可能仅靠一篇横空出世的专题报道就达到最大的传播效果，尤其是红色主题报道，具有比较突出的宣传特色，既要有历史价值，又要增加新闻性和新元素。因此，传承红色基因，讲好红色故事，还要把握好"静"与"动"的平衡，"静"就是要真正在采访制作过程中沉下去、深入进去；还需要突出"动"的特点，在专题报道的文字中体现"灵动"，在传播方式上体现"联动"，在新媒体平台增加与受众的"互动"，在故事与细节的描写中能够让受众"心动"。

在"寻访红色印迹"系列主题活动中，广播新闻中心发挥新闻整合后的"联动"优势，在新闻广播《美丽乡村说》《实践出真知》《HI天津》和经济广播、滨海广播并机播出的《天津早晨》等节目播出音频专题报道，形成静态节目的"联动"集群效应，以最大范围在传统媒体汇聚影响力和传播效果。

系列主题活动还联合天津市市级机关工委、市文旅局、市社科联等单位推出"我心中的红色印迹"精彩新媒体留言征集活动，让"静态"的红色主题报道形成"互动"的传播效果，在最大范围内形成教育意义，在市级机关党员干部、天津市各高校和中小学当中获得热烈反映，形成留言热潮，其中政法系统、人力社保系统、市场监管系统、城建系统等相关部门党团员积极参与，并根据主题报道的内容发表真实留言感受，与节目宣传形成良好呼应。此外，活动也吸引了天津大学、南开大学、天津财经大学、天津职业技术师范学院等高校的学生及河东区、红桥区、东丽区、武清区、河北区等中小学生积极参与互动，形成中华人民共和国成立70周年爱国教育的良好氛围，让红色故事和红色基因真正传承下去，让受众能够受到教育和影响，真正做到"心动"。

2019.09.10-11 易班-超级校园 精选评论汇总
一、红色印迹_100 年前，天津"90 后"写了一封信！

1、天津财经大学 会计学院 注会 1601 李文静
　　他人负重前行，才有今日岁月静好。在特殊的时代，挺身而出并不是一件容易的事，放弃睡手可得的稳定未来，卸下改变家庭命运的重任，负起为国家兴为青年兴的大义，张太雷先生的义举是令人敬佩的。读到张太雷先生的家信时，更是肃然起敬。信中处透着真挚，展露出先生温和有礼的性格：以平和的心境如慰家人、以坚定的信念讲述自己的目标，秉持对家人的爱护和对新青年的思想为妻子指明学习的方向。前人栽树，后人乘凉，作为新时代的 90 后，我们不仅要感谢那些为建设祖国付出过的人，更要栽下"我们的树"！

2、天津财经大学 信息管理与信息系统 1701 王柯洁
　　一个民族光荣的振兴，离不开有志之士的奉献；一个民族屈辱的洗刷，离不开烈士先烈的身躯。战争的年代造就了张太雷的勇敢与坚强，而和平美好的环境为我们提供了学知识、长才能的机会。我们对国家有信心，因为我们有榜样。再读到家书，我们更为先烈舍小家为大家、一心一意报国的执着而动容；我们是时代的亲运儿，我们应该懂得幸福生活来之不易，我们更应该懂得所肩负的历史责任和历史使命。少年强，则国强。我们要不忘历史，发奋学习，为祖国增光添彩！

3、天津财经大学 会计学院 注会 1701 班 何璐
　　时间从不败英雄，光荣永远流传。在那个新旧交替的时代，新思想带领中华儿女建设一个新的时代。本可以远渡重洋远离乱世纷争、学习先进的技术与知识，张太雷先生确毅然决然投身革命的洪流之中，背负起国家与民族的未来兴衰。如今，中国屹立在世界的东方，享各国的尊重与敬仰，这一切都来源于那个年代为新中国付出一切的热血青年。战争可以摧毁国家，却摧毁不了心中的信仰，和平可以带来安稳，却也不能磨灭心

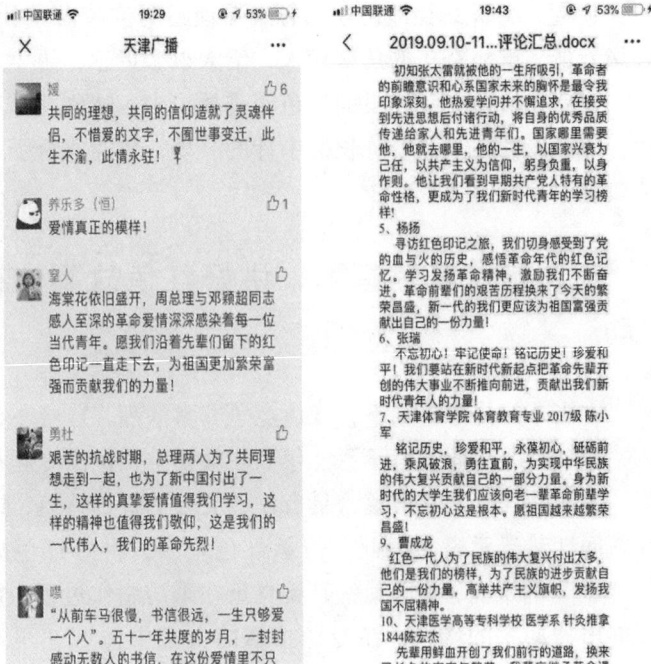

图 4　网络留言互动情况

四、传承红色基因，讲好红色故事，更要提升"专"与"融"

移动互联网时代，传统广播与新兴媒体的融合应有所为，有所不为。有所为，就是要借助新的技术手段，提升声音和音频的专业性和文化含量，打造高质量的音频产品，强化特性，提升品质，将声音媒介做到极致。有所不为，就是那些含金量不高的一般性产品，比如自媒体也可随手做的产品，则可放弃。因此，在红色主题报道当中更应该提升音频产品的专业性和艺术价值，同时，在媒体融合上寻求创新与突破。

"寻访红色印迹"系列主题活动，实际上也是广播新闻中心记者践行"四力"、深入基层采访报道的过程，而在节目撰写、制作、包装的整个过程中更是主动提高标准和专业性，以制作广播声音纪录片的思路完成整个专题节目，邀请天津广播多位"金话筒"主持人播音朗读，配合符合节目需要的历史音响、典型音效和歌曲音乐，带给受众身临其境的感觉，充分展现了声音的历史感与独特魅力。

此外，本次活动还特别注重媒体融合，形成新闻报道、专题报道、访谈节

目、微信新媒体、视频直播和短音频等多个系列产品，结合不同媒体优势，实现融合传播最大效果，在人民日报客户端、学习强国、津云新媒体、天津教育报、津门教育等多个平台广泛传播，影响受众超过百万人次。

图5　人民日报客户端和学习强国平台转发和传播情况

广播新闻中心还在中华人民共和国成立70周年前夕，在天津平津战役纪念馆推出"致敬革命先烈·传承红色基因"寻访红色印迹系列主题活动。这次活动将广播党日活动与现场直播节目融为一体，多位革命后代、红色场馆负责人、解放战争老战士和广播优秀主持人积极参与，一段段红色故事、一封封革命家书为现场观众带来一场精神洗礼，生动传承红色基因，感人至深、催人奋进。活动通过音视频直播，收听、观看受众人数超过23万人次。国庆期间，活动又连续推出"寻访红色印迹"系列主题短视频，分别推出《百年觉悟，梦开始的地方》《重温"爱国三问"，南开这样回答》《声东击西，刘亚楼如何智取天津?》《回国前，这位南开校友为何烧毁所有科研资料?》等短视频产品，延伸融媒体传播效果，创新红色主题的表达方式，让红色故事好听而且好看，深入人心。

图6　广播新闻主持人赵巍、芬菲参与短视频产品制作传播

五、传承红色基因，讲好红色故事，注重结合"点"和"面"

传承红色基因，讲好红色故事，更要注重"点"和"面"的结合，让"寻访红色印迹"系列主题活动不只是在中华人民共和国成立 70 周年这样重要节点的特别策划，还要成为讲好党的故事，讲好红色故事，传承红色基因的持久活动，延伸传播"面"与传播范围，扩大影响力。

除此之外，"寻访红色印迹"系列主题活动还将与"不忘初心、牢记使命"主题教育深入结合，与天津市第二批主题教育紧密结合，全面归纳总结红色故事、红色基因和主持人、记者的采访感受，形成完善的主题教育材料，与天津各高校和区县主题教育活动领导小组进行对接，实现更加积极的传播效果。

此外，结合目前全国正在深入推进思政课教学，广播新闻中心还将结合"寻访红色印迹"系列主题活动积累的素材、心得与感受，与市教委深入沟通，形成完善的新型思政课教育方案，形成主持人、记者、革命后代、红色场馆负责人多方合作的模式，融入多媒体手段的思政课教学内容，让主题活动更具教育意义。

六、结语

总之，在中华人民共和国成立 70 周年前夕，海河传媒中心广电事业部广播新闻中心成功推出"寻访红色印迹"系列主题活动，突破了传统广播系列专题报道模式，更好地体现主流媒体与时代同步的定位与作用，挖掘"源"与"魂"，把握"正"与"活"，突显"静"与"动"，提升"专"与"融"，结合"点"和"面"，将过去单一的声音产品进行了无限拓展，全力打造声音精品，构筑声音高地，实现声、屏、网、端全方位展示，以现代人有生的力量、广播人有声的动力来推动全社会讲好红色故事，传承红色基因，对于今后红色主题报道的策划与传播具有启示和指导意义。

（作者单位：天津海河传媒中心广电事业部广播新闻中心。）

对声音记录功能的实践与探索

赵敏

摘要： 在漫长的历史发展中，人类创造了基于不同介质的多种记录机制。其中，声音记录是不可或缺、殊为独特的一部分。本文梳理了渐渐兴起的一些声音记录实践，进一步探索声音传播的各种可能。

关键词： 声音；记录；声音档案；口述历史；有声日记；声音纪录片

1877 年，爱迪生发明留声机，开启了声音记录史，声音不再转瞬即逝。时至今日，技术的发展，使得声音的录制、保存和传播日益便捷，其记录功能愈加凸显。记录功能主要是指声音在对人类与环境的现状及其变迁的描述、留存、再现等方面所发挥的作用。声音是人类智慧和文明的一部分：每个时代都有其特色的声音出现或者消失，记录声音的历史变迁，是从一个独特维度见证时代的变迁；在当今这个巨变的时代，声音记录也是一种现实的迫切需求。对声音记录功能的重视与研究，可以更深入理解声音媒介的本质，探索声音传播如何更好地发展。

一、丰富多样的声音档案

档案是指人们在各项社会活动中直接形成的各种形式的具有保存价值的原始记录。通过记录有价值的声音形成的声音档案，承担了保留、利用声音的使命，有着丰富的历史、文化价值。

在声音记录历史方面，广播媒体具有得天独厚的优势，因为广播反映时代的同时就在记录历史，每天播出的内容保存下来就是珍贵的历史资料。所以，广播媒体可谓是天然的声音档案馆。

很多电台都会结合当下时政、新闻、纪念日和主题活动，利用多年积累下来的丰富的声音资料，制播特色节目。比如，北京电台 2004 年策划了大型专题报道《历史的画卷，流动的音符》，2009 年又推出了《曾经》系列节目，倾听尘封的音响，重温难忘的岁月；上海电台 2006 年开播了《声音档案》，重新解读"声音文献"，题材涉及历史事件、民俗风情、电台往事等；中央人民广播电台中国之声的品牌栏目《难忘的中国之声》，旨在"用声音记录中国，打造国家级声音档案"。这些节目充分发挥了以声音见长的广播特色，再加上精良的制作、丰富的文化内涵，深受听众的喜爱。

历史音响资料是宝贵的文化遗产，对这些资料加以保存和利用是广播媒体的责任与义务。但声音档案可不仅仅是广播媒体采制、播出的音响资料，世界各国很多档案馆用历史的眼光记录、保存、保护声音，它们的做法或许能带给我们一些思考和启发。

美国出台了有关国家录音保护的法令，规定国家录音保护部门和国家录音登记处在国会图书馆的监督下，维护和保存好具有重要文化、历史和艺术价值的录音记录。澳大利亚的国家电影与声音档案馆、加拿大的档案委员会等都发布了政策与指南，对声音档案的管理进行指导，主要涉及收集、整理与著录、保存、利用等环节。

墨西哥国家声音档案馆收集那些最能代表墨西哥人历史、文化的声音，力图用这些声音拼成一个完整的墨西哥；美国康奈尔大学的麦考利档案馆是世界上最大的动物声音档案馆，馆藏超过17.5万条声音记录，涵盖了世界上75%的鸟类，还包括昆虫、鱼类、蛙类、哺乳类动物等的声音；大英图书馆的声音档案中，有各个时期的音乐演奏、英国各地景观中的声音、过去电台的录音等珍贵资料。这些各具特色的声音档案馆或反映了一个国家、地方的历史文化，或展现了人与自然的和谐相处，种类丰富而多元。

公众参与是获取声音记录的重要途径。大英图书馆与BBC联合推出了"英国声音地图"项目、"倾听计划"，挑选公众上传的声音档案在电台播出，然后这些录音及数据被图书馆永久保存，传至子孙后代。

相比较而言，我国在声音档案的制度、标准、实践方面还存在较大的不足。数字时代到来，不断研发的技术、设备可以更好地留存声音，同时促进社会利用，进行合理的分享与传播，声音档案应当受到更多的关注。

二、大有可为的口述历史

口述历史被誉为"倾听过去的声音"，有着悠久的传统，如民间传说、歌谣传唱、史诗说唱等。现代的口述历史学科产生于美国，1948年哥伦比亚大学口述历史研究室的建立标志着口述历史的诞生。口述史作为一种口头的、有声音的历史，是对个体或某个特殊群体的回忆和生活经历的记录。多数学者认为，规范的口述历史，必须有录音或录像记录，必须完好地保存录音带、录像带，必须是史学工作者和口述者双方合作的产物。

（一）人类社会历史

人类的活动是丰富多彩的，应该有全面的记录，但是在浩渺的历史烟波中，留存的文献多数是国家政治、统治阶层、社会精英的记录，对普通大众关注非常少，而口述历史给那些历史上没有声音的普通人留下了记录。另外，由于战争、自然灾害、人为破坏等因素，历史记录损失严重，甚至形成很多历史的空白和断层，口述历史可以补充重要事件的背景、细节，辨明一些众说纷纭的问题。这些口述历史都能够弥补文献记录的不足，两者在相互作用下，勾勒出立体、生动、有血有肉的社会历史记录。

通过口述方式，不仅能够收集到很多新颖、独家的历史材料，同时也表达了具有历史意义的个人观点，更影响着人们对现实的认识和理解。因为人的记忆是鲜活的、当下的、富有情感的，所以口述历史具有强烈的批判精神，成为探索社会变革的工具。

人类悠久的历史、灿烂的文化，很多都没有形成正式的文字记载，而是依靠口头传承，世代流传，如民族语言、风俗习惯、音乐艺术等等。随着时代的变迁，许多宝贵的人类口头和非物质文化遗产濒临灭绝，如果不及时抢救，形成口述历史资料，人类的历史文化就会遭受无可挽回的损失。

随着科技发展，录音录像设备质量提高、使用普及，也随着社会文化的发展和各方面需要的增加，口述史在许多国家得到迅猛发展，不仅成为热门学科，其方法也被广泛应用于社会学、文学、新闻学、医学等社会科学乃至自然科学诸多领域，产生了极大影响。我国自 20 世纪 80 年代引入口述史概念，20 世纪 90 年代以来已有多种口述史或其他领域的口述成果出版。同时，广播电视媒体、报纸、杂志设置多种栏目，以口述方式讲历史、社会、人生，满足大众的需求。

广播媒介是"口述历史"最适宜的载体之一：录音制作简便，直播日常化，使得广播口述历史节目成本低廉；大大小小的广播电台为播出风采各异、老少咸宜的"口述"节目提供了广阔空间；特别是广播媒体时间资源充裕，可以容纳大时段、长跨度的"口述"节目。广播与"口述历史"的亲密接触，不但能拓展口述历史的生存空间，也能为广播媒体自身开辟一个崭新天地。

（二）媒介发展历史

"今天的新闻就是明天的历史"，通过媒介这个窗口，可以观察人类所经历的社会变革和历史变迁。例如，20 世纪尤其是 1940 年以后的中国历史与广播媒介的发展是紧密相连的：战争时期的人民广播是军事斗争的武器；中华人民共和国建设时期的广播是宣传教育的工具；信息时代的广播是服务广大公众的伴随者。广播的媒介特性与独特地位，使其深度介入到国家历史的书写中。

此外，媒介自身的演进是社会发展的催化剂，极大地促进社会和人类文明的进步，同时凝结着人类的情感共鸣和心灵记忆，这是媒介发展历史的重要价值。从业者通过媒介产品生产、业务研讨、撰写论文、口述回忆等实践活动塑造了媒介发展历史。

媒介从业者经常处于历史当事人的角色，前辈们的记忆是随着时间的推移而不断流失的宝贵财富，抢救亲历者记忆中的历史是刻不容缓的工作。近年来，新闻史研究者也不断运用口述历史研究方法开展研究，且取得丰硕成果。但整体而言，当代中国新闻史口述历史研究仍然处于相对落后的状态，呈现出各自为战、杂乱无章的局面，缺乏系统的口述历史采访、出版、研究规范和工作规程，对口述历史访谈者及整理者缺乏必要的知识培训。

具有独特内涵和多元价值的口述历史，人人有资格参与进来，成为历史记录的主人，正是其意义所在。

三、触及心灵的有声日记

记日记是人们生活中非常平常的事情，指每日记录自己的生活、感想等，希望通过日记留住生活中的闪光时刻。日记是记录当天发生的事情，而不是事后的追忆，所以准确。日记是为留给自己以后查阅而记录的所遇所感，是记录者与自己灵魂进行的私人对话，所以真实。虽然日记具有高度个体化及私密性的特点，但日记的内容非常丰富，涉及社会生活的各个方面，会存储大量的信息。作为第一手资料，日记具有很高的文献、史料价值。

以前的日记都是文字形式的，技术的发展提供了制作有声日记的可能，就是通过声音的方式来记日记。有声日记相比文字日记有其独特的优点：可以通过唱歌、口述和交谈等方式记录生活中的事件、片段、心情；不仅记录非常简便，而且可以和其他记录形式融合，如语音＋文字、语音＋图片、音视频多媒体等；可以自己珍藏，随时查看以前的记录，也可以选择分享，加入网络社交，变独白为讨论。这些被记录的声音碎片，都是听得到的生活，都是有温度的记忆。

文字记录占据历史主流的几千年中，留存更多的是官方精英记忆。相比于需要花费较长时间思考、撰写、修改的文字记录，声音记录充分利用碎片化时间，及时记录当下的情境，直接表达情绪，更生动直观，环境音响丰富，真实性高且易于分享。更重要的是，没有文化或文化水平不高的人也可以无障碍使用，这种特别的优势，使得社会记忆的控制权有可能从官方精英阶层向普通民众和边缘弱势人群转移，从而使人类的整个记忆体系更加丰富、细致及真实。

现在有相当多的声音记录软件、语音社交平台可供选择，比如 YY 语音、啪啪、声昔等，操作简单，功能多样，可以随心所欲地制作自己的声音记录产品。

（一）个人记录

2008 年 YY 语音面世，由于其网络稳定、音质清晰、房间容量大的特点，很快就垄断了网络游戏语音交流。之后，YY 语音不断蜕变，从游戏伴生软件发展为具有超过 4 亿用户基础的综合性娱乐社交平台，2012 年 11 月在美国纽约纳斯达克上市。以语音交流功能为基础，正是 YY 语音成功转型的关键。

2012 年 10 月，啪啪上线，据说是全球首款图片语音社交应用，"说出你照片背后的故事，让我们用声音分享每个瞬间"。创始人许朝军觉得啪啪的走红来自用户对声音的偏爱："声音比文字更富含人性"，"中国的用户对语言有着天然的亲近感，而通过声音去评论和互动也是人最自然的表达方式"。

2018 年上线的声昔（原"声分"）是一款为内向者和外向孤独者打造的语音日记，"生活无需剧本，随时随地想说什么就说什么"。纯语音输入、限制发布功能，30 天解除好友功能等，使其独树一帜。用户还可以把自己记录的所有语音心情日记，按照时间顺序生成播放列表播放，听自己的声音讲述自己的故事，仿佛坐着时光机飞越自己的成长轨迹，审视自己这一路的成长，感觉非常奇妙。

音频易记录、易传播的特性和声音情感化的特征，使其成为网络社群交流沟通的重要载体，语音社交弥补了传统网络社交的部分不足。"95 后""00 后"正逐步成为社交主力军，语音社交是这类人群的主要交流方式之一，也是他们一种新的生活方式。数据显示，截至 2018 年年底，我国在线音频用户数已达 4.25 亿，同比增长了 22%。新媒体时代产生了越来越多不可思议的声音新玩法：母亲将孩子从啼哭到牙牙学语的过程制作成音频节目；老师要求学生回家朗诵一段课文，通过微信、QQ 的语音传送功能交作业；网友每天在手机 App 里打卡提高普通话水平和演讲能力等，声音记录深入到社会生活的方方面面。

（二）公共记录

日益广泛应用的互联网技术以及社交媒体、网络社群的快速崛起，使得日记书写从私人领域走向公共空间，产生了新的价值，独立于市场经济和官方政治之外的"公共领域"正是由人们相互交流、讨论而形成的。

2011 年，演员陈坤以个人的名义发起了"行走的力量"公益活动，倡导通过"止语"行走，内观自我，提升自己的内心力量，传达积极向上的人生态度和生活理念。该活动每年 5、6 月针对不同人群进行 10 至 20 人的志愿者招募，每年 7 月至 8 月由陈坤带领志愿者队伍进行为期一周左右的止语徒步行，以此锻炼心智，传播正能量。"行走的力量"还举办过慈善艺术展览、慈善演唱会、慈善义卖、支教等活动，用多种方式传播行走精神，并将善款捐给需要帮助的组织机构和个人。

通过每年一次的特色主题行走，如今"行走的力量"已经被打造成一个独特的品牌，其影响力越来越大，社会关注度也越来越高。这个活动最初完全是依靠陈坤的微博来进行宣传的，而陈坤自己在这个过程中也逐渐认识到了微博的力量，并主动完成了从"个人性"到"公共性"的转变。目前，陈坤的微博粉丝已达到 9 300 多万，拥有引领舆论的巨大能量。

2019 年，蜻蜓 FM 为"行走的力量"进行了深度定制，推出线上音频节目《声音行走日记》。抛开纷繁的画面，通过声音符号记录行走的六天五夜，更深刻地传递"行走的力量"。节目采用沉浸式、伴随式的叙事模式，通过主播的体验与采访、参与者的分享和行走环境的真实声音，记录了这条有心之路的点滴，还原行走实况。听众们跟着陈坤一行人，在崎岖的川藏线上行走，倾听凛冽的风声、行者们的脚步声，行者的心声在听众耳边娓娓道来。在陈坤、行者、随行老师、登山向导等人的讲述中，听众感受到行走的内核与精神，开启了一次触摸心灵的自我发现之旅。

有声日记的价值是多方面的，并且每一方面价值都不容小觑，这需要我们日后进一步挖掘。

四、未来可期的声音纪录片

我国影视纪录片已有一百多年发展历史，而今更是成为潜力巨大的产业，相比于这种繁荣景象，声音纪录片数量很少，更鲜少被研究，声音一般是作为影视纪录片中的一个元素，甚至陪衬，才被论及，因此，声音纪录片还是一种新鲜事物。

这个"新"一方面体现在缺乏理论基础，尚没有明确的概念来界定这种节目形态，且另有广播纪录片、音响纪录片等名称，又往往和广播特写、广播专题片混为一谈；另一方面，声音纪录片创作成本高、难度大，极具挑战性，又存在着传播短板，难以将其市场化从而产生经济效益，因此，已有的制作实践很零散，不成体系和规模。

（一）传统广播纪录片

近年来，在竞争激烈的媒体生态环境中，广播不断改革，节目的形态样式发生重大改变，直播、互动、碎片化成为主流，传统的专题节目逐渐没落。究其原因，传统的专题节目忽视记录历史的使命，以宣传为目的，取材上缺乏贴近性，制作上以文字为重点，音响仅是辅助手段，缺乏听觉美感，最终导致听众流失。而从广播特写衍生发展出来，以非虚构纪实内容为核心，融合了广播剧及影视纪录片的一些声音处理方法，突出艺术性的广播纪录片，成为一种新的表达方式，带来全新的收听体验。

1987 年，《难以忘却的歌声》获得第 10 届柏林未来奖"广播特写特别推荐提名"，之后，《一个人的渡口》（2001）、《梯田人家》（2011）等广播特写节目相继获得了亚广联信息节目奖、麦鲁利奇奖等多个国际广播奖项，这些作品可谓广播纪录片的雏形。

2008 年，湖南交通广播为纪念开播 11 周年，制作了广播纪录片《车舞中国三十年》。该片以改革开放 30 年为历史背景，记录了我国汽车发展的关键环节和重大事件，其中包含大量珍贵的音频资料，事件发生场景的原声采集也大大增加了它的史料价值。虽然《车舞中国三十年》在形式上仍然带有广播专题片的痕迹，但其记录、再现历史的制作理念，以及大量的原声采访资料极大丰富了广播在纪录片领域的探索。

2015—2016 年，中央人民广播电台推出了系列广播节目《致我们正在消逝的文化印记》《我的长江》，这两部作品被冠以"广播纪录片""广播界的大纪录"等称谓，获得广泛好评，堪称"新型广播"的样本产品。各地方电台也开始制作该类型的节目，比如，陕西电台的《手艺》、四川电台的《这里是四川》、北京电台的微纪录片《滋味北京》等，相关研究亦随之展开。

对于"广播纪录片"或者"声音纪录片"的定义，有研究者认为，以真实为原则，从现实生活中采制音响素材，用非虚构的艺术手法传达创作者对社会认知的一种广播节目形态。也有研究者认为，以多种有声语言，多角度挖掘素材，多方面展现事物的听觉节目形态，还有研究者认为，一种在声音特写基础上演变而来，篇幅更长，通过精致旁白配合原声音响等所创作出的具有文献意义及深度传播的广播新形态。

可见这种新的节目形态尚处于起步阶段，其内涵大有争议，但在不断实践中，其外部特征逐渐清晰：第一，选题彰显人文性、情感性，引发听众强烈共鸣与认同；第二，追求立意更高、内涵更深、审美更高雅，打造文化精品，形成强大的社会影响力；第三，在坚守真实性原则的基础上，内容表达强调故事化、艺术化，突出细节刻画；第四，回归声音本源，以声音为逻辑主线，前期采集现场原声，后期创新设计，运用音响手段还原声场，使人如临其境；第五，人物采访录音、事件现场音响具有很高的史料价值。

广播纪录片作为精品化产品，需要创作者有较高的专业素养和业务水平，需要付出巨大的时间、经济成本，《致我们正在消逝的文化印记》系列节目是中央人民广播电台统筹全台人力完成的，上海台历时四年制作《安全区之声》，记者采访跨越四个国家，可见其中的艰辛与不易。而新媒体的发展，给广播纪录片的制作与传播带来了更广阔的空间。

一方面，传统广播纪录片运用新媒体平台实现了多渠道立体传播，产生更大影响力。以中央人民广播电台的《致我们正在消逝的文化印记》系列为例，通过搜索引擎查询，网络当中围绕其内容进行的转载、话题和讨论等高达 26 800 余个，仅仅是"戏曲季"的预告内容，在百度贴吧的既往回复量就有 338 条，而"方言季"更是引起了关于方言特色、去留趋势的话题大讨论；且与其相关的图书、音画制品等也纷纷热销；甚至其诞生意义还被作为高中政治思想品德课考题，出现在多省考卷当中。

另一方面，越是精品，越有可能持久重复分享，在互联网长尾效应的加持下，就会降低生产成本，产生附加值，再考虑到由于重播而节省下来的生产同质内容的无效劳动的成本，又或者再进一步考量这样的精品生产所带来的生产者综合能力的提升，总体而言，收益将远远大于投入。

在实践和理论的交替运动中，广播纪录片茁壮成长，表现出很强的竞争力，成为支撑新型广播的中坚力量。

（二）新媒体音频纪录片

声音纪录片的创作并没有因为专业性要求高、公益性传播为主，就集中在权威传统广播媒体之中。在新媒体时代，更多独立创作者和大众逐渐参与进来，创作主体趋于多元化，这些实践与探索以极强的活力拓展了声音纪录片的题材方向、表现形式与传播渠道。

Page – Seven 纪录片，连续获评苹果 iTunes Podcast 年度精选播客。这是中国区第一个音频纪录片播客，也是我国第一个提出"声音记录历史"的专业化广播纪录片团队。该团队由陕西广播电视台音乐广播副总监曹容千发起，成员包括各个国家的华人广播、历史爱好者，因而选题广泛，文化融合性强。制作中力求专业和权威，其中许多主题是中国音频纪录片首次涉足，比如"马可波罗游记""夜访吸血鬼"等，需要查阅相当多的古代文献及历史案例；再如"日本梦见满洲国"中，他们找到了溥仪的录音和伪满洲国成立当天的庆典原声这样的珍贵资料。

从 2012 年 7 月第 1 期节目《穿越活字印刷》开始，Page – Seven 大约两个月更新一次，每期节目约 20 分钟，内容涵盖社会、人物、文化、旅行等领域。2016 年停止更新，2019 年 7 月恢复，播出平台更广泛，包括"喜马拉雅"、芒果动听 App 等，新节目《冷湖》《云山追猿》一经推出，就得到粉丝的热捧，"很多时候用声音记录的场景和唤起的回忆比其他感官来得更加鲜活，给听者打开的体验和想象空间也令人着迷"。

当前，"喜马拉雅"、蜻蜓 FM、荔枝 FM 等各大音频平台上都有以纪录片分类或命名的音频作品，当然，真正的音频纪录片很少，毕竟声音纪录片这一形态的最终成型还需要不断探索和规范，但随着对声音记录价值的再认识，一定是未来可期。

科技发展实现了人类的凤愿，给声音插上了飞翔的翅膀，超越了时空的限制。一百多年的实践中，声音不仅是一种忠实记录生活的传播媒介，更是一种参与社会演变的存在方式。进入数字时代后，声音在真实记录与自由呈现方面表现出更独特的优势，从而衍生出了多样化的传播形态。未来，不断成熟的人工智能技术，5G 网络带来的万物互联趋势，预示着声音媒体将在记录功能基础上，用无处不在、独具魅力的个性化产品，拓展信息传播、舆论监督、文化教育、生活服务、娱乐休闲等全方位、立体化功能，创造多姿多彩的听觉文化。

（作者系岭南师范学院文学与传媒学院新闻系副教授。）

营造声音画面，讲好新闻故事

——新闻内容的文艺化呈现

钱锋

摘要：广播新闻是广播电台的核心竞争力所在，在多媒体共存的时代，广播新闻的呈现方式不再是单一的组织、加工，由文字符号转换为有声语言的口播声音符号，而是以多维的表现手法，充分运用声音传播规律，通过多音效的使用，借鉴文艺化的表现手法，以故事思维去编辑、呈现新闻，把人物演绎、广播剧的形态嵌入其中，营造丰富的听觉场景，使新闻生动、活泼起来，有效激发受众的心理联想、想象，让新闻内容传播更具画面感、贴近性。用文艺手法体现新闻内容，是利用听觉特性，回归声音本质的一个做法，通过多层次的声音唤起听者储存记忆，激发听觉兴趣、引发形象记忆，在真实的故事、音响里，透过直观的感受，最大程度地接收新闻内容。

关键词：广播新闻讲故事；文艺手法

广播是声音的媒体，一切靠声音去体现。以节目为单位的传播产品，包括播音员主持人的有声语言、环境音响、音乐、其他音频等，都是以声音来呈现的。其中，播音员主持人的语言起引导、解释说明的作用，而各类音响则是对内容组成的补充和气氛营造，有时访谈音响成为内容的主体。因为缺少画面的视觉效果，只靠声音体现内容、推进节目进程，在多选择的传播环境下，很难再牢牢地拴住受众。如何做出能时刻抓住受众注意力的内容，不仅要强调前期策划的严谨，还要在具体成品制作构成中，充分利用、调动声音元素，营造画面感强烈的声音产品，为受众演绎出头脑中的电影。

新闻按体裁分为消息、通讯、新闻特写和新闻评论等，这是依据内容的体量、写作方法而划分的狭义新闻体裁，广义上的广播新闻范围更广。广播新闻的体裁基本以狭义为主，呈现手法为播音员主持人的口播新闻、现场报道、实况转播、人物特写、广播讲话、配乐报道、新闻特写、通讯、评论等。目前在新闻制作成品的表达方式上，除消息类的新闻信息外，一些大型的新闻报道，包括专题、系列报道、新闻特写等，已不限于单纯的播音员主持人的口播，编辑记者充分调动各类可以丰富新闻样态的文艺性表达手段，内容不变，呈现样态多样化。

配乐只是在新闻内容的表达中作为营造气氛、烘托情感的一种手段，是大家熟知的一种方法，而更多环境音响的插入、铺垫和人物扮演性的演播，则使新闻过去时变成了新闻现在时、正在进行时，人物、事件呈现得更为鲜活。

一、强化故事性　让新闻不再生硬

习近平总书记多次强调要"讲好中国故事"。讲故事首先是发现、挖掘、整理、提炼、呈现。讲故事的传播方式要依内容、依对象而创新。

新闻，是新近发生的事实的报道，强调客观与真实。依据报道类型，除了现场直播是预知性的新闻或还在变动着的新闻过程外，大部分的新闻报道属于过去完成时，即新闻事件发生了，传递到受众耳朵里时，已错过了此时此刻正在发生的状态。还原当时的场景，除了先期知晓将要发生的新闻（如大型会议或出访、大型策划落实等）和能等待采访报道事件的发生外，大多缺少第一时间的现场声音，尤其是历史性人物、事件的新闻性挖掘，更是缺少人物或者是事件的第一手音频资料，而运用文艺性的表达手段，采用扮演、演绎的方式，能有效地还原一部分场景，营造氛围。把这些内容作为引入的片段或穿插其间，为主体内容的叙述做了较好的情境铺垫，也增强了叙述时的故事性。如中央广播电台制作的新闻系列报道《不忘初心——寻找张人亚》，采用播报，与记者现场口述及广播剧的演绎穿插其间，让一位已经逝去的历史人物"复活"，通过"张人亚"口述和广播剧的场景片段，较完整地还原了张人亚家人为保存党章和党的资料所做的事情。虽然是切割成小段落的剧情演播，但是历史人物及周边与其相关的人和事都像电影一样连贯起来，再现在听众耳际。通过人物的扮演口述，展示其思想，通过矛盾冲突体现其转折。主创曹美丽说："不食人间烟火，高大上、脸谱化的形象已经不能打动人心。""说人话"用讲故事的方式春风化雨，润物无声，能使节目更注重人性化的体现。这样的表述方式，既突出了新闻性，又增加了故事性，让受众多了身临其境的感受，提升了报道的传播效果。[1] 新闻专题中嵌入广播剧的表现手法，营造了声音符号的多维性，更易激发收听者的兴趣。"声音的响度、音调、音色的不同组合，能够作用于人的心理，具有表情达意的功能"，"声音会引起人们的种种联想、思维或条件反射"[2]。通过不同音响、音色的组合，引发受众的兴趣、联想，比单一使用一种语言叙述所营造的时空场更立体，

---

① 刘娟：《新闻变大片！这样的主旋律报道怎么不被追捧?!》，"传媒茶语会"微信公众号，https：//mp. weixin. qq. com/s/Rd6F9WIpIkY9n8ie3uNpvg，2018 年 5 月 7 日。

② 熊忠辉、刘永昶、滕慧群：《视听节目形态解析》，北京：化学工业出版社，2018 年，第 13 页。

也能更鲜活地还原新闻事件。

故事，是一种文学体裁，通过人物或事件，形成一个有内在逻辑链条的叙述，表达一种观点或是体现一种寓意。我们不讨论新闻故事怎么写，而是探讨在广播新闻传播中如何运用讲故事的思维，增强新闻的可听性。白岩松在一场面向新闻学专业学生的讲座时说：讲故事是最好的传播。河北电台的重阳老师在跟同事分享业务体会时也说，新闻传播要学会讲故事。最早提出新闻主持人概念的美国电视制片人唐·休一特在接受《南方周末》的专访时，被问到选拔新闻主持人的标准是什么，他说："找一个会讲故事的人。"一线的大量实践证明，讲故事是传播中必须运用的手段，也是迎合了受众因听故事引发兴趣，以形象思维取代严谨的逻辑思维，使内容更入心、更有趣。

二、避开了收听"注意"转换的时效阈限

广播声音稍纵即逝，具有不可重复性（指即时收听）。而声音传播过程中，收听者往往会一心两用，缺少专一性。新闻传播，很难让听者在半小时或一小时之内完全专注，"在整个传播过程中，声音的音量、音响和音色没有变化或变化甚微，就会降低听众的听觉感受，从而降低传播效果"。① 而运用文艺性的手段，能有效地变化音源，用多声源体现新闻内核，音频转换多，转换频率快，有助于较好地抓住受众的注意力。

新闻，只是媒介信息，而表现手法则是媒介符号的运用，受众是信息的接受者，传播者是媒介信息源的提供者，供求双方所站角度不同，对新闻的理解解读也会不同。传播者除了通过文稿解读新闻事件中的人和事外，重要的是自己的解读有利于收听者的理解还原。短一些的信息内容，一种声音的表述，告知事件的前因后果，让大家能即时接受；而稍长一些的内容，或者是新闻事件复杂的过程，只靠一种声音去描述、表达，纵使重音鲜明、层次区分清楚，这种单一维度的表现手法，也很容易让听者产生听觉疲劳，继而精神"溜号"、有可能错过了重要的信息转折部分，影响了听众对后续内容的理解。目前长篇的新闻内容（包括新闻专题或新闻通讯、新闻特写），除了用有声语言还原文字语言外，其他有助于还原主体内容的声音符号，都被充分调动起来，如宁波广播电台制作的新闻专题《有个主任他姓张》，视角对准来自基层的学生食堂管理者张主任，铺垫时从民谣吟唱开始，逐渐引出人物，而人物正式出场则是在模拟扮演还原多个与学生文字留言对话的场景后，人物形象逐渐鲜明，真正的主人公老张的音频才出现

① 杜仕勇编著：《受众视听研究》，成都：西南交通大学出版社，2016 年。

在节目中。这种充分调动可用的声音源，用多维交叉的方式呈现了深受学生爱戴的食堂管理者形象。拆分逻辑严谨的顺序叙述方式，以更形象化的表达，抓住受者注意力，节目开场先提出悬念，用其他人的声音模拟了老张与学生的文字交流，把过去式的文字声音语言还原，营造了朴实、鲜活的老张形象，比一段一段的访谈录音更有趣味，也达到了真实再现的目的。这种做法把形象化的内容放在最前面，一下就抓住了受众的心理注意。

原北京人民广播电台的主持人苏京平，最早是记者编辑，所以在节目制作上他很注意节目编排设计的时效转换。他曾说："主持人等于是时间的切割的把握者。人的注意力转移大概 7 分钟是一个收听极限，主持人 5 分钟就要转换、组织新的场面。要考虑一组内容中时间的分配才是真正地掌控了节目。"这是作为主持人对节目掌控的体会，也是对其他节目制作编辑的业务提醒。了解受众，才能更好地服务受众。新闻，消息除了以言简意赅的写作，浓缩简洁地告诉受众发生了什么外，用其他体裁的表达方式，对新闻中的人或事阐述更详尽，篇幅也更长。实际传播中，新闻表达少有起伏，文稿太长，受众注意力易出现"溜号"现象，传播效应会打折扣。而适时地加入文艺性的表现手法，在声音的处理上有对比，演播的部分有适当的戏剧元素的呈现，会有效地调节转换注意力的时效值。在听者还没"开小差"时，使用不同的表达方式，突出信息刺激的特征，让信息活起来，这样会再次提起情绪思维的"有意注意"，调动听众的兴趣，使其继续保持注意力的集中专注，完成有效收听。

三、新闻广播剧的探索，让单一的叙述立体化

广播剧，被称为特殊形式的戏剧，它通过人物设置，产生戏剧冲突，运用各种音响效果，营造听觉的盛宴，让听者自己在脑海中形成相应的运动画面，与剧情同步，在脑海中完成对整个故事的还原。文艺性的广播剧，更强调故事性、戏剧冲突，而新闻广播剧则是借用文艺广播剧的手法，既强化故事感，又提升主题，是多媒体时代的有益探索。新闻广播剧始于 2016 年中央人民广播电台推出的《遇见海昏侯》和《生死关头》两部新闻作品，在具体呈现手法上以录音报道＋历史广播剧和广播剧＋口述新闻的形式，再现海昏侯墓考古重大发现以及红军长征过程中 10 个转折点，以融合的表现手法，让新闻有了新的表现方式。①

中央人民广播电台的新闻广播剧，剧的成分所占比重较小，更大的比重是录

---

① 中国记协：《形式创新：新闻＋广播剧　讲述有吸引力的故事》，新华网，http://www.xinhuanet.com/zgjx/2017-06/23/c-1363BB250.htm，2017 年 6 月 23 日。

音报道和口述部分，口述中既有播音员主持人的口播部分，亦有访谈的音响部分，剧的内容变成了凸显某部分的情境再现或是转折、提升突出的点。

上海东方广播电台在上海第十一次党代会召开之际，推出了五集系列广播剧《上海之光》，聚焦上海五年来改革创新的成果。[①] 团队开始策划时，即明确以讲故事的形式表达，但是又要区别于声音专题纪录片的形式，他们做了一个多月扎实的基层采访，然后解构素材，进行艺术呈现，加入了采访原型的声音，构成广播剧的事件、人物都是真实的，只是通过扮演快速地体现主题，在主题凸显后，立刻进入真实主角的访谈音响，做到真实还原、简洁凝练地讲一个故事。解说既有对人物和环境的解释，又有对新闻意义的阐述，5~6 分钟一集内容，短小精悍，有人物、有冲突、有具体事例，环境音响、人物访谈音响做到最克制的简练使用。上海东方广播电台所做新闻广播剧与中央人民广播电台的新闻广播剧最大的不同是剧情所占比例，中央人民广播电台占比更小，突出运用多声源的内容转换，而上海东方广播电台的广播剧以新闻事实为基础，基本上靠演播还原新闻事实，最后出几十秒的当集真实主角的访谈音响，把听众从剧情中拉回现实。中央人民广播电台的节目因是历史人物和历史事件的表达，通过广播剧的剧情解构事件，做评析的勾连，与叙述、访谈自然地融为一体。

新闻广播剧，内核还是从属于新闻，即新闻事件是真实的主体，剧情只是文艺手法体现主题的一种辅助，同时把语言描绘性的话语，通过人物演绎、对话呈现出来，既增强了可听性，又节省了时间。笔者曾听过齐越先生播音的长篇通讯《焦裕禄》，完整的作品长达一个多小时，里面有对人物的各种描写和场景环境的描述，文字呈现的细节越细致，字数越多，而如果有直接的人物扮演，则会精炼很多描述性的内容，在节目有限的时长里，承载更多的内容。过去播音员主持人在非消息类的新闻体裁传播中，会用大量时间去讲解一件事，而新闻广播剧，同样可以把聚焦的事情说清楚，同时使时长缩短了，声源却丰富了，事件、人物的交代通过对话、解说变得更明确，可听性同时大大增强了。

四、用故事思维，设计编辑内容

讲故事，编辑要有故事性的思维，即有悬念、有冲突、有铺垫、有细节、有包袱，在形成内在的逻辑过程中，主体声音的叙述是线索，其他音频的切入，既是转换，也体现凝聚，通过切割、聚拢，形成一个完整的故事过程。看到事件

---

① 《东广新闻台探索"新闻广播剧"新样态》，济源广播网，http://www.jygb.net/newsgb/10552.html，2019 年 5 月 12 日。

后，"要观察、破题，找到亮点、爆点和泪点，把事件故事化，有开头、有推进、有高潮、有收尾"。

新闻节目以真实客观为标识，强调真实是新闻的生命力，在传播形态多样化的今天，新闻传播的基本原则不能变，变化的是对传播手法的探寻。有了好故事，还要有好方式去体现，所以借用文艺性的表达手段去呈现新闻过程，是对真实性的大胆突破。过去，各类节目边界鲜明，互不跨界，在媒体快速发展，受众多方参与传播的环境下，媒体业者用多种方式寻求突破。情景演绎式的表达在很多节目中出现过，各类素材的运用也早已打破了过去的节目性质界限。中央人民广播电台文学编辑叶咏梅女士在回忆自己的编辑生涯时，有一段内容很有意义，她说，2008 年奥运会，她制作了文学类节目《科技奥运之光　燃亮百年梦想》，每一集的故事讲述都包含新闻播报和体育播报，这既是节目内容组成的需要，也突破了原有文学节目的编辑思路。

如果说早期的广播因为社会环境的因素，传播手法单一，呈现维度简单，那么在目前多媒体传播环境下，广播节目不仅内容更加丰富，传播细节也得到了大家的重视，在表现手法上，各媒体运用各种可调动的传播要素，完善节目制作。声音本身具有较大的想象空间，既可以体现虚拟的空间，又可以通过提供的音频成品引发、激励听者的想象，重塑、扩展想象空间，这就是受众在听相同的音频产品时，会依个人的经历、爱好，重新生成自己所理解的内容。所以，广播节目制作在声源上的调动运用，就是借助于常人对声音的理解，选用可以引发共性联想的音响，说明环境、营造氛围、表达情绪、塑造人物。

新闻节目不同于其他类型的节目，它在有限的时长里，最大化地说明一件事的前因后果、意义、价值。编辑在拥有素材后，先明确可以激发听众想象的点，故事的铺展可以先抛问题，设悬念，然后逐层解答，完成一个内容的表述。河北电台在一档春节前的新闻节目中呈现春节抢票的信息时，先是键盘的声音，然后是一位男子急促地说"啊！啊！啊！又没抢到！"，接着是其他的环境音响，然后将主播的声音加入其中，做解释说明，随后专家访谈说明运用网络进行春节抢票的技巧、科学性等。新闻不长，先用情境提出问题，然后在后续内容中解决问题。该新闻音频的使用和情境的设计，充分调动了听众对声音元素的积累记忆，通过键盘的敲击和简单的话语，营造了特有的情境，简单、易懂。所以，为了让节目的可听性更强，编辑不能忽略调动听众想象力的部分，要充分使用语言、音响，通过听觉调动视觉、嗅觉、味觉、触觉等多种感官记忆，唤起观众的记忆和体验，从而引导其主动参与事件内容的心理还原。

广播节目中的情境演绎或称为情景再现（情景再现是借用戏剧界的概念，与播音创作中的情景再现意义不同）在很多专题性的节目中多有体现，有的是片段式的，有的是整组节目采用扮演式的演播，完成总体节目推进。这种以演绎做铺垫，以演绎做引导的表达方式，已成为活化节目的有效手段，目前各类节目中都有使用，其既可以出现在节目起始部分，作为引入的台阶，也可以出现在节目的中间部分，作为前后内容的衔接。这种借用文艺性的表达手法，通过丰富的声音层次体现，不仅使内容呈现更鲜活，也有助于缓解单音源的枯燥，在时长较长的节目里，对主持人和受众都起到了心理缓冲的作用。

讲故事，涉及对话题、对内容的认知，对节目编排的合理架构。线索清楚是第一要素，矛盾设计是为了冲突和推进，而人物和场景则是内容中必不可少的因素，没有人物就没有新闻的点，而场景和环境用以承载人物身份、性格、行为，有起承转合，内容的形象感才更强。运用文艺手段体现新闻内容的方式，只适用于报道或是历史性再现比较大型的新闻，因为投入的人力较多，制作周期较长，后期制作也比较复杂。像河北故事广播推出的新闻广播剧《石家庄1947》，前期有大量的采访，后期制作也精益求精；上海东方广播电台在党的十九大召开后，又采访制作了5集新闻广播剧《开放浦东　梦想之城》，以广播剧的形式讲述浦东发展中一个个值得纪念的小故事，使报道更接地气，剧中每一集都是通过人物体现事件，看似普通的场景，却对整个事业的发展起了至关重要的作用，典型性是他们报道的重点。

用文艺手法体现新闻内容，是利用听觉特性回归声音本质的一种做法，通过多层次的声音唤起听者储存记忆，激发听觉兴趣、引发形象记忆，在真实的故事、音响里，透过直观的感受，最大程度地接收新闻内容。

（作者系广东外语外贸大学新闻与传播学院副教授。）

广播产业的发展变革、内在结构与矛盾冲突

王春美

摘要： 自 1979 年至今，中国广播产业的经营探索走过了 40 多年的历程。从恢复广播广告、开展信息经营到兴办"三产"公司、培育节目市场、实施品牌经营，再到开展版权购销、推进广播购物，广播经营业态随着技术、环境的变化不断演进迭代。本研究结合改革开放以后不同发展阶段的时代背景和广播改革进程，通过对中国广播经营轨迹的分阶段梳理，总结我国广播产业链的形成过程、业态分布与内在结构，剖析我国广播产业的矛盾冲突和未来走向。

关键词： 广播产业；形成过程；内在结构；矛盾冲突

自我国第一座广播电台诞生至今，中国广播已经走过了将近百年的历程，然而，真正意义上的广播产业经营在改革开放以后才逐渐起步。以 1979 年上海人民广播电台恢复播出第一条广播广告为标志，我国各级广播电台相继走上了开展广告和商业活动、进行经营创收的道路。各级各地电台的经营探索是广播媒体不断产业化的进程，是我国广播顺应市场需求、政策动向和自身发展需要，由单一政治属性转向经济属性开发的过程。经过 40 多年的积累，我国广播广告实现从千万元到百亿元的跨越式发展，多元化经营从传统业务向新兴业态演变，广播经营的市场化程度不断提高，广播产业链初见雏形。但是，在相对闭合的广播市场中，由于条块分割的行政结构，来自市场的需求不足，产业体系不完整，某些链条不成熟等因素，使得广播经营始终停留在割裂、零散的状态，限制了其整体运作的水平和规模。本文沿着"立足过去，面向未来"的分析逻辑，梳理中国广播的改革进程和经营轨迹，探析其中的矛盾和问题，提出未来中国广播产业可能的发展方向和趋势。

一、1979 年以来中国广播产业化经营的探索进程

中共十一届三中全会以后，随着国民经济的调整和各项改革的深入，商品流通市场逐渐得到恢复。供需双方信息需求的释放为媒介经营活动的开展奠定了坚实基础。从 1979 年中国广播恢复广告经营算起，广播媒体的产业经营探索大致

经历了生存、发展、成熟、转型四个发展阶段。

1979—1988 年为第一个阶段，其特点为启动、新始。这一阶段，广播的主要技术传输手段是中波，频率主要是综合台，内容上以新闻改革最为突出，节目的结构是"小块拼合式"，基本仿照报纸"拼版"的方式来安排节目，以录播为主，大部分没有互动，是典型的大众传播。中共十一届三中全会确立的"以经济建设为中心"的国策为广播经营提供了制度和需求的可能性。随着商品经济的发展，中国广播在自身发展和市场需求的激发下走上了经营之路，各地电台相继建立广告部，开展广告业务，市场因素逐步呈现在节目的编排和内容上，以合办栏目为代表的信息经营初露端倪。电台的体制和结构发生变化，从纯事业单位向有限的商业经营过渡，由单纯依靠国家财政拨款向财政拨款和自我积累相结合的方向转变。这一阶段，中国广播经营的基础虽然脆弱，但具有非同寻常的意义，特别是广播市场的初步开拓，经营意识的萌发，一批广告经营人才和信息经营人才的培养，思想观念的解放，为下一步的改革发展创造了条件。

1989—1998 年为第二个阶段，其特点是虽然弱小却生机盎然，各种要素开始彼此适应协同发展。这一阶段，距离美国广播走上"分众传播"道路已过去 30 年，我国广播也走到了类似的阶段，开始由"综合台"向"系列台"的体制转变。这种转变的背后一方面是危机使然，另一方面是条件允许。20 世纪 90 年代，电视的崛起给广播带来极大的冲击，陷入低谷的广播同时面临财政资金不足的问题，发展困难。而到这一时期，在"四级办台"政策促动下，我国广播初步实现规模和数量上的增长，立体声调频开始发展起来，广播的频率资源、时段资源和技术资源都得到了丰富。在广东电台珠江经济电台的带动和启发下，全国广播掀起了创办系列台的热潮，立足于不同领域和定位的经济台、音乐台、教育台等一批崭新的广播频率陆续在全国各地诞生，广播的内容形态发生了极大变化。与此同时，广播媒体延续几十年的播出形式得到改变，节目开始以大板块为主，直播、热线、主持人等形式被广泛引入。广播内容和播出形式的变化引发了强烈的社会反响，产生了良好的社会效应，从而拉动了广播收听率的提升。反馈到广播经营上，广播的传播价值开始受到越来越多的关注，广告投放不断增多。社会主义市场经济体系的建立和逐步完善，为中国广播的经营提供了环境和制度的前提。20 世纪 90 年代，广播媒体跟随市场经济的第二次浪潮掀起了兴办第三产业的热潮。合办栏目大量涌现，信息经营从线上时段延伸到线下实体，全国多地电台陆续兴办了培训学校、广告公司、技术公司、书店、出版社等各种各样的"三产"公司。绝大多数电台走上了"事业单位、企业化管理"的道路，广播媒体的财政状况出现了具有战略意义的转折，在多家电台内部，经营创收超过财政拨款，成为电台收入的重要来源。

1999—2008 年为第三个阶段，其特点是各要素高度协同、稳健快速地发展。经过 20 年的积累和探索，中国广播在改革开放后的第三个十年迎来了自己的辉煌期。广播专业化改革从地方电台传导到中央电台，节目对象化步伐加快，广播的贴近性增强。如同 20 世纪 70 年代的美国一样，"车轮子"为世纪之交的中国广播带来了"第二次生命"。2000 年以后，中国道路交通经济的发展和汽车的普及，使广播媒体实现了由固定媒体向移动媒体的转型，各地交通频率的迅速崛起就是例证。这一时期，广播媒体的广告经营模式呈现多元化特征，从机制来看，最早推行专业化的电台开始从"分"走向"合"，探索资源协同效力，而起步较晚的电台则效仿早期专业化的做法从"合"到"分"，激发基层活力，还有的电台几经尝试，在分合之间经历了一个轮回。从模式来看，广告代理制得到发展，也有的电台在试行代理制后重回自营。广播的广告客户来源变得丰富，广告产品不断推陈出新。与广告经营相呼应，这一阶段，广播的多元化业态在节目资源开发、频率资源开发方面取得突破，广播媒体的跨媒体、跨行业、跨地域"三跨"经营从理论层面进入实践环节，与此同时，专业的广播公司开始出现，可经营性资源开始了与事业资源的剥离，社会资本被引入到广播的多元化业态中。与鲜活的经营实践相对应，这一阶段，不仅单一电台的经营创收出现突破性增长，广播行业也因其广告创收的连年高速增长引起各方关注，国家有关部门确立 2003 年为"广播发展年"，学界对广播经营的关注也达到有史以来的高潮。这一时期是中国广播历经多年积累后的能量爆发期。

2009 年至今为第四个阶段，这一阶段的特点为调整和适应。广播与网络的融合取得阶段性成果，表现在桌面互联网时代广播网站的建立、网络电台的创建以及移动互联网时代对于社交媒体的利用、自有客户端的创建。融合过程中，广播媒体的传输渠道由单一的电波渠道向网络传播拓展，内容生产流程得以改造，传受互动不断增强，更为重要的是广播媒体进行了融合过程中盈利模式的探索和尝试，比如基于多平台互动的定向服务开发、音频版权运营。在广告经营层面，受到多种因素的影响，集中经营和整频代理的现象有所增多，广播的客户结构出现变化，传统支柱行业投放有所下滑，新的行业客户开始出现。在多元化经营层面，各地电台的业态布局纷纷变化，由传统业务向新型业务转型，新媒体、投融资、广播购物等新的业态不断出现，而创建统一的产业运营平台成为趋势。这一时期，广播体制和结构的变革表现在由传统电台向数字化转型，传统经营模式和业态受到挑战，开始进行新的尝试。

二、广播经营业态的分类与产业链结构分析

（一）广播经营业态的分类及广播市场构成

研究广播经营的演进历程，了解其发展进程中各要素之间的关系，有助于我们对广播产业的认识由现象的描述进入到结构的探寻。"传媒产业化至少具有两种基本方式：一种是在确立版权的基础上，实现信息产品商业化，从而实现媒介的产业化运作；另一种则是在传播媒介主要的特殊信息产品——新闻——的版权得不到法律保障的条件下，通过广告经营来实现媒介的产业化运作。"① 梳理广播媒体的产业化经营活动，可以看出广播经营业态大致可以分为以下几个层面：

第一，围绕节目本身进行的资源开发。一是通过环节设置获得盈收，譬如互动环节设计产生通讯收入、资讯栏目设置获得信息收入。二是前期策划将盈收考虑在内，结合企业、社会组织的相关需求一起联办、合办节目，获得合办收入等。三是在节目策划完毕，积极争取商业赞助，典型的如冠名、特约的邀请。四是节目本身的销售带来内容二次传播增值。五是利用节目的品牌影响力开展线下活动营销等。

第二，时段资源的售卖。在节目播出过程中设计广告插播获得企业宣传费用。

第三，频率资源的发掘。通常是借助在某一行业或领域的资源积累进行垂直延伸，进行相关行业或产业的经营探索，譬如成立广告代理公司、演艺公司、汽车俱乐部等实体机构开展业务。

第四，利用电台品牌资源进行的产业开发。这是产业运营的高级阶段，通常借助电台整体资源和品牌进行相关行业或产业的开发运营，比如跨地域运营、产业平台建立、多业务结构设计等。

第五，跳出广播，利用资本的力量进行跨行业、跨媒体的多元开发和投资。

总的来看，可以将广播市场划分为节目市场、广告市场、产业市场三类。节目市场主要是指节目制作公司与电台之间的市场，也包括电台与电台之间的市场，主要针对广播的传播价值和市场价值开发，是在节目制作、发行、交易方面形成的市场。在广播媒体发展的不同阶段出现过各种类型的广播节目制作公司，其中既有民营的社会制作公司，也有电台自己成立的从事节目制作业务的公司。

---

① 宋建武：《媒介经济学：原理及其在中国的实践》，北京：中国人民大学出版社，2006 年，第 12 页。

广告市场主要是指广告主、电台、广告代理公司三者形成的市场,通过广告公司这一中间渠道,广告主实现营销传播诉求,电台实现广告产品和服务的销售。产业市场主要是指广播媒体对于节目市场和广告市场之外的市场空间的介入,多由电台成立的各种产业公司构成,多指跨媒体、跨行业经营业务。节目市场、广告市场和产业市场三者高度关联,特别是广告市场依附于节目市场,产业市场的很大一部分也是对节目市场形成的受众资源的运营,只有在广播关联度不高的行业领域中才是对新空间、新资源的开拓。

(二) 广播产业链的内在结构

产业链是一种或几种资源通过若干个产业层次、由上游不断向下游转移,并最终达到消费者,从而实现资源价值的路径。与一般的产业链不同,广播产业链不止有一种核心资源,在不同的市场上,产业链的核心资源是不同的(见图1)。在节目市场上,核心资源是节目;在广告市场上,核心资源在于"受众注意力",是对受众注意力的"二次售卖";在产业市场上,核心资源则是广播的品牌影响力、资金实力等多元因素。

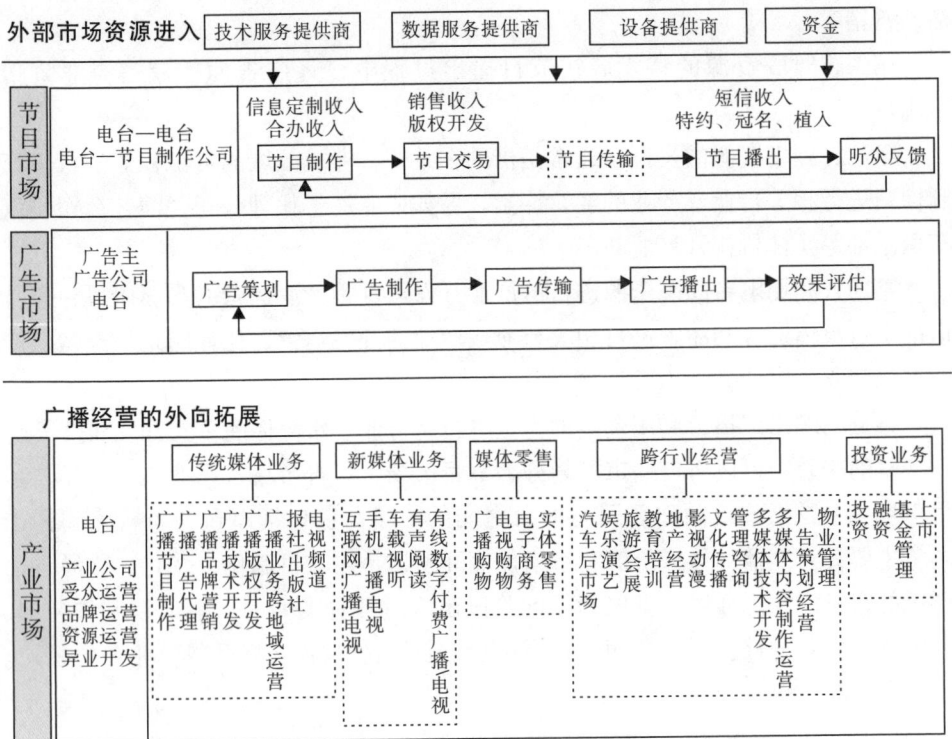

外部市场资源进入 | 技术服务提供商 | 数据服务提供商 | 设备提供商 | 资金

节目市场
电台—电台
电台—节目制作公司

信息定制收入 合办收入 | 销售收入 版权开发 | | 短信收入 特约、冠名、植入

节目制作 → 节目交易 → 节目传输 → 节目播出 → 听众反馈

广告市场
广告主 广告公司 电台

广告策划 → 广告制作 → 广告传输 → 广告播出 → 效果评估

广播经营的外向拓展

| 传统媒体业务 | 新媒体业务 | 媒体零售 | 跨行业经营 | 投资业务 |

产业市场
电台
产业公司
受众运营
品牌运营
资源运营
异业开发

传统媒体业务:广播节目制作 | 广播广告代理 | 广播品牌销售 | 广播版权开发 | 广播业务跨地域运营 | 报社出版社 | 电视频道

新媒体业务:互联网广播电视 | 手机广播电视 | 车载广播电视 | 有线数字付费广播电视 | 有声阅读

媒体零售:广电视子物购物商物 | 广电实体零售

跨行业经营:汽车后市场 | 娱乐演艺 | 旅游会展 | 教育培训 | 地产经营 | 影视动漫 | 文化传播制作 | 管理咨询 | 多媒体内容开发 | 多媒体技术开发 | 广播业运营 | 广告策划运营

投资业务:投资融资 | 基金管理 | 上市经营管理

图1 广播市场及产业链结构

广播产业内容产品的基本单位主要体现为"节目"。从产品流通来看，主要存在节目制作、节目交易、节目传输、节目播出、听众反馈五个环节。与电视产业不同，广播节目的制作、传输和播出相对封闭，大多数都可以在电台内部实现循环，因此节目交易环节不是普遍存在的环节，只是少量存在。目前流通于广播市场的节目大多数属于非直播类节目，以小说、故事、相声、访谈、综艺娱乐类节目、音乐类节目等为常见类型。相对于电视的"台网分离"而言，广播媒体的节目传输也主要是由电台自己完成的。

广告经营主要以电台广播时间为产品，通过电台广播经营的独立循环，完成资源的投入和产出。广告产品在形态上不独立，依附于节目存在，是服务型产品。广播广告发端于广告主的营销需求，广告代理公司或者直接与电台达成广告产品购买协议，经过广告策划、广告制作、广告传输、广告播出四个环节到达用户。在这个过程中，电台通过时段和服务的售卖获取收入，主要的广告产品类型包括常规广告、软性植入、特约冠名等。广告产品的价格直接取决于节目产品的市场受欢迎程度。

"媒介赖以生存和发展的各种资源，主要并不是通过与信息产品使用者的等价交换关系获得的，大众传媒业在经济上，实质上是一个提供广告信息传播服务的服务业。"① 广播经营主体从广播广告经营中获得资金，其中一部分资金用于反哺广播事业，另一部分则需要寻找其他的投资方向，因此出现了多元化经营的方式。广播产业主体的多元化经营范围很广，一般情况下，为了降低进入门槛，广播产业主体往往会选择自己较为熟悉的业务作为多元化经营的方向，例如汽车后市场、旅游业、文化传播行业等。多元化经营的业务扩展构成了"产业市场"。

在产业市场上，目前主要存在传统媒体业务、新媒体业务、媒体零售、跨行业经营、投资业务五个类别，一部分是基于广播核心资源的再延伸，另一部分是异业开发。传统媒体业务主要包括广播节目制作、广播广告代理、广播品牌营销、广播技术开发、广播版权开发以及广播业务的跨地域运营，还包括报刊、电视等传统业务。广播媒体的新媒体业务已经拓展到含 PC 端和手机端的大多数业务，包括网站运营、互联网广播/电视、手机广播/电视、车载收听、有线数字付费广播/电视等领域。近年兴起的广播零售业务涵括广播购物、电视购物、电子商务、实体零售多个类别。跨行业经营是广播业涉猎范围最广、类型最为多元的一个领域，概括起来含汽车后市场、娱乐演艺、旅游、会展、地产经营、教育培训、影视动漫、文化传播、管理咨询、多媒体技术开发、多媒体内容制作与运营、广告策划/经营、物业管理等方面。广播媒体开展的投资业务含投资、融资、

---

① 宋建武：《媒介经济学：原理及其在中国的实践》，北京：中国人民大学出版社，2006 年，第 12 页。

基金管理、上市等多种类型。投资业务与以上四种其他业务类型互有关联，主要的投资方向包括传统媒体和新兴媒体领域以及与传媒行业相关的其他业务领域。

三、广播产业的现实问题与发展矛盾

虽然中国广播产业在过去 40 年里取得了长足的进步，成为广播影视产业中不容忽视的一个分支，但这些成绩背后也隐藏着很多问题，突出表现在市场空间收窄，多元化经营利润低，尚未形成稳固的产业链条和经营体系等。中国广播产业仍然不够大，也不够强，一些问题如不能得到很好的解决，中国广播的发展将会持续乏力，进而影响其在广播影视产业中的地位。

（一）空间局限：市场总量狭小，广告收入触顶"天花板"

1979 年以来，中国广播广告在较低的基点上平稳起步，经历了探索、积累、高速发展的过程。1983 年我国广播广告营业额为 1 807 万元，1993 年达到 3.5 亿元，2003 年达到 25.6 亿元，2013 年达到 141 亿元，30 年净增 140 多亿元，年均增长 26%。当前，在全球经济增速放缓的背景下，中国经济正处在结构调整、转型升级的关键阶段，经济下行压力较大，实体经济运行比较困难，市场风险点增多，各行各业的投资趋于谨慎。受市场环境影响，在传统产业增长乏力而新的产业开发困难的情况下，传统广播广告高速增长的势头已不可持续，触顶"天花板"的时刻即将来临。以 2017 年为例，中国广告业总经营额为 6 896.41 亿元，广播为 136.68 亿元，仅占整体市场的 1.98%。多年来，广播广告占我国广告营业额的比例一直维持在 2% ~ 4%。与发达国家相比，我国广播广告占总体广告市场的比例偏低。

（二）结构缺陷：收入模式单一，不均衡现象突出

40 年来，尽管广播媒体一直在探索多元化经营，进行过产业运营的种种尝试，但更大程度上只是对广播发展业态的探索，收入结构并没有出现根本性变化。在绝大多数电台内部，90% 以上的收入来源仍然是广告，多元化业态虽已布局，但并没有形成强有力的创收支撑。中国广播媒介只是开发了广告经营这一部分，其他经营方式比如节目交易、节目素材交易和延伸市场的开发力度还远远不够。

由于二八法则的作用，广播发展的不均衡现象突出，表现在地域之间、台与台之间、电台内部各频率之间、同一频率内不同时段之间的创收不均衡，主要原

因是广告类型过于集中，创收结构不合理，风险系数高等。从地域分布来看，北京、上海、广东、天津等地区广播广告的创收额度较大，全国广告创收排名前十的电台创收占到全国广播广告创收的 1/3 以上，行业内集中显现明显，80% 的收入集中在 20% 的大台，呈现二八效应。从频率创收分布来看，往往一台独大，占据广告收入的半壁江山以至更多，弱小频率和中波频率更多依赖搭售或专题广告。根据对全国 61 家省级电台和省会城市电台的调查，2014 年 11 家广告创收过亿的广播频率总共创收 24.573 亿元，占到整体约 400 个频率创收的 1/5 还多。[①]而从单一频率的广告创收时段分布来看，早晚高峰仍旧是广播广告含金量最高的时点，午间、夜间仍旧是广播的创收低谷。从广告类型来看，硬广依然是主要的收入来源，专题广告在某些电台的创收占比过高等。广播广告的创收不均衡还表现在同城电台的份额分布，往往一家独大，创收从万元到亿元不等。

（三）体制冲突：维持尚可，发展艰难

产业化、市场化是推动中国广播 40 年快速发展的直接动因，与此同时，我们应该正视一个问题：40 年来"形成的经营体制出现了严重的老化疲劳，对外缺少经营规模和经营合力，对内缺少弹性和激励机制"[②]，这种状况使得产业化进程中的广播面临多重矛盾，使得下一步发展异常艰难。

第一，无法完全参与市场竞争。要实现规模化发展，必然借助外在的资本，但是引入外来动力必然需要开放行业，这对于广播而言，是一个两难选择。我国广播媒体并不具备真正的市场主体身份，其经营活动不是以盈利为根本目的，而是强调社会效益优先。在缺乏企业身份的前提下，自然也无法完全参与市场竞争，特别是融资方面，受到很多政策的限制，无法真正市场化。受规模和资金的制约，广播企业在平台拓展、内容整合、新技术升级、品牌推广、吸纳资金、市场合作和竞争方面均显薄弱。

第二，无法创建真正市场化的激励机制。产业实体虽然形式上建立了，但是离真正意义上的现代企业制度还有很长的距离。很多公司虽然设立了董事会、监事会，但是实际执行却离现代化的公司治理差距不小，在制度、运行层面，团队建设和人才激励的效度明显不足，无法真正将个人利益与集体利益捆绑，从而影响基层主动性的发挥。

---

① 数据来自 2015 年 3 月对全国 61 家电台的调研。

② 黄升民：《"媒介产业化"十年考》，《现代传播》（中国传媒大学学报）2007 年第 1 期，第 101 - 107 页。

（四）市场封闭：开放程度不够，经营策略还不灵活

第一，需求拉动不足，节目难以成为产生效益的子市场。作为信息产业的一部分，广播产业链上最为薄弱的一环就是节目市场。由于国内媒体编制和运营体制仍是"大而全"的低效运营状态，节目生产基本处于自给自足的阶段，市场的发展从根本上缺少"需求"的拉动，广播节目普遍"低质、低价、低利"，尚未形成健康的价格体系和竞争机制。广播节目市场迄今仍不成气候，目前市场上的广播节目制作商非常少，节目交易量也很小。这一方面导致了大多数节目由台内制作，成本高；另一方面，行业发展的动力仅仅来自电台这一层面，必然导致行业发展势头不猛。

第二，广告经营、跨地域运营、资本运筹的市场化仍处于低位水平。2000年以来，广告代理制的引入将广播广告经营逐步推向社会化，代理公司参与经营使得市场蛋糕越做越大，也越来越走向成熟。但是，推行代理制以后，一些问题逐渐浮出水面，其中最为显著的是一些全面实行代理制的电台，由于自身建立的营销队伍基本退出一线经营，大量工作以流水化后台作业为主，难以掌握市场一线信息。[①] "广播的事业单位身份和老牌媒体资历，多年来形成了许多广告经营的舒适区……经营部门往往背负着较大的增长压力，经营活动也变得相对短视和保守。"[②] 跨地域经营方面，受到社会化公司竞争、地方电台意愿变更等多种因素的影响，曾经一度进展良好的外地电台承包或代理业务遇到障碍，以北京电台旗下的跨地域运营公司为例，自 2005 年成立，经历过业务迅速拓展的辉煌时期，到 2015 年所有外地业务全面萎缩，不得不进行业务转型。资本运筹方面，社会资本的介入有限，市场化程度有限，难以做大做强，同时也放大了经营风险。仅仅依靠自有项目，从无到有地发展产业，距离建设产业平台目标较远，但通过股权投资参与市场项目的实践尚需经验积累。

四、音频产业链重构与传统广播发展路径的思考

互联网音频平台的出现改变了原有的传播生态。在全新的市场环境中，竞争主体和市场格局发生了显著变化，立足于"耳朵经济"的新兴音频产业链正在形成，传统广播产业的封闭式结构遭受冲击。

同其他传统媒体一样，广播媒体的主流商业模式是建立在"内容为王"的

---

① 王春美：《广播广告经营嬗变：动因、表现及趋向》，《新闻战线》2015 年第 1 期，第 50 – 52 页。
② 方乐：《业态剧变下广播广告经营问题及转型探讨》，《中国广播》2015 年第 9 期，第 11 – 14 页。

基础上。互联网时代到来之前，生存压力主要是做内容的压力，"如果哪家媒体的内容传播力强，基本上就可以判断其有良好的社会效益和经济效益"，① 依靠内容影响力完成广告吸纳、活动营销以及产业拓展。但是，在新媒体时代，"社会化信息传播的一元化格局被打破，传统媒体在传播渠道上的独占地位不复存在"，内容资产直接变现的通路和规模已经并将继续受到严重挤压，通常意义上传统媒体最为主流的盈利模式日渐式微。② "互联网时代的生存压力，不只是做内容的压力，还要强调传播的速度、范围以及传播的平台、渠道，内容传播力与经济效益常常表现出不一致""传统媒体转型的最大困惑就是内容传播力与赢利模式被分离"③，因此转型要解决的关键问题就是商业模式、赢利模式的问题。

要实现长远可持续发展，传统广播必须从根源上重新审视如何更好地满足大众"听"的需求。未来，广播的商业模式将发生以下变化：第一，广告仍将是广播媒体重要的赢利模式，但广告经营形式和产品显著改变。顺应客户结构和客户诉求的多元化，节目与广告的贴合将越来越紧密，软性广告将成为未来广告产品的主流。第二，边界消融，广告、活动、新媒体、多元化经营之间的边界将不断模糊。节目、广告、活动、新媒体、产业都将不再是孤立的单元，而是线上线下彼此联动互相融通，内容越来越将作为价值变现的一个环节与其他环节协同配合最终获得盈利。第三，随着音频传播渠道的数字化发展，基于用户偏好、用户数据的新型盈利模式逐渐创建。第四，长尾效应取代二八法则，原来被忽略不计的众多而分散的"长尾"市场将成为重要的经营资源，特别是在互联网平台上。

面向未来，广播产业或可在以下四个方面寻求突破：第一，继续探索、巩固以广告为核心的传统经营根基，打造优质频率精品节目；第二，可聚焦优质音频内容的生产和分发，向面向多平台的音频内容提供商转型；第三，充分发挥对音频行业和音频特性的了解，在全新的音频产业链上游、中游和下游予以布局；第四，挖掘现有资源优势，持续增强本地化、垂直化、专业化业务的拓展，在对城市生活服务的渗透中找到新的价值增长点。

（作者系北京联合大学应用文理学院新闻与传播系副教授。）

---

① 范以锦：《内容传播力如何转变成赢利模式》，《新闻与写作》2015 年第 10 期，第 41－43 页。

② 喻国明：《中国报业已经到了生死存亡的最危急时刻》，今日头条，http：//toutiao.com/i6303860643690709506/，2016 年 7 月 5 日。

③ 范以锦：《内容传播力如何转变成赢利模式》，《新闻与写作》2015 年第 10 期，第 41－43 页。

成就与经验

中华人民共和国成立 70 年来广播
"自己走路" 的理论意蕴、变迁脉络与特征研析

覃信刚

摘要："广播要学会自己走路"这一论述已提出近 70 年。70 年来，中华人民共和国广播"自己走路"，从小到大，由少到多，波澜壮阔，取得了举世瞩目的成就。文章对中国广播"自己走路"论述的由来、认知发展进行了分析，对变迁脉络做出了历史性梳理，勾勒出广播管理体制优化、节目模式进化、覆盖范围演化等路线图，进而研析出广播"自己走路"的变迁始终与党的中心任务变化紧密相连，始终践行全心全意为人民服务的宗旨，坚持以人民为中心的导向等主要特征。

关键词：中华人民共和国成立 70 周年；广播"自己走路"

"广播要学会自己走路"这一论述已提出近 70 年。70 年来，中华人民共和国广播"自己走路"，从小到大，由少到多，波澜壮阔，取得了举世瞩目的成就。

一、广播"自己走路"的理论意蕴

（一）理念由来：体制确立，媒介单设，节目定位

1949 年 10 月 1 日中华人民共和国成立当天，中央广播事业管理处改名为中央广播事业局，划归中央人民政府政务院新闻总署领导，[①] 人民广播事业随即转变为中华人民共和国社会主义事业重要组成部分。而当时刚刚闭幕的中国人民政治协商会议第一次全体会议通过的《中华人民政治协商会议共同纲领》（中华人民共和国临时大宪章）第 49 条明确规定："发展人民广播事业"，这就为中华人民共和国广播事业提供了法律保障。1949 年 12 月 5 日，改名仅两个多月的北京新华广播电台正式定名为中央人民广播电台（也称中央电台），媒介管理体制为局台合一，同时承担宣传和事业管理的双重职能。中央人民广播电台的前身是延

---

① 赵玉明：《解放区广播事业发展概况：1940—1949 年》，《中国科技史料》1982 年第 4 期，第 104 页。

安新华广播电台，1940年12月30日诞生于延安，在建制上属新华通讯社的语言广播部，1949年3月25日迁入北平后与新华社分设，这之前承担的任务一直是单一的宣传。1949年6月5日，中央广播事业管理处成立，广播正式转变为独立的媒介机构，承担事业管理职责。中华人民共和国成立伊始，人民广播电台虽有49座，但对幅员辽阔、人口众多、交通闭塞的中国来说，实在偏少。而那时在世界范围内，广播大国体制机制各异，美国采取商业、国营、公共三种体制，商业体制在其国内占主导地位，但商业广播网已开始衰落，电视已逐步占据主导地位；英国采取公共体制，全面收取视听费运营；苏联广播体系则分为三级，即中央、加盟共和国、州和边区，采取金字塔式的垂直管理模式。由于国情、省情不同，政治、文化、地理、经济各异，中华人民共和国广播运行体制无法复制他国。1950年，时任中宣部副部长、新闻总署署长胡乔木在与广播事业局副局长梅益的一次谈话中，提出了"广播要学会自己走路"的理念。① 事后梅益回忆："当时有人主张广播电台只要播送新华社的新闻和《人民日报》的社论就够了。乔木同志反对这种把广播电台当作大喇叭和布告牌的观点。早在1950年2月新闻总署召开的京津新闻工作会议上，就已明确规定，广播电台要把新华社和报纸的新闻、评论作为主要来源，但应有自己的新闻和评论。"② 1950年3月，京津新闻工作会议形成初步意见，明确了中央电台及地方电台节目的播出，规定全国及国际广播节目集于中央电台，而地方电台除联播中央电台的节目外，特别要加强地方性的节目。这些，都包含了广播"要学会自己走路"的意蕴，也是广播"自己走路"提出的由来。

（二）认知发现：遵循指导，按规办台，为民服务

1964年4月3日，中央广播事业局召开的第八次全国广播工作会议，公布了三万多字的《宣传业务整改提纲（草案）》，共15条。其中，多数内容与广播"自己走路"有关，如怎样改进新闻性、知识性、文艺性节目。会后，全国广播媒介在新闻报道中注意发挥自身的特长与优势，在动员社会力量办广播方面做了不少尝试。进入改革开放时期，1979年5月，中央电台台长左漠野在记者站负责人会议上重新提出"自己走路"的理念，并要求全台采编人员"一定要学会自己走路"。③ 1980年10月7日，中央广播事业局召开第十次全国广播工作会议，

---

① 郝时远、杨兆麟：《梅益百年纪念文集》，北京：社会科学文献出版社，2014年，第39页。
② 哈艳秋、黄玉迎：《中国广播61年：自己走路，从目标到现实》，《中国广播》2011年第2期，第41页。
③ 覃倩、覃信刚：《改革开放以来中国特色广播理论的创新与实践》，《中国广播》2018年第1期，第37页。

再次明确"自己走路"的宣传方针。时任中宣部副部长张香山做了关于坚持"自己走路"的主题报告以及会议结束时发表讲话，从根据党的路线、方针、政策和党的指示，独立自主地确定报道思想、制订报道计划、编采新闻、撰写评论；深入实际，联系群众，扩大新闻来源；建设一支能独立工作的编采队伍；逐步使用新的现代化通信、采访、制作手段装备等七个方面，详细阐述了广播"自己走路"的内涵。

1982 年 9 月 1 日，中共十二大召开，邓小平郑重提出了"走自己的道路，建设有中国特色的社会主义"的重大命题。时隔 32 年，广播"自己走路"理念与党的重大命题高度相符，这使中华人民共和国广播迈入了走自己的道路、建设有中国特色的社会主义广播的新时期。此后有研究者认为，广播要学会"自己走路"有两层意思："首先，它指明了广播的发展道路；其次，它明确了新中国广播事业的发展目标。"① 综上所述，广播"自己走路"，就是要在党的领导和马克思主义指导下，按广播规律办广播，全心全意为人民服务，为社会主义服务。

二、广播"自己走路"的变迁脉络

（一）管理体制优化：从双重职能到回归本体

1. 中华人民共和国初期广播管理体制的调整——明确管理层级，健全媒介组织

现代管理理论起源于 20 世纪初。泰勒、韦伯、费尧提出了科学管理的目的、层级、规划、职责、协调等观念，② 媒介管理借鉴了这些观念，而人民广播电台管理体制的优化则伴随中华人民共和国的成立而展开。随着中央电台正式定名，中国广播最高层级的媒介组织成型。如何实施良好的策略，健全组织架构，设置必要的岗位，选调适合的人员，实施正确领导，协调广播内部事务，发挥最高效能，按广播规律办广播，是广播媒介组织的当务之急。中央电台设总编辑，在管理体制上实行编委会集体领导下的总编辑负责制，全国广播媒介也都采取这一模式，宣传业务则由各级宣传部领导，这是中华人民共和国成立时广播媒介管理的初始优化，是媒介管理"自己走路"的发展。

中华人民共和国成立之初，可谓满目疮痍、百废待兴，经济落后，人民广播

---

① 哈艳秋、黄玉迎：《中国广播 61 年：自己走路，从目标到现实》，《中国广播》2011 年第 2 期，第 41 页。

② 陈万达：《媒介管理》，台北：扬智文化事业股份有限公司，2005 年，第 36 – 37 页。

电台的播音覆盖范围非常有限。要大力发展人民广播事业，首先需要建立高效运行的管理体制。1950 年 4 月 25 日，国家新闻总署《关于省市区新闻机关员额暂行编制的决定》规定，省市电台视任务轻重配备编制员额，员额最多为 75～85 人，最少为 25～30 人。[①] 但从 1949 年至 1967 年，中华人民共和国曲折前行，广播媒介的管理体制也必须适应现实的变化，进行了四次大的调整。第一次就是中华人民共和国成立当天广播体制的调整，这是适应中华人民共和国成立新闻传播的需要。第二次是 1952 年，中央人民政府新闻总署撤销，广播事业局划归政务院文化委员会领导，宣传业务仍由中共中央宣传部领导。这次调整，强化了广播事业的行政管理，全国广播媒介组织的人事管理、节目管理、技术管理职能逐步规范。1955 年 9 月，国务院发布有关规定，明确省区市、省辖市人民广播电台为该人民委员会的直属机构，受该级人民委员会以及广播事业局、中央广播事业局的领导。[②] 1957 年 12 月，国务院出台有关规定，提出除频率、发射功率由中央广播事业局核定外，地方广播事业由地方管理。第三次是 1959 年 3 月，广播事业局的组织机构进行了一次较大调整：广播事业局党组和中央电台的编委会合并，组成单一、高效的媒介组织领导机构，而编播部门则进一步细化，奠定了日后中央三大台的格局。第四次是 1963 年，根据周恩来总理的指示并经中宣部批准，实行党委统一领导，媒介架构设宣传、技术、政治、行政四种工作机构，成立对内广播部、对外广播部，分别称中央人民广播电台、北京广播电台。这次调整，在广播媒介组织的整体架构中，加强了对我国台湾地区、对少数民族语言的广播事业管理。中央电台的几次调整是从中华人民共和国的现实发展出发，也引领了全国各地广播媒介组织的调整。在全国省级广播事业管理机构全部建立后，从 1980 年开始，全国地、县级政府也分别建立了广播事业局。由此，全国广播媒介全面实行条块结合、双重领导的管理体制，媒介管理得以优化。

2. 改革开放后广播管理体制的改革——强化"管"的职能，淡化"办"的职能，实施"管办分离"

中华人民共和国自成立以来推行双重管理体制，统筹宣传与事业管理，取得不少成绩。但管办不分，也带来了不少问题。因此，改革势在必行。从 1978 年改革开放到 2019 年上半年，中国广播体制进行了五轮改革。20 世纪 80 年代的两轮改革，精简了机构，增加了宏观调控职能。1982 年 3 月，中共中央、国务院启动了我国改革开放后的首次机构改革，《关于国务院机构改革问题的决议》颁

---

① 中国社会科学院新闻研究所编：《中国共产党新闻工作文件汇编 1950—1956（中）》，北京：新华出版社，1980 年，第 71 页。

② 黄金良：《新中国广播电视行政管理体制的演变》，《声屏世界》2009 年第 11 期，第 7-8 页。

布，决定撤销中央广播事业局，成立国家广播电视部。新组建的广播电视部机构编制精简，减少了交叉重叠，提高了办事效率。而这一时期中国广播正转变到以宣传经济建设为中心上，人员老化、组织臃肿、专业知识不足，难以按广播规律办广播。管理机构的改革激活了广播人的思想，推动了广播媒介组织观念的转变。从 1982 年下半年开始，全国电台逐步进行媒介组织的调整和干部配备工作，建立以宣传为中心，宣传、技术、行政三位一体的媒介管理制度，实行台长分工负责的集体领导制度，台班子年轻化、知识化、专业化，克服了人员膨胀问题，增添了新鲜血液，推动了广播事业的蓬勃发展。1986 年 1 月 20 日，第六届全国人大常委会第十四次会议审议通过了《关于广播电视部改为广播电影电视部的决定》，自此，原文化部电影局成建制转入广播电影电视部，全国电影系统全部划归广播电影电视部和各省广播电视部门领导。这一轮改革，加强了广播影视事业的统一领导和管理，夯实了广播影视企事业单位之间的团结与协作。

两轮管理体制改革，尽管彻底性不够，但改革的思想深入人心，引发了广播媒介的全方位改革。广东省广播电台在 1989 年 2 月实行"事业单位，企业化管理"的运行体制，增强了广播媒介的经营能力，全国电台全面跟进，广播广告在全国媒体广告份额中所占比例一直保持在 2%~3%，最高的 2017 年为 155.56 亿元，弥补了国家及各地财政投入的不足。

在 20 世纪 80 年代进行了两次大规模的管理体制改革后，随着社会主义市场经济体制的发展要求，1996 年，中央电台升格为副部级，全国电台也一一升格，广播"自己走路"的话语权增强。1998 年 3 月，新一轮政府机构改革启动，广播电影电视部改组为国家广播电影电视总局，列入国务院直属机构序列，主管全国广播电影电视事业，区别于新华社、中央三台单位，职能转变，不再是广播电视宣传机关和事业经办主体。国家机构改革后，全国省级广播电视厅也改为广播电视局。当时，广播多年来实行三位一体、由局直接管台的体制，形成了政事不分、以政代事的局面，日益暴露出主体不清、效率低下等弊端，适应不了市场竞争的需要。此轮改革，强化"管"的职能，淡化"办"的职能，最大限度避免了广播影视机构既当"裁判员"又兼"运动员"。实践证明，从 1998 年至 2013 年广播电视管理体制改革这 15 年间，是中国广播发展的黄金时期，专业化、类型化电台蓬勃发展，广播媒介活力四射。

进入 21 世纪，广播电视管理体制又进行了两轮改革。2013 年 3 月，第十二届全国人大常委会第一次会议讨论通过《关于国务院机构改革和职能转变方案》，决定将新闻出版总署、广播电影电视总局的职责整合，组建国家新闻出版广电总局，加挂国家版权局的牌子，不再保留国家广播电影电视总局、新闻出版总署。与此相适应，全国除海南、上海、青海等部分省市机构略有不同，也都组建了地方新闻出版广电局。这轮改革，推进了公共广播文化服务的提供，促进了广播生产力的解放和发展。

2018 年 3 月，21 世纪广播电视管理体制第二轮改革开始，特点是"瘦身"，国家广播电视总局不再领导原中央三台，影视在合并 32 年后分设，原新闻出版和电影机构划转，新增网络视听节目的管理职责，省市区级广播电视机构也于 2019 年上半年完成改革。这轮改革，标志性事件是中央三台合并，组建成中央广播电视总台，升格为正部级，与国家广播电视总局平级，作为国务院直属机构。国家广播电视总局履行行业管理，实施"管办分离"，几十年来部台、厅（局）台分家还是合一的争论，至此一锤定音。"国家对一个组织行政管理的控制，要与该组织的实际业务相分离，这是一个被认为是理所当然的共识。"① 至 2019 年上半年，全国广播电视台也全部合并，升格为正厅级，与地方广播电视局平级。广播电视管理机构履行行业管理职责，广播电视台与广播电视局及报社平级，回归了广播电视的主体地位，为广播电视各项业务的开展带来了有利条件，这也是"自己走路"取得的最重要成果，用了近 70 年时间才得以实现。

（二）节目模式进化：从综合性传播到全媒体传播

1. 采用综合性广播，进化单一、单调的节目

诞生于革命战争烽火中的人民广播，在硝烟弥漫的革命战争年代，主要以军事斗争为内容设置各类节目，如军事报道、记录广播、名人演讲等，总的来看，形式比较单一。中华人民共和国成立后，从中央电台到省市电台都将宣传转移到以生产建设为中心并且为这个中心服务的轨道上来，全天播出时长一般都在 12 小时以上。当时频率少，省市往往只有一套节目，昼夜播出 12 个小时以上，内容主要包括经济、政治、军事、文化、生活、服务等，综合性办台是按广播规律办广播的最佳路径。综合性模式采取线性编排，主打时段，突出栏目，使全天的节目尽可能吸纳更多的内容，而且可以树立栏目品牌，让受众根据自己的喜好，选择自己喜爱的节目。

2. 塑造新闻品牌栏目，开创广播媒介新闻品牌栏目先河

全国广播新闻第一个品牌栏目《新闻和报纸摘要》，如今在中国家喻户晓。它的原型是 1950 年 4 月 10 日开办的新闻综合栏目《首都报纸摘要》。开办后的 17 年中，中央电台对其名称和内容进行了反复推敲，曾四次更名，分别使用过

① ［英］卡瑞、［英］辛顿著，栾轶玫译：《有权无责：英国的报纸、广播、电视与新媒体》，北京：清华大学出版社，2016 年，第 433 页。

"中央报纸摘要""新闻和报纸摘要""新闻和首都报纸摘要"等名。1967 年 1 月 26 日最后定名为"新闻和报纸摘要",沿用至今。① 广播新闻是听觉符号依托时间编排的线性传播,叙述文本需干净、利落和口语化,转换而成的有声语言也要适应广播听的规律,声声有味。随同《新闻和报纸摘要》而形成庄重、大方、圆润、亲切的广播播音风格,成为中国广大群众学习汉语普通话的标配。抗美援朝时期,我国当代著名作家魏巍采写的战地通讯《谁是最可爱的人》经优秀播音员齐越满怀激情地朗诵播出后,在社会上和全军中引起强烈反响,"最可爱的人"成为近 70 年来不朽的称谓,中国人民志愿军的英雄事迹,铭刻于几代人的心中。《新闻和报纸摘要》充分发扬"大国工匠"精神,精雕细琢,不断出彩。在《新闻和报纸摘要》的带动下,70 年来,全国广播媒介新闻类品牌栏目不断涌现,如《新闻联播》《国际新闻》《农业新闻》《工业新闻》《人民子弟兵》等。这些综合性的新闻品牌栏目报道了中国以及全世界的重大新闻,中国各个时期的重大典型事件,采用消息、言论、连续报道的方式,发挥了广播媒介即时性的特点,深受听众喜爱。综合性新闻类栏目、节目是广播"自己走路"发展的先导,伴随广播的产生而产生、发展而发展,形成了全国、省、市广播媒介新闻传播重镇。2018 年,国家广播电视总局数据显示,全国新闻资讯类广播节目播出时间 299.44 万小时,中国成为世界上名副其实的广播新闻资讯大国。

3. 设置《记录新闻》节目,广播元传播遍布全国

《记录新闻》是可供记录的广播新闻节目,是一种广播元传播,而广播元传播则是广播传播的传播。1949 年,陕北新华广播电台随中共中央机关迁到北平后,设置了《记录新闻》,1950 年 4 月 10 日,中央电台实行新的节目时间表,仍继续播出了两次共 3 小时 15 分钟的《记录新闻》。《记录新闻》是根据中国幅员辽阔、交通不便、报纸传播缓慢、广播覆盖有限的状况而开办的。而中央电台的《记录新闻》,传播非常广泛。"1951 年,全国以抄收《记录新闻》为基本内容出版的报刊有四百多种。中国人民志愿军各部队印发的《广播新闻》《战壕简报》《战地传单》大都是抄收《记录新闻》广播的内容编辑的。"② 《记录新闻》被抄收除了报刊使用,还有油印小报、传单、黑板报,以及收音网、收音站收音使用或重播。云南电台也于 1950 年 4 月开办《记录新闻》,内容有当天播出的重要消息、言论、政令布告等,供全省各地抄收后编成油印小报或黑板报传播,这

---

① 杨波主编:《中央人民广播电台简史》,北京:北京广播学院出版社,2000 年。
② 杨波主编:《中央人民广播电台简史》,北京:北京广播学院出版社,2000 年,第 39 页。

是 20 世纪 50 年代初期云南全省各地获得重要信息的主要渠道。① 《记录新闻》创办 28 年后，随着广播覆盖的扩大而于 1978 年 11 月 6 日停播。这种元传播是中国广播按国情、省情办广播，使广播影响力最大化的原创性"自己走路"。

4. 社教类栏目满足不同对象需求，形成"对象化思想"

社教类栏目是传播科学文化知识，推动社会主义精神文明建设的重要载体。中华人民共和国成立之初，广播媒介"自己走路"，就开办有以农村、少年儿童、女性、青年、工人、少数民族为对象的栏目。二十世纪六七十年代，全国广播媒介又相继开办了属于社教类节目下位的公众性栏目，如理论、经济、政治、科技、卫生、军事、法治、社会、文化、环保、生活、体育、健康等社会教育专题节目，它们的主要特点是：以主流传播价值为考量，内容广泛，形式多样。由此，"对象化思想"形成。"对象化了的思想不是作为被不断修正、被不断重构的样式而存在，而是可以形成指导实践的普遍惯例。"② 1956 年 9 月 4 日中央电台创办的少儿节目《小喇叭》，以声情并茂的故事化叙事，影响了一代又一代听众，有许多家庭祖孙三代都是听这个节目长大的。当今《小喇叭》中的"博士爷爷"则成为新时代故事标配。中央电台的《今日农村》，已成为广大农村干部和农民的良师益友。全国广播媒介众多的社教类节目如《祖国各地》《科学知识》《青年之友》《桑榆情》《残疾人之友》《法律园地》《卫生与健康》《午间半小时》《民族大家庭》都拥有较高的收听率。社教类节目的观念在 70 年中也发生了较大的变化，从 20 世纪 50 年代的严肃有余、活泼不足转变到当今的亲切自然、平等交流，并注重与听众互动，情感体验传情又传神，充分体现了广播作为情感媒介在社会变革中"将心灵与社会变成合二为一的共鸣箱"作用。③

5. 文娱类节目百花齐放，引领广播文化走向

广播文娱类节目包含了文艺类和娱乐类节目，本身具有综合性的特点，是满足受众对艺术审美和文化娱乐需求的广播种类。20 世纪 50 年代初，新闻总署把文化娱乐类节目作为广播三大发展方向之一，这为中国广播"自己走路"指明了方向。全国电台成立文艺广播编辑部，下设音乐、戏曲、曲艺、文学、录音剪辑、广播剧组，采编人员深入基层、边疆、民族地区录制音乐、戏曲节目，创办了六大类文娱栏目。《每周一歌》《广播曲艺》《戏曲之友》《故事讲述》《广播

---

① 云南省地方志编纂委员会编：《云南省志·卷78：广播电视志》，昆明：云南人民出版社，1996年，第 66 页。

② ［美］盖伊·塔奇曼著，麻争旗、刘笑盈、徐扬译：《做新闻》，北京：华夏出版社，2008 年，第73 页。

③ ［加］麦克卢汉著，何道宽译：《理解媒介：论人的延伸》，南京：译林出版社，2011 年，第402 页。

剧院》《电影录音剪辑》《长篇小说连播》等，播出了中华人民共和国成立以来创作的大量优秀中长篇小说、优秀歌曲、优秀电影、优秀戏曲，使许多文学作品、电影、歌曲、戏曲家喻户晓，如《林海雪原》《红岩》《焦裕禄》《欧阳海之歌》《唐山大地震》《庐山恋》《我们的生活充满阳光》《再见吧，妈妈》《太阳岛上》等。2018 年 6 月中央电台播出的纪实文学《梁家河》，不但在中国，在世界也产生了广泛影响。

这里值得一提的还有广播剧——一个深受受众喜爱的广播文艺品种。1950年 2 月 7 日，为纪念京汉铁路工人大罢工，中央电台编播了报道剧《一万块夹板》，这是中华人民共和国成立后以广播媒介编播的第一个广播剧。1955 年春，中央电台成立了直属的文学戏剧编辑部，开办了《文学戏剧欣赏会》，此后到1957 年期间的广播剧制作，题材广泛，内容丰富。其中，《皇帝的新装》《黎明的河边》《走向新岸》《乡村邮递员》影响广泛。1960—1965 年，中央电台同样制作了一批思想性强、艺术性较高的广播剧：《红岩》《杜十娘》《国际主义战士白求恩》《故乡》《党员登记表》等。中共十一届三中全会后，广播剧不断发展繁荣。1980 年 12 月，中国广播剧研究会成立。1996 年，广播剧列入中共中央宣传部的"五个一工程奖"参评项目，更加调动了全国广播媒介的积极性，广播剧创作的数量和质量都有了明显提高，而且，从当时到 2018 年，中宣部每届"五个一工程奖"评奖，参评的广播剧都有获奖。

6. 探索听众日常生活需求的服务类节目，践行为人民服务的宗旨

全心全意为人民服务是中国共产党人的根本宗旨，也是中国广播人的根本宗旨。1956 年 5 月 28 日，刘少奇在听取中央广播事业局负责人汇报的时候，强调广播必须大力加强同人民日常生活的联系："广播和人民的思想、人民的生活、人民的需求要有密切的联系"，"广播有各方面的听众，你们应当关心所有听众关心的问题"。[1] 1965 年 9 月 5 日，为纪念中国人民广播事业创建 20 周年，党和国家领导人题词祝贺，强调"努力办好广播，为全中国人民和全世界人民服务"。[2] 1990 年 12 月 30 日，是中国人民广播事业诞生 50 周年纪念日，党和国家领导人也题词，强调接近群众、接近生活、接近实际，努力办好广播。党的十八大以来，习近平总书记多次强调"以人民为中心"。党和国家领导人的谈话、题词、讲话，明确了办好广播，也包括办好服务类广播的指导原则。

服务类节目栏目的核心要素是服务，包括实用信息服务与生活服务。中华人

---

① 徐光春主编：《中华人民共和国广播电视简史：1949—2000》，北京：中国广播电视出版社，2003年，第 79 页。

② 刘辰莹：《党旗下的几段广播往事》，《中国广播》2011 年第 7 期，第 19 页。

民共和国成立初期，人民经济困难，人民群众的基本生活需求，如计时、了解天气情况需要依赖广播，全国广播媒介发挥自身服务性强的特点，适应听众生活服务需求，都开办了报时、天气预报的节目。中央电台 20 世纪 50 年代在广播中实行水银点手动报时法；20 世纪 60 年代发展为光电自动报时法；20 世纪 80 年代又发展为电子钟自动报时法。全国广播媒介也不断改善技术条件，努力提高报时的精确度。中央电台及全国电台的整点报时，成为全国各族各界听众校正手表、时钟的标准物，收音机成了会说话的时钟，全国听众出现了"无人不计时，无人不对时"的状况。由此，媒介时间概念被越来越多的学者认可。媒介时间主要以广播媒介透过对人们日常生活的定时功能，带给大众精准的时间认知，拓宽其对社会生活的理解，关注甚至付诸行动，在有限的时间里办无限的事。媒介时间从自然时间、钟表时间演变而来，是自然时间、钟表时间的进化。人们做广播体操、上下班或学生上下课，都依据广播报时的"召唤"并准时"赴约"，甚至厨房的微波炉、电饭煲，洗衣房的洗衣机，都在广播媒介时间下"联动"，完成时间内设定的事，从而节省时间。《天气预报》也是为便利听众日常生活开办的节目。《天气预报》内容有气温、风力、气候变化、降水等情况，每天在黄金时段播出，成为听众出行的必听内容。正如麦克卢汉所言，"天气是使所有人都同样卷入的媒介……它像喷泉一样，把听觉空间或生存空间淋在我们身上"。① 随着汽车时代的到来，交通台出现，路况信息又成为出行听众的必听内容，这是广播"自己走路"下听众最需求的内容。除此之外，信箱类栏目，如综合性的《听众信箱》、专题性的《理论信箱》《文艺信箱》《农民信箱》《青年信箱》《体育信箱》《国际问题信箱》以及《全国新闻联播》节目的"听众来信"，从各方面反映人民群众对各种社会问题的看法和建议、表扬和批评，回答听众提出的一些具有普遍性的问题，进一步密切了中央电台和全国听众的联系。② 广播体操、节目预告、收听指南、外语教学节目、农广校服务节目、证券信息、市场信息、就业信息、求学信息栏目不断探索听众喜闻乐见的编排方式，采取专家释疑、听众问答、短节目形式，走进了听众心里。广告类服务节目，既有经济性质的，又有公益服务的，成为一种特殊的服务节目形式。媒介环境学的媒介史有五大分期，"口语文化、文字文化、印刷文化、电子文化、网络文化"③，以此观念，中国广播"自己走路"，已走进广播文化时代。

---

① ［加］麦克卢汉著，何道宽译：《理解媒介：论人的延伸》，南京：译林出版社，2011 年，第 400 页。

② 方汉奇主编，陈业劭卷主编：《中国新闻事业通史·第 3 卷》，北京：中国人民大学出版社，1999 年，第 556－557 页。

③ ［美］伊莉莎白·爱森斯坦著，何道宽译：《作为变革动因的印刷机：早期近代欧洲的传播与文化变革》，北京：北京大学出版社，2010 年，第 3 页。

7. 创办专业化模式，适应专业受众需求

从 20 世纪 50 年代至 20 世纪 80 年代，广播"自己走路"，成为全国性媒体，独领风骚。但随着电视特别是彩色电视的出现，电视逐渐占据优势地位，成为全国性的媒介，广播一度跌入低谷。1982 年 9 月，邓小平提出了关于建设中国特色社会主义的思想，中国广播事业贯穿了一条主线，即改革开放。1983 年，国家广播电视部强调坚持"自己走路"，从此展开了广播宣传的改革。"珠江模式"的诞生，改变了传统广播编播生态，对国内广播媒介产生了强烈影响，新闻台、交通台、音乐台、文艺台、教育台等兴起，回应了听众多元化发展的需求。北京电台从 1992 年年底至 2002 年先后创办了新闻、音乐、儿童、交通、文艺、体育、故事等 10 个专业化频率，深耕专业内容，取得辉煌业绩。特别是 2002 年，北京交通台经营创收突破亿元大关，成为 2003 年国家广播发展年的典型案例且被推广，2012 年再攀高峰，突破 6 亿元大关。美国广播媒介"采取音乐、新闻加体育这一模式被证明是成功的"①，而中国广播采用新闻、文娱、教育加交通，也取得了巨大成功。

8. 创办类型化模式，细分内容，与受众分类链接

在专业化电台蓬勃发展之际，2002 年 12 月，我国首家类型化电台——中央电台音乐之声开播，随后，类型化电台风靡全国。

类型化电台起源于美国，其基本理念是细分内容，细分受众，不以栏目为主打，全天节目内容一致，风格一致，听众打开收音机，就可听到自己喜爱的节目，而不必固守某一时段，等待节目的到来。② 类型化电台面对的是众多细分的受众，而与受众分类连接，则扩大了广播的规模，提升了广播的影响力。中国广播"自己走路"，虽然也关注美国类型化电台，但创办的类型化电台与美国类型化电台有根本区别。这种根本区别在于美国类型化电台以经济效益为第一位，目的是盈利，而中国的类型化电台则以社会效益为第一位，目的是公益服务。2013年 4 月 20 日，四川省雅安市芦山县发生 7.0 级强烈地震，中央电台迅速成立国家应急广播·芦山抗震救灾应急电台，在灾区奋战 32 个昼夜。芦山地震后的第二年，云南省昭通市鲁甸县、普洱市景谷县相继发生强烈地震，中央电台、云南电台与两个市的市县级电台四级联动，在灾区震中开办应急电台，为灾民提供各种服务。这样的类型化电台，办到了听众的心坎上，鼓舞了灾区民众战胜困难的

---

① ［美］迈克尔·埃默里著，［美］埃德温·埃默里著，［美］南希·罗伯茨撰稿，展江、殷文译：《美国新闻史：大众传播媒介解释史》，北京：新华出版社，2001 年，第 431 页。

② 覃信刚：《类型化电台研究》，北京：中国广播电视出版社，2013 年，第 5 页。

决心和勇气。2019 年 6 月 17 日，四川省宜宾市长宁县发生 6.0 级地震，应急广播大喇叭 10 秒预警宜宾市，61 秒预警成都市。这种预警的场景式，界定在"震感"区域，减少了大范围人员的恐慌。

9. 与网络融合，朝全媒体方向发展，与受众全面链接

中国广播"自己走路"，与新兴媒体融合，可追溯至 1996 年 12 月。当时，广东珠江经济广播电台开办网络广播，1997 年上半年正式播放，广播也由此开始了从单一的声音传播向多媒体传播的探索与尝试。1997—2000 年，国内电台有近 100 家上网。2000 年后，广播媒介开办网站的热情不减，至 2014 年，绝大部分电台都开办了网站。此时的网站，已经出现资讯、论坛、知识、娱乐、情感、教育等多种网络的时尚元素，可以通过互联网、网络电台、手机收听，一些网站设有《视频点播》《视频专访》《视频新闻》等栏目，涉足视频领域，网站之间的横向联系也逐渐增多，经营日渐显现，如网上购物、手机铃声下载、在线游戏等。在此期间，媒介融合的声浪一浪高过一浪，全国广播媒介除建立网站，又转向微博、微信、移动客户端等。到 2014 年，全国省级以上电台、部分市县级电台都开办了微博、微信、客户端等新媒体业务。2014—2019 年，中央集体两次研究媒体融合，推动媒体融合的发展，媒体融合成为广播媒介的重大历史使命。截至 2019 年 7 月，全国州市级以上电台已与电视台合并，正转向与报纸合并；1 887 家县级融媒体中心将于 2020 年全部建成，其中包含了广播。广播与新兴媒体融合，在体制融合、机制融合、平台融合、内容融合、渠道融合、经营融合等方面取得了突破，形成了台、网、微博、微信、客户端一体化融合的新局面，并从中华人民共和国成立之初综合性办台单一的时间编排、声音传播，向空间编排、全媒体传播（音频、视频、文本、动漫、图表等）发展，逐步与受众形成全面链接。

（三）覆盖范围演化：从局部区域到全球覆盖

1. 有线、无线、调频多样化组合，形成综合性农村广播覆盖网

广播是电子媒介，需要大规模、大范围的覆盖，听众才能收听好节目。中华人民共和国成立前，北京地区仅有一座发射台，使用中央电台呼号播音时，发射功率仅为 70 千瓦，全国收音机不到 100 万台，而且集中在东北地区和沿海少数城市，全国广播的覆盖为局部区域覆盖。中华人民共和国成立后，以北京广播电台为呼号的对外广播，有 7 种外语和 4 种方言节目，发射功率 80 千瓦。在这样一种局面下，北京及全国其他地区先后建立了 13 座大功率中、短波台。1950 年 4 月 14 日，新闻总署发布《关于建立广播收音网的决定》，要求全国各县市、各

机关、团体、工厂、学校亦应酌量设置收音员。之后建立、发展广播收音网工作全面展开，到 1952 年 10 月，全国各地共建广播收音站 23 721 个，1953 年，广播收音网在全国各地大体普及。1955 年 9 月，按照毛泽东"发展农村广播"的批示，全国全面展开农村广播网建设，至 1960 年，也有了长足发展。1978 年 12 月，中共中央召开十一届三中全会，提出把全党工作的着重点和全国人民的注意力转移到社会主义现代化建设上来，"自己走路"再次作为全国广播工作的指导方针。此期间全国广播人口覆盖率从 1980 年年底的 53% 提高到 1982 年年底的 64.1%。1983 年 3 月后，全国各地四级办广播、四级混合覆盖，广播覆盖范围逐步扩大。1991 年，广播人口覆盖率从 70.5% 提高到 75%。这时，广播整体蓬勃发展，农村广播网已演化为有线、无线、调频多样化组合，形成了综合性的农村广播覆盖网。

2. 开展广播电视"村村通"工程，解决行政村收听盲点，让广大农牧民听上广播

20 世纪 90 年代，数字化浪潮在世界兴起，我国广播媒介于 20 世纪 90 年代中期开始从模拟向数字过渡。但这个时期，广播覆盖仍有许多盲点。1998 年年初，国家确定并推动在 20 世纪末基本实现通电行政村"村村通广播电视"，到 2000 年年底，共投资 16.2 亿元。云南、贵州、湖北宜昌市、广西百色市、辽宁新宾县、福建上杭县、四川凉山彝族自治州、甘肃兰州市广电行业迅速行动，多次召开现场会，协调资金，安排施工，采购设备，把控速度，在两年内解决了 102 826 个未通广播电视的行政村共计 7 000 多万户农牧民群众收听广播难的问题。"村村通"工程带动了广播事业建设，是我国广播发展史上的一件大事。

3. 推进"西新工程"，解决西藏、新疆等边远少数民族地区广大农牧民收听广播难的问题

我国少数民族地区，是广播覆盖比较薄弱的地区。特别是西藏、新疆等边远地区广大农牧民收听广播难的问题，长期困扰这些地区广播事业的发展。2000 年 9 月 16 日，时任中共中央总书记江泽民就加强西藏、新疆等边远地区广播覆盖和实验工作作出重要批示："让党和国家的声音进入千家万户。"并要求在一年内明显见效，三年内有根本改变。西藏、新疆、内蒙古三个自治区和四川、青海、甘肃、云南四省藏区通力协调，广电系统两万多名干部职工通过一年多的艰苦努力，共投入工程建设和维护费 19.28 亿元，新建、扩建发射台 384 座，七省区的广播覆盖率比原来增加了 32.5 倍。加之 2006 年全国农村无线覆盖工程以及"户户通"工程等，截至 2018 年年底，全国广播综合人口覆盖率已达 98.94%，

无线覆盖率97.85%，位列世界先进行列。

4. 对外广播覆盖举措：研制、投入大功率中短波发射机，促进广播海外落地，逐步实现全球覆盖

1955年，毛泽东提出："把地球管起来，让全世界都能听到我们的声音。"意思是办好对外广播，覆盖全球。至1956年年底，北京电台所开办节目已使用15种语言，发射功率1 175千瓦。进入20世纪70年代，我国对外广播的语言已达43种，发射功率1万千瓦左右，仍处于落后地位。在二十世纪八九十年代分几批次建成，投入500千瓦大功率短波、中波发射机后，我国对外广播发射功率明显跃升，进入世界先进行列。① 同时，截至2018年年底，中国国际广播电台还在海外落地103家本土化电台，并使用65种语言向全球传播，逐步实现了全球覆盖。

三、广播"自己走路"的特征研析

（一）广播"自己走路"的变迁始终与党的中心任务变化紧密相连

中国的广播事业是党的事业，党的中心任务也是广播媒介的中心任务。党在一定时期的中心工作，决定了党的思想路线、行动纲领和建设指南。民主革命时期，党的中心任务是团结广大民众，开展武装斗争，夺取政权，建立中华人民共和国。那时人民广播的内容主要为军事斗争，节目形态相对单一。中华人民共和国成立后，党的中心任务从夺取政权变为国民经济恢复、社会主义改造和社会主义建设。1956年9月，中共八大提出，社会主义改造基本完成后，国内的主要矛盾已经是人民对于经济文化迅速发展的需要同当前经济文化不能满足人民需要的状况之间的矛盾。这一矛盾的实质，是先进的社会主义制度同落后的社会生产力之间的矛盾。围绕党的中心任务和国内主要矛盾的变化，必然要丰富节目。所以广播节目从单一性转向综合性，新闻、社会教育、文化娱乐、服务，包罗万象，并以综合性栏目、节目呈现。改革开放后，党的中心任务转变为以经济建设为中心。1981年6月，中共十一届六中全会指出，社会主义初级阶段主要矛盾是人民日益增长的物质文化需要同落后的社会生产之间的矛盾。社会的日益多元，物质

---

① 徐光春主编：《中华人民共和国广播电视简史：1949—2000》，北京：中国广播电视出版社，2003年，第79页。

文化的不断增长，促使广播节目从综合性走向了专业化、类型化，以此满足细分受众的需求。随着中国特色社会主义进入新时代，与此相适应，我国社会主要矛盾已经转化为人民日益增长的美好生活需要和不平衡、不充分的发展之间的矛盾，党的总任务也发展为实现社会主义现代化和中华民族伟大复兴。实现伟大梦想，必须建设伟大工程。对于新闻业来讲，这个伟大工程就是媒体融合。而广播媒体的融合，除与中央电视台合组了世界上最大的广播电视媒体，建设全国 1887个县级融媒体中心，还广泛运用大数据、云计算、物联网、车联网、人工智能、算法推荐、深度学习，与"两微一端"融合，强化公共广播文化服务，拥抱互联网、移动互联网，不断开疆拓土，奋勇向前。

（二）广播"自己走路"的变迁始终践行全心全意为人民服务的宗旨，始终坚持以人民为中心的导向

人民广播从延安窑洞诞生之日起就是为人民谋利益的，被称为人民的喉舌、人民大众的号角。全心全意为人民服务是党的根本宗旨，无疑也是人民广播的根本宗旨。中华人民共和国成立后，共和国是人民的共和国，作为人民的广播电台，北京新华广播电台第一台定名为中央人民广播电台，这就鲜明地表明了其为人民服务的方向。1951 年 3 月，当时的 67 家大行政区台、省（直辖市）台及市台全部以人民广播电台命名，如西北人民广播电台、北京人民广播电台、昆明人民广播电台、唐山人民广播电台等。20 世纪 50 年代大规模的广播收音网建设，开办少数民族广播节目，创办有广泛听众的重点新闻性节目，发展广播收音网和农村广播网，到后来实施"村村通"工程、"西新工程"、"无线覆盖"工程、"户户通"工程，组建县级融媒体中心，进行专业化、类型化改版改革，都是践行全心全意为人民服务的宗旨，坚持以人民为中心的导向，努力为全中国甚至全世界人民服务。

（三）广播"自己走路"的变迁始终恪守"新闻立台"与"内容为王"的主线

"新闻立台""内容为王"是一个传统理念。作为主流媒体，按新闻传播规律传播新闻信息，以新闻为根本和立足点来统领媒介传播，以优质新闻节目和强势品牌引领栏目和频率，以丰富的新闻资源和畅通的传播渠道，使广播形成强大传播力和影响力，这可理解为新闻立台的意蕴。而"内容为王"则是不管新闻、社会教育、文化娱乐、服务，都要以内容取胜，制作精良的节目，为听众提供最优服务。

中华人民共和国成立 70 年来，广播新闻经历了三大变革：一是新闻节目拓

展，形成了栏目群、品牌群；二是播报语态变革，从播新闻到说新闻，再到融新闻，广播新闻播出放下身段，一步步与听众互动、链接；三是传播形态优化，从早新闻、早中晚新闻、整点新闻，到新闻综合广播、新闻专业广播、全新闻广播，广播新闻的新闻性、权威性、贴近性、可听性长足进步，影响力、传播力不断扩大，这都是始终坚持"新闻立台"与"内容为王"主线的结果。

（四）广播"自己走路"的变迁，技术的更新迭代是重要驱动力

从音频电缆到短波、中波、调频传输，从微波传输、光纤传输到卫星模拟和卫星数字传播，从互联网到移动互联网，从钢丝录音机、磁带录音机到音频工作站，录制节目从单声道录音、立体声录音到多轨、100 轨录音，从矿石收音机到网络收音机再到智能手机终端，70 年来广播领域的技术更新换代，不断升级演化，改变了广播媒介格局，改变了广播新闻的获取方式、内容生产方式和传播渠道，甚至改变了广播的定义。技术更新改变了广播的线性生产和传播。时间编排转向空间编排，时间版面转向空间版面；单向传播转向互动传播，广播生产线除了业内人员，还加入了用户、专家，广播声音不再是广播媒介记者的声音，而是多种声音共同构筑广播传播。进入互联网特别是移动互联网时代，虽然还有不少使用收音机的用户，但更多的用户使用智能手机终端。而从微博、微信、微视频、新闻客户端收听广播的，则不仅仅是听，还有看，因为终端不只是声音呈现，还有文字、图表、动漫、视频。听众是观众、读者还是用户？需要重新定义；广播是广播、音频还是全媒体？也需要重新定义。移动互联时代，网络音频收听的特点是移动化、类型化、智能化。未来广播媒体或音频传媒的发展趋势也许是平台化、社交化、类型化。平台化，既有大型平台、中型平台也有小型平台，大型平台借助传播科技聚合海量内容，中型平台则需深耕内容，让自身成为独家，而小型平台则需展示内容的方方面面；社交化，"交"在链接，"传"在分享；类型化，内容还将细分，满足各类听众碎片时间的需求；智能化，随着大数据、云计算、物联网、车联网、人工智能的不断发展，特别是 5G 的商用，万物将互联，也必然带来万音互联。

四、结语

中华人民共和国成立 70 年来，广播"自己走路"，与时代同步，与人民同行。在国民经济恢复、社会主义改造、社会主义建设和中国特色社会主义阶段，高度负责地传播国内外重大事件，全力阐释各个时期的重大理论、重大政策，弘

扬先进思想，揭露丑恶事态，为中国的发展壮大作出了不可磨灭的贡献。70 年"自己走路"的变迁已雄辩说明，广播媒介走出了一条康庄大道。当今，我国已从"站起来""富起来"进入"强起来"的新时代。新时代要有新作为、新贡献。因此，广播媒介应一如既往，努力向全媒体、全程媒体、全息媒体、全员媒体、全效媒体迈进，以声音传播的高质量、准确性、专业化，重塑广播新型主流媒体，切实关注和把握世界广播的发展趋势、前沿理论，尽力打造在线电台、数字播客的传播平台，在声控智媒上创业创新，在空间版面上做好短视频引领。坚持"自己走路"，并走好自己的路，努力把中国建成广播强国，从而为新时代中国特色社会主义贡献自己的力量。

（作者系中国广播电视社会组织联合会学术委员会副主任，云南广播电视台原台长，云南师范大学传媒学院教授、博士生导师。）

从喇叭到机器人：70年中国广播终端发展

童云

摘要： 70年来，中国广播终端经历技术变革，产生了各种各样的形态，有矿石收音机、有线喇叭、电子管收音机、晶体管收音机、集成电路收音机、数字调谐收音机、智能音箱、智能机器人等。广播终端发展遵循以下规律：广播终端形态由单一到多元；终端工具由单体到网络；终端受众收听行为由被动变为主动；终端传播技术由模拟化到数字化、智能化。广播终端技术在每一个阶段的改进，作为一种驱动力量，其反作用力不容小觑，它推动广播媒体在内容生产、传受方式、媒介形态、产业结构等方面发生深刻变革。

关键词： 广播终端；有线喇叭；收音机；智能音箱；智能机器人

广播是什么？人们通常认为，广播是雕刻时光的收音机，播报今天的新闻、明天的历史，流淌着美妙的音乐。人类一直梦想让声音插上无形的翅膀，飞到更远的地方，收音机因此诞生。在广播近百年历史中，收音机作为一种接收声音的终端工具，有时被等同于广播。然而，广播终端随着科学技术进步、社会文明发展，在不断变化中。接收声音的终端与媒介技术结合，产生了各种各样的形态，例如矿石收音机、有线喇叭、电子管收音机、晶体管收音机、集成电路收音机、数字调谐收音机、智能音箱、智能机器人等。终端是广播与人关系最为紧密的环节，对人的影响最为直接，终端对语言文明和社会文化发展亦影响深远。梳理中华人民共和国成立70年来广播终端的发展历程，从中发现广播在传受关系、传播方式等方面的规律，从终端视角探讨广播具有的独特意义。笔者循着技术终端——声音媒介的逆向研究思路，探索广播发展的人文进路。

一、70年中国广播终端历史变迁

（一）全国广播网建设与有线喇叭

1949年10月1日，中华人民共和国开国大典在北京天安门隆重举行，北京新华台持续六个半小时向全国人民播出盛典实况，各地人民广播电台同时转播，亿万听众围坐在收音机旁，聆听了开国大典的盛况。这是人民广播史上第一次大规模全国性实况广播，振奋人心，欢声雷动，从此翻开人民广播事业新篇章。

中华人民共和国成立初期电台技术设备落后，收音机产量少，各地共有收音机约 100 万台，其中半数以上是日本制造的三灯或四灯中波收音机，多为经济、社会地位较高人家所有，普通劳动者家中罕见。为了发展广播事业，解决人们收听工具匮乏的问题，1950 年 4 月 22 日新闻总署发布《关于建立广播收音网的决定》，提出在全国范围建立广播收音网。9 月 12 日，新闻总署、中华全国总工会联合发布《关于在全国工厂、矿山、企业中建立广播收音网的决定》，对广播网建设提出具体任务和要求。各地部队、机关、学校、工厂、矿山等纷纷建立广播台或收音站，在有电源的中小城市推广有线广播，在靠近大中城市的农村推广矿石收音机，在华北及华东若干地区建立收音站，初步形成规模宏大的广播收音网。1950 年年初，中国有 49 座人民广播电台，使用 89 部广播发射机向国内外播音。1952 年年底，各地共建立广播收音站 23 700 多个。[①]

初期广播终端主要有三种。一是矿石收音机，许多收音机爱好者用长导线天线、用于选择信号频率的调谐器和二极管解调器构成检波器组装而成，不需要电源就能工作。矿石收音机接收信号能力较差，需要戴耳机收听。矿石收音机在物质匮乏、电力尚未普及的时代，满足了人们接收信息的渴望。二是依靠外国进口零部件组装的收音机。三是遍布全国各地的有线喇叭。

架设有线喇叭，推动全国广播收音网建设。初期由于社会经济、科技和文化水平不高，百姓生活水平较低，收音机价格昂贵，且广大农村地区尚未通电，对于大多数家庭来说很难使用，加上很多地方交通不便，报纸不足，针对这个情况，国家大力推广有线广播，搭建广播站接收信息，使用线路连接喇叭转播，技术简单，成本低廉。有线喇叭在农村和边远地区发挥了举足轻重的信息传播作用。生产合作社安装大喇叭，村民家中装有小喇叭，富裕的农村、公社配有收音机。在没有收音机的农村，抽调人员担任收音员，组织大家收听广播，抄写新闻、天气预报等信息后通过喇叭口头转播，到农民家里组织收听。田间地头、工矿企业、部队学校，人们经常围坐收听广播新闻、歌曲、戏曲、评书等节目。有线喇叭是人们集体文化娱乐的一种重要方式，它有效地解决了广大基层接收中央政令、了解新闻信息的需求，推动了社会经济建设，为广播事业奠定了坚实的群众基础。农村有线广播在 20 世纪 50—80 年代一直占据主要传播地位。

---

① 赵玉明主编：《中国广播电视通史》，北京：北京广播学院出版社，2004 年，第 205 页。

（二）我国自主研发生产收音机

电子管收音机的自主研发促进了广播的普及，开启广播事业新局面。20 世纪 50 年代，我国采取一系列措施发展无线电技术，派遣留学生出国学习，改造和建立一批收音机生产企业，提高收音机制造水平。1953 年，第一台中国自主研发的电子管收音机在南京无线电厂试制成功，名为"红星牌"，[①] 结束了依靠进口散件装配的历史，标志着中国收音机制造走上自主之路。电子管收音机有独特的韵味，丰富的谐音，温暖而柔美的音色，别致的造型，是高雅的艺术欣赏品。[②] 相对于矿石收音机，电子管收音机采用单独供电，对电路进行放大，对信号强度的要求较低，为广播普及提供了终端硬件基础。一批无线电企业相继建立，如上海广播器材厂、南京无线电厂等，同时建立一批电子元件生产企业，如四川成都宏明无线电器材厂、北京电子管厂、山西太原无线电厂等，收音机生产能力大幅提升，产量提高。国产收音机品牌增多，有几十个品牌和二百余种型号，如熊猫、红灯、红星、飞乐、声达、美多、凯歌等。收音机制造业的规模、技术、科研能力都达到较高水平。无线广播逐渐覆盖边远地区与农村。50 年代的收音机体积较大，是摆在客厅的独立家电，价格较贵。为进一步推动全国广播收音网建设，需要降低收音机、广播喇叭、广播扩大器的售价，使更多的人能买得起。

晶体管收音机的问世使广播进入移动收听时代。1958 年，中国第一台晶体管收音机在上海宏音无线电器材厂试制成功。工程师张元震带领小组试制出国内第一台晶体管收音机，木质外壳带提手，整机长 27 厘米。同电子管相比，晶体管收音机体积小、重量轻、耐震动、寿命长、耗电少，收音机可以做得小巧，性能较稳定，可随身携带。7 月，该小组又成功试制第一台晶体管汽车收音机，安装在上海第一辆国产凤凰牌轿车内。晶体管的应用，使收音机伴随性收听成为可能，开启了人们移动收听广播的生活方式。晶体管收音机市场需求大大增加，促进了收音机年产量快速增长。根据《中国电子工业年鉴》（1987）统计，1957 年，我国收音机年产量只有 35 万架；1958 年，收音机年产量超过 127 万架，是上一年的 3.6 倍。1962 年第一台全部采用国产元器件的美多 28A 研制成功，第一条晶体管收音机生产流水线建立起来。[③] 50 年代末，我国广播事业和收音机产

---

① 伍正罡：《追忆往昔！收音机的百年发展历史》，《今日科苑》2013 年第 5 期，第 76－81 页。

② 徐松森：《电子管收音机怀旧系列（一）·古典高放式与再生式收音机》，《实用影音技术》2005 年第 5 期，第 44－46 页。

③ 《第一台自主研制的晶体管收音机》，央视网，http://news.cctv.com/2019/07/13/ARTIf05wp3O1WVHv5abT7JYC190713.shtml，2019 年 7 月 13。

业发展迅速，无线广播逐渐覆盖到边远地区与农村。大量便携、袖珍的晶体管收音机投放市场，广播迎来移动收听时代。

集成电路收音机（又称"半导体收音机"）的功能更加多元化。其优点是：提高电路性能，提高抗同频干扰能力，性能可靠，体积小，重量轻，可降低成本。收音机采用集成电路，促进装配工艺、辅助电路革新，使收音机实现多功能，例如触摸开关，微处理机自动选台，记忆存储预选频道，音量和立体声平衡度遥控等。[①] 采用集成电路后，1965 年，半导体收音机产量超过了电子管收音机产量。60 年代后期，适合百姓使用的多功能、廉价、便携、袖珍的调幅、调频收音机被大量制造出来，价格降低后，收音机普及率再次提高。技术方面可以生产高级收音机和多功能机，高级晶体管收音机曾作为国礼赠送外国元首。1977年，收音机年产量超过 1 000 万架（《中国电子工业年鉴》，1987 年）。人们使用的收音机绝大多数是便携式半导体收音机，如安徽合肥无线电厂推出"黄山牌"收音机，哈尔滨广播器材厂的"松花江牌"收音机等。自行车、手表、缝纫机、收音机是最时髦的四大商品，被人们称为"三转一响"，成为高水准的生活标志。

（三） 广播终端移动化和多功能开发

在移动传播中，收音机作为家电的功能逐渐弱化，收音功能被嵌入各种终端中，从有形走向无形。90 年代末，随着城市化进程和人们生活水平提高，私家车数量增多，交通广播相继成立。车载收音机终端成为人们路上收听广播的重要工具。车载广播作为车联网终端，与物联网、大数据、智能语音等技术融合，具有路况播报、实时定位等越来越多的功能。

广播终端是应急救援不可或缺的通信工具。2008 年，南方特大冰雪、汶川地震等灾害的发生，促使建立应急广播体系被提上日程。2011 年安徽交通广播建立首家省级应急广播平台，与交警、公安、消防、高速、路政、城管、卫生、气象等职能部门形成应急联动体系。2013 年中央人民广播电台国家应急广播中心成立，应急广播社区网站同时上线，全面建设国家应急广播体系。在广播终端开发中，增加了应急功能。例如，中央人民广播电台研发的应急收音机，自带手摇式发电功能，能够发出报警声音，具有手电筒的照明功能等。这种特殊的收音机终端在地震等灾区发挥极其重要的救援作用。作为国家应急体系的组成部分，广播终端带有自动唤醒功能，一旦灾害发生，终端能够自动启动，接收信息，发出警报和提示。在灾害面前，广播具有即时报警与通信，应对灵活，不受灾区地面局限，传播速度快，抗干扰能力强，携带方便，成本低，功能多元等先天优势。

---

① 萧枝萱：《收音机的集成化》，《电声技术》1984 年第 5 期，第 55 - 56 页。

（四）广播终端数字化与网络化

数字广播逐渐代替模拟广播成为主流。数字声音广播是以数字信号处理技术为基础，采用数字音频编码技术、纠错编码以及数字调制、传输技术，对广播信号进行全面数字化处理的广播系统。[①] 它的特点是音频质量好，抗干扰能力强，支持高速移动模式下接收，可实现大范围的组网覆盖，有效地提升频谱利用效率等。90 年代初，原国家广播电影电视部着手数字广播的立项研究。1996 年，数字音频广播项目被正式列入国家重点科技产业工程之一。"九五"期间，我国先后建成广东珠江三角洲 DAB（Digital Audio Broadcasting）先导网和京津塘 DAB 先导网。DAB 是欧洲数字广播标准，在英国、德国、加拿大、新加坡等国家应用。经过科研工作者不懈努力，中国自主研发新一代数字广播技术 CDR（China Digital Radio），结合最新技术成果，创新性地建立调频频段数字音频广播系统（CDR）标准体系。目前在深圳、广州、北京等地建立了试验网，能够实现模拟广播到全数字广播的平滑过渡，技术先进可靠。2013 年 8 月，CDR 正式作为国家广电总局行业标准。同时，数字广播终端也在不断研发与改进，不仅能够接收声音，还能接收视频、图片、文字等符号，实现互动式收听。

以个人电脑为终端的广播实现数字化、网络化、社交化传播。90 年代末，各地广播电台陆续开办广播网。广播上网最初阶段是将本台节目时间表、简介和少数节目链接置于网页。进入 21 世纪，网络广播兴起，音频播出渠道突破频率局限，网络广播节目可自主选择、下载、保存，随时随地收听。2005 年 7 月 28 日，银河网络电台开播，依托中央人民广播电台和中国广播网，开通 WEB 2.0 播客平台，建立全国高校广播节目联盟。该平台节目丰富，风格新颖，网民边听边聊，积极参与节目。2011 年 8 月，北京广播网菠萝台上线，网页设计新颖、活泼，功能体验简单、方便。菠萝台的特点是，为听友搭建了一个在线音频编辑平台，听众可以自主编排、收录广播节目，根据喜好做专属节目表，过一把当"台长"的瘾；还可在线录制音频，编辑音频，轻松制作节目；菠萝台采用聊天室、留言、微博、菠萝派（圈子）等方式，提高网民参与积极性。随着互联网技术迅猛发展，"喜马拉雅"、荔枝 FM、考拉 FM 等网络音频平台如雨后春笋。中央人民广播电台、中国国际广播电台，以及各省市、县级地方电台积极建设广播网站，广播收音网络由模拟化逐渐变为数字化。

[①] 邹峰、高鹏：《中国数字声音广播技术的研究与探索》，《广播与电视技术》2014 年第 8 期，第 33－36 页。

（五）智能广播新终端按需点播

电脑作为收听终端有时不方便携带，智能手机使广播进入移动互联时代。近年来，以人工智能为代表的高新技术更新迭代加速，智能手机、智能家居、智能音箱等应用于广播领域，媒体融合时代到来，多元化、嵌入式智慧终端成为广播的新载体。广播跨平台、多渠道传播，例如，手机微信公众号、音频 App、小程序、虚拟社群等。上海台开发的阿基米德 FM 成为一个覆盖广泛、拥有海量音频的社交广播网络，为用户提供个性化、场景化广播服务。人工智能技术在教育、医疗、交通、金融等各领域应用，家用智能机器人、智能家居、无人汽车等成为未来广播新的传播出口。

新广播终端是互联网与广播相加的融合型数字媒体，利用云计算、大数据、传感器、人工智能等新兴技术与广播深度融合，是包含广播网络、云服务、智能终端等在内新的声音媒介形态。新广播终端实现社会协作生产、分享、上传，信息互联互通，资源共享，支持多层次、跨地域广播。新广播终端为用户提供动态、按需、易扩展的音视频资源，提供智慧家庭、智慧城市信息与管理的多样化、个性化增值服务，包括教育、医疗、金融、生活、商务等方方面面。新广播终端嵌入智能家居、音箱、手表、眼镜、机器人等用品中，通过语音识别指令，自动搜索播放，可陪伴孩子学习，陪伴老人听音乐，实现按需点播（Audio on Demand，AOD），通过高速传输网络传送到终端，从根本上改变用户过去被动式听广播的不足。

二、从喇叭到机器人广播终端发展进路

中华人民共和国成立 70 年来，广播终端技术发展经历了翻天覆地的变化。在每一次技术革新中，广播是应变最快、最灵活的传统媒体。可以说，自诞生以来，广播终端的技术融合一直走在路上，例如，热线电话的应用，与互联网的融合，与智能手机、智能音箱、机器人的融合等。广播终端从来就不排斥技术融合，而且积极拥抱技术融合。

探讨广播终端发展路径，发现以下规律：第一，广播终端形态由单一到多元。不能将广播等同于收音机，收音机只是其中一个终端，经历了由奢侈品到生活必需品，再到收藏品、艺术品的演变过程，它是工业经济的产物。今天，广播拥有更多有形的、无形的终端。因此，我们可以把广播终端视为各种各样的媒介，广播终端是全媒体。第二，广播终端工具由单体到网络。广播的传播渠道由频率变为网络，终端连接成庞大的音频数据网络，任何一种形态的广播终端都是

网络中的用户节点，针对每个节点、每种场景开发所需音频，是值得探索的。第三，广播终端的受众收听行为由被动变为主动。传统广播是"我播你听"，如今是"我点你播"，按需点播、社交传播、个性化语音传播是广播终端的新特征。例如，机器学习人的语音，模仿人的语音自动播出音频。第四，广播终端的传播技术由模拟化到数字化、智能化。总之，梳理 70 年广播终端变迁，让我们更清晰地认识终端，从更深层面来探讨广播媒体变革。

三、终端融合下的广播媒介深层变革

中华人民共和国成立 70 年以来，广播在构建有声文化，倡导声音文明方面取得了巨大的成就。终端既是人们收听广播的工具，也是联系传受关系的桥梁，因此，不能忽略终端的功能，更不能忽略终端对广播发展的反作用力。诚然，广播媒介得以发展，并不只是技术起着作用，同时受到国家政治、经济制度、社会文化、社会心理、听众需求等各方面影响，然而，终端技术在每一个阶段的改进，都作为一种驱动力量，其反作用力不容小觑，它推动了广播媒介在内容生产、传受方式、媒介形态、产业结构等方面发生深刻变革。

重视广播终端，就是重视用户需求，广播发展才能与时俱进；相反，如果忽视广播终端，则可能与大好的发展机遇失之交臂。在技术融合面前，广播占有先天优势，它本身就是一个电子媒介。当下，广播的数字化、网络化、智能化优势愈加明显。广播发展瓶颈不在于技术挑战，而是在于人的思维和理念。

终端融合下广播媒介将产生哪些深层变革？未来广播发展趋势是：第一，广播终端移动性传播衍生新的含义，即广播终端嵌入智能化、网络化应用中，满足人们各种场景下的需求，终端作为一个具身媒介，拥有更多延伸的功能。第二，广播作为智能媒介，必将带来新闻宣传、内容生产、广播产业、传播规制、专业人才教育等领域的变革。第三，广播终端连接成声音网络，广播产业迎来平台协同、社会协同的新阶段。第四，广播终端是声音文化的载体，无论在工业经济时代还是在网络信息时代，无论在现实空间还是在虚拟空间，广播终端都是社会文明的一种载体。开发利用好广播终端，对于构建声音文明，具有深远的意义。

（作者单位：安徽大学新闻传播学院。）

中华人民共和国 70 年广播电视管理体制的
演进轨迹、特色与本质

覃榕

摘要：中国广播电视经过几代人的艰苦奋斗，取得了巨大的历史性成就，而各项成就的取得，离不开管理体制的适变。70 年来中国广播电视管理体制进行了四次调整、五轮改革，认知历经"高度统一"到"层级负责"，"以管为主"到"管办分离"理念的回归；其演进轨迹呈现"中枢神经系统"与国家"脉动"的同步，先"头部"后"身体"范式的全国范围全覆盖，"条条""块块"相结合的内生性管理规则，职能进化伴随管理体制的历史进程等，使我国的广播电视管理体制行政归行政、事业归事业、管理归管理、生产归生产，本体地位重塑，广播电视的层级、结构、职责、经办权、所有权不断进化。

关键词：广播电视；管理体制；调整改革；特色与本质

一、问题的提出

2019 年是中华人民共和国成立 70 周年。70 年来，广播电视众志成城，筚路蓝缕，创业创新，取得非凡业绩：人民广播事业的电台从中华人民共和国成立之初能继续播音的 49 座发展到如今的 2 825 座，播出节目 801.76 万小时，全国综合人口覆盖率达 98.94%；电视从无到有，到如今共有 3 493 座，播出节目 357.74 万小时，全国综合人口覆盖率 99.25%。中华人民共和国成立之初，我国资金短缺，百废待兴，中央挤出 220 万元供发展人民广播事业之用。2018 年，全国广播电视实际收入 5 639.61 亿元，广播广告收入最高年份为 155.56 亿元。中华人民共和国成立当天，于 1949 年 6 月 5 日成立的中央广播事业处改组为广播事业局，当时全国广播事业只有 1 800 名干部员工，多数只有高中和初中文化。截至 2018 年年底，全国有广播电视从业人员 97.90 万人，81.38% 为大专以上文化。[①] 原有的广播事业局到如今已演变为广播电视总局、广播电视总台。而广播

[①] 《2018 年全国广播电视行业统计公报》，国家广播电视总局，http://www.nrta.gov.cn/art/2019/4/23/art-2555-43207.html，2019 年 8 月 6 日。

电视局、广播电视台则遍布全国各省市县，我国已成为名副其实的广播电视大国，正向广播电视强国迈进。在庆祝中华人民共和国成立 70 周年之际，广播电视学术研究升温，如理论、节目、广告、文艺、媒介融合的回顾、总结与展望等。相比之下，70 年广播电视管理体制的研究则较少。其实，中国广播电视的繁荣昌盛，离不开管理体制的科学性、先进性和普遍性，"政贵有恒"。中国广播电视管理体制从何而来，怎样演进，有何特色，本质是什么？在新时代，特别是广播电视体制还在深化改革的当下，以问题导向，以前瞻眼光，梳理这 70 年广播电视管理体制的发展脉络，并提炼其特色与本质，"为政知所先后"，对我国广播电视强国建设具有指导意义。

"历史，无论是描写一个环境，分析一个历史进程，还是讲一个故事，它都是一种话语形式，都具有叙事性。"① 考察广播电视体制 70 年的演进，离不开宏观视角、宏观叙事。但长期以来，中国广播电视体制为宣传与管理一体，事业建设与广电传播一体，又需顾及广播电视媒介组织。这样，宏观、中观、微观都会涉及，管理体制与节目播出并用。但总体上，主要还是宏观叙事、阶段考察、特色分析、本质理路。

二、广播电视管理体制的演进轨迹

管理，从一般意义上讲，"'管'如锁孔，通过一定管道即可对人、事、物进行管辖、约束，'理'如治玉，是指通过整治、处理，使事物具有条理和秩序，亦即主其事者为管，治其事者为理"②。体制，则是指国家机关、事业、企业单位等的组织制度。"广播电视体制是广播电视制度的具体实现形式。广播电视制度是由经济制度决定的，在一定的历史条件下，由广播电视所有权、基本性质、基本目标等方面所构成的规范体系。广播电视体制就是这一规范体系的具体表现形式和实现形式。"③

在世界上，现代管理理论起源于 1911 年，美国商人弗德里克·温斯络·泰勒（Frederick Winslow Taylor）出版《科学管理之原则》，终而演变为科学管理思想。德国社会学家马克斯·韦伯（Max Weber）提出了行政组织体系理论。韦伯认为，组织者能依照某些原则来建构，即可成为产生效率的工具。他提出了科层

---

① ［美］海登·怀特著，陈永国、张万娟译：《后现代历史叙事学》，北京：中国社会科学出版社，2003 年，第 10 页。

② 邵培仁、刘强：《媒介经营管理学》，杭州：浙江大学出版社，1998 年，第 13 页。

③ 谢雅玲：《媒体发展新格局下县级广播发展探究——以 FM106.6 长兴新闻交通广播改革为例》，安徽大学硕士学位论文，2014 年，第 34 页。

组织概念。科层组织是指以一组理性的建构原则，在最有效率的方式下建构组织。这些原则包括：层级结构、规范、理性分工、专业技术资格、岗位、管理和所有权的分离等。[①] 尽管韦伯的科层制观念广受诟病，但他的管理思想还是被不断采用，对广播电视管理观念、行为产生了不少影响。中国广播电视管理体制，无疑也涉及层级、规范、岗位、分工等，经历了从宣传与管理合一、"领导"与"管理"分开、"条条""块块"结合，再到以管为主，适度放权、管办分离的演进历程，如果简要划分，大致经历了两个阶段：初创调整期、改革创新期。

（一）初创调整期：层级、结构、职责的形成

这一时期主要指的是 1949—1978 年的时间段。中华人民共和国成立时，可谓一穷二白，国家极度贫困，人民广播电台虽然已接近 40 座，但覆盖有限，后由于党和国家领导人十分重视广播电视工作，广播发展较快，电视也于 1958 年诞生。但反右派斗争的扩大化，"大跃进"带来的严重影响，特别是三年自然灾害导致国民经济严重困难，广播电视管理体制也得随机而变，以适应现实的环境。从 1949 年至 1978 年，广播管理体制进行了四次调整，层级、结构、职责逐步形成。

1. 宣传与管理一体，广播组织架构形成

1949 年 6 月 5 日，中共中央发出通知：将原新华总社语言广播部扩充为中央广播事业管理处，管理并领导全国人民广播事业。[②] 通知明确规定，中央广播事业管理处和新华总社为平行组织，同受中央宣传部的领导。从此，广播事业与新华社分设，成为独立的宣传系统。不同的是，新华社、报社为单一的宣传机关，而广播事业处既有宣传，又包括了事业建设。之后媒介组织推行的"事业、宣传"双重职责正源于此。

1949 年 7 月 27 日，北平新华广播电台改名为"北京新华广播电台"。29 日，中国人民政治协商会议通过的《中国人民政治协商会议共同纲领》第 49 条规定："发展人民广播事业"[③]，为发展广播事业提供了法律保障。1949 年 10 月 1 日，中华人民共和国成立当天，中央广播事业管理处改组为中央广播事业局，直属中央人民政府政务院新闻总署领导。[④] 此次调整，名称只一字之别，但重要性不言

---

① 陈万达：《媒介管理》，台北：杨智文化事业股份有限公司，2005 年，第 36 – 38 页。

② 左漠野主编：《当代中国的广播电视（上）》，北京：中国社会科学出版社，1987 年，第 33 页。

③ 李勋岳：《建国前后职业报人的困境及出路——对 1949—1956 年赵超构的研究》，华中科技大学硕士学位论文，2013 年，第 10 页。

④ 卢德武：《西康人民广播电台研究（1951—1955）》，四川师范大学硕士学位论文，2011 年，第 10 页。

而喻，那就是广播事业是中国社会主义文化事业重要的组成部分，广播事业局是重要的组成部门。1949 年 12 月 5 日，经中共中央批准，北京新华广播电台定名为中央人民广播电台，管理体制不变：局台合一，副局长兼任总编辑。宣传与管理一体，广播组织架构初步形成。

2. "领导"与"管理"分开，广播媒介系统结构显现

1949 年 12 月 5 日，中共中央《关于中央政府成立后党的宣传部门工作问题的指示》明确指出：在中央政府未成立之前，党的中央宣传部不得不实际上暂时代替中央政府的文教机关，管理国家的文化教育工作。现在中央政府已成立，全国文化教育行政工作均应由中央政府文教部门来管理，目的是使党的中央宣传部和各级宣传部能够摆脱行政事务，集中注意力于党的宣传鼓动工作的领导和党的文化宣传政策的制定。[1]

1952 年 2 月，实质由中央宣传部领导、管理的新闻总署撤销，广播事业局的隶属关系改变：由政务院文化教育委员会直接管理，之后再次调整成为国务院直属机构，宣传业务则仍由中央宣传部领导。[2] 这是中华人民共和国成立后，广播系统管理结构的一次大的调整。

中央广播系统领导管理结构确立后，1955 年 9 月 12 日，国务院《关于地方人民广播电台管理办法的规定》指出："各省、自治区、直辖市、省辖市人民广播电台为各省、自治区、直辖市、省辖市人民委员会的直属机构，受各该级人民委员会及广播事业局的领导。"[3] 此规定明确了省级广播媒介的层级领导关系。国民经济恢复以及实行社会主义改造和建设期间，国家的行政区划曾作过多次调整，大区级、省级和省级以下广播电台也随之调整。截至 1956 年年底，全国共有地方广播电台 56 座。除西藏外，中国内地共有省级广播电台 27 座，其余为地级市广播电台，基本上建成了以中央电台为中心的全国性广播宣传网。[4] "领导"与"管理"分开，广播媒介系统结构显现。

3. "条条""块块"结合，双重层级领导

1959 年，广播事业局的组织机构进行了第三次调整：事业局党组与中央电台编委会合一，形成一体化领导机构，全局部门细分，广播媒介设置有对内广播

---

① 涂昌波：《新中国 60 年广播电视发展政策演进》，《中国广播电视学刊》2009 年第 10 期。

② 易旭明：《中国电视产业的制度变迁与需求均衡》，上海大学博士学位论文，2011 年，第 97 页。

③ 徐力：《中英足球赛与电视媒体经济关系研究》，北京体育大学硕士学位论文，2011 年，第 97 页、108 页。

④ 徐光春主编：《中华人民共和国广播电视简史：1949—2000》，北京：中国广播电视出版社，2003 年，第 18 页。

部、对外广播部、电视广播等。而对内、对外、电视广播部，奠定了后来中央三大台的格局。1963 年，广播事业局的领导体制进行了第四次调整：局党委统一领导，分设宣传、技术、政治、行政四种工作机构。这次领导机构调整，还建立了处理日常事务的部务会议。① 中央广播事业局和中央电台的调整，为全国地方广播管理机构和广播媒体树立了标杆。1964 年，全国省级广播事业局全部建立，之后，地、县级也设置了广播事业局，管理体制采取"条条""块块"结合、双重层级领导的模式。"条条"，指的是从中央到省再到省以下广播电视机构之间直接的纵向对口领导；"块块"，则是指各省（自治区、直辖市）政府以及省以下各级政府对同级所属的广播电视机构的直接领导。② "条条""块块"结合，双重层级领导，"是指既有'条条'领导，也有'块块'领导。"③

（二）改革创新期：广播电视管理体制的优化与理性分工

这一时期主要指的是 1978—2019 年。十年浩劫，中国广播电视体制遭到严重破坏，造成的局面是"假大空"和个人崇拜的文章充斥电视和广播，给国家带来严重灾难。1978 年 12 月召开的中共十一届三中全会，作出了从 1979 年起，把全党的工作重点和全国人民的注意力转移到社会主义现代化建设上来的重大决策。从此，中国人民踏上了建设中国特色社会主义新的伟大征程，从 1978 年改革开放以来到现在，中国广播电视体制共进行了五轮改革。

1. 以管为主，广播电视媒介竞争形成

第一轮改革在 1982 年 5 月，五届全国人大常委会通过《关于国务院部委机构改革实施方案的决议》。根据该决议，撤销中央广播事业局，组建新的广播电视部。从广播事业局到广播电视部，一是局变部，广播电视管理部门进入国务院组成部门序列。④ 二是扩大了范围，增加了"电视"，强化了国家对广播电视事业的集中统一领导和管理。

广播电视部成立以后，于 1983 年 3 月 31 日至 4 月 10 日召开了第十一次全国广播电视工作会议。"会议根据中央有关文件精神，将省、自治区一级机构统称广播电视厅，中央直辖市以及省辖市（地、州、盟）和县（旗）均称广播电视局。到 1984 年底，全国建立了省、自治区、直辖市级广播电视厅（局）29 个，

---

① 杨波主编：《中央人民广播电台简史》，北京：北京广播学院出版社，2000 年，第 474 页。
② 田明：《电视娱乐产业战略发展研究》，复旦大学博士学位论文，2005 年，第 70 页。
③ 余世红：《中国电视媒体经营的立体化透视》，武汉大学硕士学位论文，2005 年，第 42 页。
④ 余佳：《改革开放以来中国广播电视人力资源政策研究》，湖南大学硕士学位论文，2009 年，第 10 页。

地区、直辖市级广播电视局（处）350 个，县级广播电视局 1 700 个，广播事业规模不断扩大。"①

这些广播电视厅（局、处），身处改革大潮，都在探索自身的改革，包括管理和宣传。成效较突出的是上海市广电局，打破一个电视台一个电台的垄断局面，于 1982 年新成立了东方电视台与东方广播电台，与上海电视台、上海人民广播电台都是独立的法人，开展业内竞争，并向专业化方向迈出了关键一步，取得了良好社会效益与经济效益。

第二轮改革是 1986 年 1 月 20 日，六届全国人大常委会第十次会议通过了关于将广播电视部改为广播电影电视部的决定。原文化部电影局划归广播电影电视部，省市级广播电视管理机构也依照广播电影电视部的做法，进行了机构划转和职能划转。此轮改革，最主要的也是加强了对广播电影电视的集中领导和管理。

两轮改革，管办合一，以管为主，管理得到了强化，但办好广播电视媒体，抓好各项宣传工作仍然被广播电视管理部门确定为主要职责。

2. 适度放权：广播电视媒介改革迭起

1997 年 9 月 1 日，中国首部《广播电视管理条例》正式实施。《广播电视管理条例》以国务院行政法规的形式，确立了广播电视宣传工作、事业建设和行政管理于一体的具有中国特色的广播电视管理体制。第三轮改革在 1998 年 3 月 10 日，第九届全国人民代表大会第一次全体会议审议通过《国务院机构改革方案》，我国广播电影电视开始了 90 年代末这一改革：广播电影电视部改组为国家广播电影电视总局，属国务院直属机构。国家广播电影电视总局不再作为广播电视宣传机关和电台、电视台经办主体，主管全国广播电影电视事业，适度放权，"办"的职能被淡化，而"管"的职能被强化。国家机构改革后，全国省级广播电影电视管理机构也进行了相应改革。

这一阶段，由于适度放权管理带来的效应，媒体改革盛况空前。从 1999 年 6 月起，广播电视集团化改革开始，到 2004 年，全国共有 21 家广播电视集团成立。广播电视媒介组织还进行了频率频道改革、三项制度改革及经营性单位转企改制。从 2002 年起，中央电台启动了"频率专业化、管理频率化"为核心的媒介改革，推出了"中国之声""音乐之声""民族之声"等 8 个专业化频率，全面启动人事分配制度改革，实行全员聘用制，竞争上岗、按劳分配、按岗取酬。中央电视台从 1993 年开始推行制片人制，先后创办《东方时空》《焦点访谈》《新闻调查》《实话实说》《现在播报》等节目，影响力扩大。从 2000 年开始，

---

① 张骏德：《试论中国人民广播事业六十年的历史经验》，《新闻大学》2001 年第 2 期。

先后在英语频道、经济频道、西部频道和戏曲频道进行频道制管理改革试点，并实施劳动、人事、分配三项制度的改革，全面推行全员聘用制。2005 年前后，又对体育频道、少儿频道进行频道制改革。而从 2006 年开始，所属经营性单位转企改制。全国广播电视媒介也先后进行了上述三项制度的改革。

1996 年，国家广电总局首次明确提出电视节目除新闻节目外实行制作和播出分离的指导意见。① 但业内有不同认识和争论，制播分离改革停滞不前。2009 年 8 月，国家广电总局正式出台制播分离改革的意见，制播分离积极稳妥地推进。

3. 管办分离，广播电视媒介回归本体

进入 21 世纪，党的十八大确定了全面建成小康社会和全面深化改革开放的目标，我国的广播电视管理体制改革向纵深发展。第四轮改革在 2013 年 3 月，国家新闻出版总署与国家广播电影电视总局合并，组建国家新闻出版广播电影电视总局，加挂国家版权局的牌子。② 与此相适应，全国除少数几个省市，也都组建了新闻出版广播电影电视总局。

2018 年 3 月，21 世纪新一轮广播电视管理体制改革开始。《国务院深化机构改革方案》强调，为加强新闻舆论工作，加强对重要宣传阵地的管理，充分发挥广播电视媒体的作用，在国家新闻出版广电总局广播电视管理职责的基础上组建国家广播电视总局，作为国务院直属机构，即为第五轮改革。新组建的国家广播电视总局在原新闻出版广电总局管理职能的基础上进行了"瘦身"，不再领导中央广播电视总台（原中央人民广播电台、中国国际广播电台、中央电视台），将原新闻出版广电总局的电影和新闻出版的管理职能划转出去。此轮改革，管办分离，广播电视媒介回归本体，行业管理成效明显。省市区广播电视管理机构、广播电视台的改革已于 2019 年上半年全部完成。

三、广播电视管理体制演进的特色

中华人民共和国成立 70 年，改革开放前广播体制的四次调整，改革开放后广播电视体制的五轮改革，有如下特色。

(一)"中枢神经系统"与国家"脉动"的同步

广播电视是社会的中枢神经系统，是一种敏感的时间媒介。而讲究时间的快

---

① 严威、黄京华：《中国广电传媒治理阶段与模式研究》，《当代传播》2012 年第 5 期，第 46 – 49 页。
② 蔡克难：《从大部制看编辑学研究的新机遇》，《编辑之友》2013 年第 9 期，第 47 – 48 页、64 页。

捷，需要高效运行的媒介组织，这种媒介组织的高效又集中在管理层级的高效运营。中国广播电视管理体制的演进，不断踩准国家的"脉动"，适应了时代需求。

中华人民共和国成立当天，中央广播事业局成立，这表明广播即刻与国家经济建设紧密相连。1949 年 3 月，毛泽东在中共七届二中全会上指出："新中国成立以后，人民广播要以恢复和发展生产为宣传的中心。"从中华人民共和国成立第一天起，广播与国家密切结合，这是一种高度"适应"，也是广播人的重大历史使命。当天中央人民广播电台进行的盛大直播，则塑造了中国"站起来"的国家形象，并开广播媒介政治传播、领袖传播、大型直播的先河，同时确立了大国广播播音风格。1957 年，国务院开始了以扩大地方自主权为主要内容的政府机构改革，① 中央广播事业局具体落实，推动了广播事业的快速发展。中华人民共和国成立后广播管理体制的四次调整，改革开放后广播电视管理体制的五轮改革，都与国家的总体调整、改革并肩而行，从而改革较为顺利。

（二）先"头部"后"身部"的全国范围全覆盖

欧美国家广播电视管理体制大致分为两大类：国家垂直独立性政府管理机构；地区/社会联合自治性管理机构。② 苏联广播电视体制分为三级：中央级、加盟共和国级和地方级，实行国营广播电视制度。③ 中华人民共和国成立时，虽然可以借鉴世界广播的文明成果，但国情不同，文化背景不同，无法照搬其体制及运行机制。中央广播事业局成立当天，"头部"层级由副局长兼任中央电台总编辑、第一第二副总编辑、局台合一，局台下辖编辑部（组），这在行政管理体制、广播媒介管理体制上，为"身部"——全国省市县广播管理机构和广播媒介引了路。之后，全国省市广播媒介也都设置了总编辑，负责电台宣传等事务，下辖编辑部和组。这样，广播管理机构、媒介组织形成了三级负责制，广播电视管理体制不断进化。

广播电视管理体制先"头部"后"身部"的做法被实践证明是可行的，尽管它存在明显的实用主义倾向。因为它要保持稳定性、系统性及普遍性，这不同于广播电视媒介组织某一方面业务的调整。

（三）"条条""块块"结合的内生管理体制

中华人民共和国成立后，我国广播电视管理体制在不断演化中，摸索了"条

---

① 黄金良：《新中国广播电视行政管理体制的演变》，《声屏世界》2009 年第 11 期，第 7 - 8 页。

② 蒋慰慧、郑涵：《欧美国家广播电视管理形态研究》，《广东第二师范学院学报》2011 年第 6 期。

③ 郭镇之：《中外广播电视史》，上海：复旦大学出版社，2005 年，第 105 页。

条""块块"结合的组织架构。这种组织架构符合中国广播电视行政管理规律，是一种内生的管理体制。1949 年 11 月《广播事业局组织条例》规定，广播事业局的职责是：领导全国各地人民广播电台，直接领导中央人民广播电台对国内和对国外广播；普及人民广播事业。1983 年 3 月，第十一次全国广播电视工作会议明确提出："各级广播电视机构之间实行上级广播电视部门和同级党委、政府双重领导，以同级党委、政府领导为主的管理体制。"[1] 这种体制既不同于美国，也不同于英国。给地方分权，充分调动了地方的积极性，也减轻了国家财力的负担。

（四）按广播电视规律办广播电视

中华人民共和国 70 年广播电视管理体制的演进，带来了广播电视新闻思想、新闻规律的自觉。中华人民共和国成立初期，中央电台在开国大典的播音叙事中，创造性地确立了庄重、朴素、亲切、自然的播音风格。而播音，本身包含着"二度创作"，因而，"声音传播"与"文字传播"甚至后来的"声画传播"就有本质区别。1950 年 4 月，中央电台进行节目调整，设置七档新闻节目及两档《记录新闻》，还设置了一档评论与《首都报纸摘要》。七档新闻与两档《记录新闻》有自采新闻与《报纸摘要》，但《首都报纸摘要》则全是首都报纸的新闻加评论，广播媒介作了大量删削，融入口语，变成声音新闻，这种口语化的声音新闻播音风格已经转向，再不是战争年代每一次播音都是一次战斗，强调气势、激情、调子、音量，而是转向中国广大听众适应的语态：庄重、朴素、亲切、自然。虽然报纸新闻的身影仍然存在，但用当代叙事话语，这已经是一种"融合新闻"，即声媒与纸媒的融合。在笔者看来，这是中国媒体融合的最初形态，尽管那时还没有媒介融合的理念，也是新闻思想自觉与新闻规律自觉。但十年浩劫，"四人帮"控制舆论，广播媒介只能播纸媒的文章，而且全文播出，不得删减。这个时期，广播媒介整体沦为了报纸的有声版，也无法做到新闻思想自觉、新闻规律自觉。

1958 年 5 月 1 日，北京电视台（中央电视台前身）诞生，标志电视在中国的起步。口播新闻始于 1958 年 11 月 2 日，初期称"简明新闻"，每次 5 分钟，文本由中央电台供给，这也是初始的广播与电视的融合。50 年代末 60 年代初，全国省市电视台相继成立，大多采取图片报道、口播新闻，采用新华社稿件及广播媒介供稿。但就在这样一种媒介环境下，还参与了全国两会以及重大事件如原

---

[1] 徐力：《中英足球赛与电视媒体经济关系研究》，北京体育大学硕士学位论文，2011 年，第 97 页、108 页。

子弹、氢弹爆炸，人造卫星的发射，南京长江大桥建成以及雷锋、王进喜、焦裕禄等先进典型的宣传。

中华人民共和国成立初期，美国彩色电视技术的日趋成熟，电视夺走大部分广播听众，广播媒介直面挑战，不畏艰难，1955 年随着音乐排行榜节目《最佳40 首》的兴起，音乐类型电台出现，将音乐的概念与广播的概念融合在一起，继而又产生细分市场、细分受众、音乐编排、时钟编排等概念。[①] 1965 年 4 月 19日，美国哥伦比亚广播公司（CBS）创办了世界上第一家全新闻电台。"全新闻电台这种形式就是全天 24 小时都滚动播出新闻节目，不设谈话类和音乐类节目，打开收音机就是新闻。"[②] 新闻的概念与广播概念结合在了一起。从此开始，广播按广播规律办广播形成高潮。

与中国早期的电视一样，美国早期的电视节目多是图片，观众由此给电视取了个绰号：带图片的烤箱。这个烤箱烤出来的"食物"总引不起观众的"食欲"。1980 年，有"南方的喉舌"之称的泰德·特纳（Ted Turner）创办了有线电视新闻网 CNN。CNN 头条新闻 24 小时不间断地播报新闻，它视野全球化——从世界上任何一个角落向全球播报新闻，而且新闻报道现场化。这种非凡的活力和反应速度突显了电视媒介新闻产品的特征，"带图片的烤箱"变成了"视频滚动的烤箱"。随着 CNN 的诞生，一些关键概念扎堆，在世界流行：24 小时滚动新闻、头条新闻、直播、纯新闻电视频道、图像记者等。这些观念，影响世界，也影响着正在发展的中国广播电视。

1983 年 3 月 31 日，第十一次全国广播电视工作会议召开，这次会议与前 10次会议有所不同，加了"电视"二字，标志"电视"被纳入治理范畴。[③] 会议提出"四级办广播、四级办电视、四级混合覆盖""扬独家之优势，汇天下之精华"方针，[④] 是广播电视新闻思想、新闻规律的再度自觉，极大调动了广播电视人的积极性，释放了广播电视人的潜能。1986 年 12 月 15 日，改变了广播传统语态、形态、媒介组织结构的广东珠江经济广播电台诞生，之后又出现专业化电台、类型化电台，广播媒介走上了按广播规律办广播的路径。

中国电视改革也应该视 1983 年为元年，春节联欢晚会创办于该年，至今也已 36 年；电视系列片《话说长江》、电视新闻杂志节目《九州方圆》也诞生于该年。而十年后的《焦点访谈》《实话实说》《东方时空》等节目，改变了电视的叙事方式，亲切自然、平等交流的"说话方式"越来越被更多的观众接受。

① 覃信刚：《类型化电台的子群体》，《中国广播电视学刊》2008 年第 5 期，第 88－91 页。
② 覃信刚：《类型化电台研究》，北京：中国广播电视出版社，2013 年，第 150 页。
③ 马池珠：《基于受众中心的农业电视传播体系研究》，华南师范大学博士学位论文，2006 年，第 113 页。
④ 易旭明：《中国电视产业的制度变迁与需求均衡》，上海大学博士学位论文，2011 年，第 97 页。

1978 年元旦定名的"全国电视台新闻联播"（后简称"新闻联播"），将新闻概念与电视概念结合在一起，使"电视新闻"在中国安营扎寨，电视人由此也树立了新闻职业意识，这种职业意识包含电视专业化、电视类型化。有研究者对《新闻联播》1999 年 11 月 8 日至 14 日、2000 年 11 月 13 日至 19 日的样本进行分析和研究，"将新闻的时效分为五类：今天、昨天、最近、无时间、将来。'今天新闻'是在新闻中明确使用了'今天'这个时间状语，其数量最多，共有 141 条，占新闻总数的 45.5%"①。这说明，《新闻联播》的时效性大大加强，同时，同期声的运用也有了很大进步，中国电视走上了按电视规律办电视的媒介路径。

（五）职能进化伴随广播电视管理体制的历史进程

职能属性是广播电视管理机构、广播电视媒介组织的根本属性。时代不断向前发展，政治、经济、文化、社会等环境的不断变化，促使广播电视行政管理机构、广播电视媒介组织职能具有变动性，通过改革体制机制及职能配置使广播电视管理机构、广播电视媒介组织权责一致，不断进化，是广播电视发展的应有之义。广播电视管理机构、媒介组织作为制度的载体，不但要回应现实关切，满足现实需求，更要关注未来，面向未来，管根本、管长远。从中华人民共和国成立至改革开放时期，中央广播事业局一直承担宣传和管理双重职能，这与计划经济体制吻合，由此形成了吃"大锅饭""干多干少一个样"的局面。1982 年，国家机关实施改革开放后的首次机构改革，撤销中央广播事业局，成立广播电视部，除了克服组织臃肿的问题，还解决人员老化、平庸的问题，这期间提拔任用了一大批优秀的中青年干部。1984 年 10 月，为适应新闻改革的需要，中央电台组建了新闻中心。1986 年的机构改革，增强了宏观管理职能，淡化了微观管理职能；广播电视管理体制逐步进化。1998 年的改革，仅保留了原广播电影电视部的事业管理机构职能，不再沿袭新闻宣传机关的职能。与此相适应，广播电视媒介组织加强了总编辑制，实施干部聘任制，进一步推动广播电视媒介干部的年轻化。2013 年的行政管理机构改革，深化了简政放权，放管结合、优化服务；2018 年的国务院机构改革，新组建的国家广播电视总局不再领导新组建的中央广播电视总台，中央广播电视总台在此轮改革中与国家广电总局、人民日报社平级，广播电视回归了本体地位，这是 70 年来我国广播电视管理体制最大的一次进化，这使我国广播电视事业行业管理和事业发展进入一个崭新的历史时期。

---

① 张毓强：《新闻学十年 1998—2008 多元与分化》，北京：中国传媒大学出版社，2010 年，第 58 页。

（六）技术驱动广播电视体制持续变革

面对层出不穷的新媒体，有专家一次又一次预言，广播将消亡。而随着互联网的出现，有研究者也认为电视将消亡。但是，广播抗风击浪，一再浴火重生，电视也求新求变、屹立不倒。这是为什么呢？因素很多，技术驱动是其中之一。广播科学技术从调幅、调频到立体声调频，从地面数字、卫星数字再到网络数字，电视科学技术从数字电视、网络电视、IP电视、移动电视、手机电视、高清电视到超高清电视，每次升级都在推动广播电视体制观念、运行的变迁。

1950年4月，政务院新闻总署发布《关于建立广播收音网的决定》，把抄收中央和地方电台广播的记录新闻，向群众介绍预告广播节目，组织群众收听重要节目作为三项重要任务。中央广播事业局、全国各地电台迅速行动，在技术上创新，支持、辅导和帮助收音站，"据1952年底统计，各地共建广播收音站23 700多个，收音小组数以万计，专职或兼职的收音员两万多名"[1]。从1952年开始，人民广播事业大力发展农村广播网，到1956年6月底，全国已有783个县市农村有线广播站。这个时候，全国电台技术人员增加，1956年2月20日，国务院发出《关于农村广播网管理机构和领导关系的通知》。通知除规定广播事业局设一相应机构负责全国农村广播网建设外，各省、自治区、直辖市人民委员会可设立广播管理局或处，负责全省（包括城市郊区）农村广播网的建设，并管省属市的人民广播电台。[2] 技术的扩展、升级，带来体制机制的变迁。随着电视诞生、发展，广播事业局变为广播电视部。与此相适应，广播电视科技司、科技委员会相继成立，并设置总工程师及技术办公室。媒介融合时代，媒介融合机构增设。技术驱动，广播电视体制处于持续变革中。

四、广播电视管理体制演进的本质

中国广播电视管理体制70年的变迁，有其内在规律，其本质如下：

（一）始终坚持马克思主义新闻观与中国广播电视实践相结合

美国和意大利政治科学家丹尼尔·C. 哈林（Daniel C. Hallin）、保罗·曼奇尼（Paolo Mancini）合作推出的《比较媒介体制——媒介与政治的三种模式》

① 赵玉明主编：《中国广播电视通史》，北京：北京广播学院出版社，2004年，第207页。
② 黄金良：《新中国广播电视行政管理体制的演变》，《声屏世界》2009年第11期，第7-8页。

（2004），是在三个美国学者西伯特（Siebert）、彼得森（Peterson）和施拉姆（Schramm）的《传媒的四种理论》（1956）闻名遐迩之后出版的，该研究探究政治与大众媒介结构的关联性，提炼出媒介体制的三种模式："自由主义模式，盛行于英国、爱尔兰和北美；民主法团主义模式，盛行于欧洲大陆北部；而极化多元主义模式盛行于欧洲南部地中海国家。"① 另有研究者认为，美国广播电视体制变迁，是从"公共委托模式"到"市场模式"。② 中国广播电视管理体制与上述几种模式都不相同，原因是中国广播电视体制具有内生性与原发性，是马克思主义新闻观与我国广播电视实践相结合的产物。这与其他国家采取跟进与模仿有本质区别。中华人民共和国成立后，1954 年 7 月到 9 月，中央广播事业局曾组成 18 人的中国广播代表团访问苏联，主要任务是学习苏联"老大哥"的广播工作经验。10 月编印《苏联广播工作经验》书籍发行，11 月在第二次全国广播工作会议上提出了学习苏联广播"集中统一"经验，实质性内容是要求各地方台用比较多的时间转播中央电台的节目，用比较少的时间播送自办的地方性节目。这次"媒介朝觐"学来的经验，导致地方台节目纷纷下马，严重削弱了地方广播媒介的传播作用。两年后，第四次全国广播工作会议认为这个做法是"错误的"，"应该加以否定"。实践说明，中国广播电视要借鉴世界广播电视的文明成果，但绝不能照搬照套。中国广播电视管理体制的演进，长期坚持把马克思主义新闻观与中国广播电视实践相结合，形成中国社会主义广播电视学、中国特色社会主义广播电视学，广播电视管理体制的层级、结构、职责、经办权、所有权不断进化，特别是 2018 年中央广播电视台以及全国广播电视台由广播电视管理部门实施行业管理、各级宣传部直接领导，作为国务院和地方政府的直属机构，这些演进举措都强化了马克思主义新闻观与广播电视实践的有机结合。

（二）始终体现以人民为中心的工作导向

中华人民共和国成立 70 年来，广播电视管理机构、媒介组织始终把人民放在心中最高位置，坚持为人民服务，为社会主义服务，这也是广播电视体制改革、调整的最终目的。中央电台前身——延安电台在纪念恢复本台广播一周年之际，在《大家都来说话——XNCR 周年纪念广播》中重申："我们创办这个电台，有一个真诚的愿望，就是我们说的话，不仅仅要代表人民的利益，而且我们愿意把它变成全国人民说话的地方。"③ 中华人民共和国成立后，北京新华广播电台

---

① ［美］哈林、［意］曼奇尼著，陈娟、展江等译：《比较媒介体制——媒介与政治的三种模式》，北京：中国人民大学出版社，2012 年，第 10 页。
② 张春华：《美国广播电视体制变迁研究》，北京：社会科学文献出版社，2015 年，第 109 页。
③ 赵玉明：《解放战争中的人民广播》，《现代传播》1981 年第 4 期。

正式定名为中央人民广播电台，强调了电台的人民性。调整、改革广播电视管理体制，办好节目，抓好覆盖，都是为了广大人民群众收听收看好广播电视。

中华人民共和国成立之初，刚刚"站起来"的人民群众还没有能力购买昂贵的接收设备，我国电子工业初创，也生产不出大量的收听工具，全国新闻工作会议认为，为广大人民服务，应在全国建立广播收音网。1950 年 4 月，新闻总署发布了《关于建立广播收音网的决定》，到 1952 年年底全国已建收音站 2.3 万个，农民群众敲锣打鼓，集体收听广播，一部收音机就有几百人收听，不得不排队进行。之后又发展农村广播网，再经过一系列覆盖工程，至 2018 年年底，全国广播电视综合人口覆盖率进入世界先进广播电视行业，就是最真实的写照。

（三）始终以广播电视的发展为要

从中华人民共和国成立 70 年的历史进程看，广播电视管理体制的演进，做的都是发展的工作。这种发展实践立足于中国特殊国情，从"发展人民广播事业"到"发展电视"，"发展人民广播电视事业、建设完善的广播电视体系"理念的提出，从建设"广播收音网"到"建设农村广播网"，到改革开放以来广播电视体制进行的五轮改革，以及秉承科学发展、新发展理念，改革广播电视管理体制、媒介组织结构，强化协调、分工、行业管理和所有权的分离，大规模改进节目形态、语态，推进一系列建设工程及媒介融合的实践，使中国建立了完善的广播电视体系，给人民群众带来了丰富多彩的节目，广播电视走进了千家万户，无处不在，这些都是发展的结果。

（作者系暨南大学新闻与传播学院博士生。）

会议综述

5G 时代广播的观念变革、战略重组与话语建构

——第四届中国广播创新发展高端论坛综述

覃榕

2019 年 10 月 12 日，中国高校影视学会广播专业委员会第一届理事会第四次会议暨第四届中国广播创新发展高端论坛在内蒙古鄂尔多斯市召开。此次会议由中国高校影视学会、内蒙古广播电视台主办，暨南大学新闻与传播学院、中国传媒大学文化产业管理学院联合承办。来自全国高校、业界的专家、学者共 100 多人，共同探索 5G 时代中国广播的发展路径，包括 5G 时代广播的观念变革、战略重组、话语建构与应急广播的定位与发展等。围绕"媒体融合、5G、人工智能、4K"等热点议题开展了主题演讲以及分论坛研讨。

一、5G 时代传统广播的迭代升级

5G 正在以一种迅猛之势进入人们的日常生活，各种媒介也开始了新阶段的转型。作为大众传媒行业的传统广播再次遇到了挑战，必须寻求新的发展路径。

（一）改变传播理念，拓宽发展渠道

中国传媒大学文化产业管理学院教授、博士生导师王宇思考的是 5G 时代广播融媒体需要"融"什么。她认为，融合是一个过程，最终的目标是全媒体。"90 后""00 后"成为行业的主力军时，媒介就是一个集成，已不存在融合的概念。媒介实现融合之后，它的目标是成为四全媒体，即全程、全效、全息、全员。这样，5G 时代广播融媒体需要在理念上进一步融合，打破媒介之间的边界，构建"四全"媒体，形成"你就是我、我就是你"的格局。融合过程中要从理念、技术、服务、内容等方面打造广播融媒体，重构与突破媒介之间的边界，坚持移动为先、用户至上、内容为王，形成多终端矩阵，个性化分发，提升传媒的服务性。跳出传媒看传媒，完成广播的迭代升级。

《华人头条》总编辑、海峡之声广播电台原总编辑卢文兴从广播行业者的角度入手，剖析了作为传媒从业者，要做到"内外兼修"。改变自身观念，依靠新技术解决老问题，从专业要求上力争使"触网"信息内外"两相宜"。他表示，

要增强"以人民为中心"的传播意识，创立"官民同台唱戏"的5G大数据音频传播平台，探索符合人们感知规律的传播"玩法"，塑造出谦逊自信、达观包容的传播形象。

（二）以声音为本，打破发展界限

重庆师范大学传媒学院院长、教授颜春龙发表了题为"5G时代传统广播与移动音频的融合"的主题演讲。他提出，要探索音频成为智能媒体，在5G时代为人类生活创造出更多的可能性。同时，也要"不忘初心"，牢记声音为本的原则。

浙江传媒学院新闻与传播学院教授吴生华探讨了5G时代广播业态将发生的多种蜕变，他认为大众广播与互联网音频媒体收听市场区隔将被打破，互联网广播发展呈现"泛音频化"趋势。他在题为"5G时代广播业态的大蜕变"的演讲中预测，5G将进一步促使互联网音频媒体直播化，直播和付费将成为平台化广播的主流。大众广播一直以来所追求的内容细分化的"类型化电台"模式，将以意想不到的方式在互联网大平台得以实现。"人工智能合成主播"使得"一切皆可播"，"视听"概念取代"广播电视"，视觉传播第一，听觉传播第二，互联网传播的泛视觉化和泛音频化趋势已日渐明朗。鉴于此，应打破发展界限，实施战略重组，探索各种融合模式。

（三）精准评估，把受众转化为用户

尼尔森网联副总裁牛存有提出，智能传播以全媒体智能发布系统为中心，利用大数据分析广播受众的生态，可以实现路径追溯、情感分析、影响评估、智能推荐和精准推送个性化、智能化信息服务。所以，也要相应地建立智能管理系统，通过不同模型及算法实现对用户特征的刻画、行为轨迹等多维度的分析，对媒体优质内容资源、活动资源、经营资源沉淀的多维度受众数据进行整合、清洗、认证、管理、记录、挖掘、分析，最终把智能化、个性化的信息数据服务转化为用户。他建议，传统广播要把受众转化为用户，要构建用户、声音、场景之间的联系，并明确用户需求，为用户送达更精准的优质内容。

二、5G 时代广播的战略转变与话语建构

在5G时代，中国广播面临新的机遇与挑战，如何开辟新的发展路径，探索5G时代中国广播走向，是这次与会专家、学者所关注的焦点。其中，"5G技术对中国广播的发展影响"受到了广泛关注。

广东广播电视台原副总编辑、南方财经全媒体集团原总编辑、暨南大学新闻

与传播学院讲座教授赵随意在演讲中提到，5G 时代开启，既是机遇又有挑战。他深入分析了 5G 技术给人类带来的生活方式的改变，以及 5G 技术将引起传媒行业在内容生产、商业模式、制作技术等方面的变革。5G 技术会给媒体机构、产品生产、经营创收都带来巨大改变，以制作技术为核心将会转为互联网技术为主战场，传播手段与方法也将更加多元化、多样性。面对 5G 技术的发展，他强调，5G 技术既是机遇又是挑战，战略思维模式要创新及转变，媒体机构要及时进行整合，产品生产要不断丰富。在这个过程中，不要过度恐慌也不要胆怯，应顺应趋势利用好 5G 技术，创造无限可能。

对于 5G 技术的普及问题，中央广播电视总台央广网副总编辑伍刚也提出了自己的看法。在回顾了央广网的创新实践后，他提出重新理解全球传播格局与中国发展的关系。此外，他还分析了智能、移动与云对于构建中国网络强国的影响。他认为，随着 5G 技术的普及，5G + AI + 4K 的万物互联将以锐不可当的趋势席卷全球，这也将给广播媒体带来跨越代差、直接向智能媒体迭代的历史性机遇。届时广播的媒介生态将发生不可想象的改变，但关键是要及时构建起智能媒体生态平台。

中国人民大学新闻学院教授、博士生导师周小普在演讲中阐述了技术变革下的传播背景以及技术变革对传播内容的影响，并在此基础上分析广播发展现状。她认为，技术扮演的角色不应仅仅呈现在丰富传播手段、更新表达形式层面，而应该渗透于重塑新的意义生产这种生态层面的实践中。5G 技术将会带来更大的传播场景突破，技术的发展驱动需要我们重构专业话语体系，并激活我们的存量内容以及存量能力。5G 环境下的广播，仍然要保持广播媒体以受众为中心、全心全意为人民服务的基本功能。通过 5G 提供的技术支持，重新认识声音。进一步改善用户体验，提升广播媒体的服务功能，紧紧黏住用户，实现习近平总书记提出的"受众在哪里，宣传报道的触角就要伸向哪里，宣传思想工作的着力点和落脚点就要放在哪里"的目标。

三、5G 时代广播自媒体的模式建构与运营

5G 时代广播自媒体如何运营和创新，与会专家、学者从自媒体社群、广播未来发展等角度进行了研讨。来自华中农业大学文法学院的毕耕提出了自己对于自媒体社群的建设与运营的思考。他提出，5G 时代，广播媒体点对面的传播已被打破。自媒体社群的建设模式有两种，一种是基于平台建设的社群，包括自媒体平台、微信公众号、微信群、个人微信等构成的一个群体，另一种是基于用户的共同体验而建设的社群，包括共同的价值观、意识、身份认同，共同的场域，

用户互动和交流平台，两种模式循环互动，传播范围广泛。自媒体社群运营的模式核心是以内容为王，付费的形式可加强运营，利用信息共享可增强参与感，这也是主要模式。通过建设模式来建构社群，吸引更多的用户参与，同时坚持以内容为王的理念，运用付费、共享、互利的方式尽量让社群成员成为内容的贡献者，提升存在感和参与感。同时还要找准需求实施的差异化定位，以满足用户需求为目标，根据不同阶段实施不同的策略，继而运营和维系自媒体社群，从而实现留住用户、扩大影响的目的。

四、5G 时代应急广播的定位与发展

对于广播的发展，在不同的分会场同时提出了应急广播这一话题。来自华南农业大学的副教授唐涤非表示，融媒体环境下的广播，会打破不同行业之间老死不相往来的状态。与其他媒体一起共同在大协作的网络当中，取长补短、共同协作、共谋发展。她同时提道：随着社会的发展和技术的进步，必然会推动广播管理思维的革新，广播的应急功能还暂时无法被其他媒体替代，而 5G 的技术发展为新媒体创造新的机遇，使广播能够逆势而上，转型做应急广播系统。虽然这还只是处于起步的状态，但是已经形成规模，而且广播覆盖成本低，它能够有效对接现在的"村村响""户户通"。在山区、地质灾害频发的一些地方，它能够发挥重要的作用，所以这也许可能是广播新的生存点。对应急广播同样有着思考的还有来自暨南大学的博士研究生覃榕，她提出，5G 技术可以精准定位，从而实现某个区域的应急广播，应融合 5G，建立更高效的应急广播机制，利用 5G 技术，更加快速发声。利用 5G 技术、5G 基站、5G 天线，在最短时间内构建起国家应急广播，实现应急广播的 5G 网络广播并发声。利用 5G + 微波，为应急广播的躯干网络提供技术支撑保障，在实现最大区域微波骨干网的精准无缝覆盖时，自动向邻近区域的消防、医疗、公共交通（如铁道、船舶、航空等）相关部门发布信息。多部门联动，形成畅通的信息交换机制。

在广播行业发展过程中，业界也有不少疑惑。研讨会中，来自甘肃广播电视台的青少广播副总监王成梧提出了发展中遇到的机制阻碍、人才流失、财务制度等问题，与专家、学者们进行了探讨。在研讨会上，也有学者聚焦中国 70 年以来的广播发展与改变，关注技术变迁给广播带来的影响与机遇。安徽大学的童云博士对广播终端进行了较为全面的梳理。此外，与会专家、学者还讨论了 5G 时代广播发展的其他议题。

（作者系暨南大学新闻与传播学院 2018 级博士研究生）

后 记

　　经历了 2G、3G、4G 网络带来的变化和便利，5G 网络也已经走进我们的生活。从 2018 年开始，5G 这一话题便以山雨欲来风满楼之势频频出现在传媒业界、学界的研究和讨论之中，这一拥有超高传输速度、超低延时、超高连接密度和超大带宽的新型信息网络，给传媒行业提供了巨大的想象与应用前景。那么，作为传统媒体的广电机构如何才能在这一次巨大的考验中把握时机积极进行战略转型和部署，学术界又该如何在 5G 环境下大展拳脚，提出更具理论性和突破性的研究？为此，由中国高校影视学会、内蒙古广播电视台主办，中国传媒大学文化产业管理学院和暨南大学新闻与传播学院联合承办的中国高校影视学会广播专业委员会第一届理事会第四次会议暨第四届中国广播创新发展高端论坛，于 2019 年 10 月 11—13 日在内蒙古鄂尔多斯市举行，来自全国高校、业界的 100 多位专家、学者和业界同人，就中国 70 年广播的发展成就与主要经验、5G 时代广播电视发展趋势与变革、智慧广电的理论建构与实践、音频与 5G 移动客户端融合发展、5G 时代广播新运营模式探索等相关话题进行专题研讨。

　　本届研讨会得到了中国高校影视学会秘书处的悉心指导以及云南广播电视台的大力支持。《现代传播》《编辑之友》《中国广播电视学刊》《传媒》《中国广播》《现代视听》《声屏世界》为与会代表提供了学术交流的平台，故收入本书的论文有的已在这些刊物发表。个别参会论文在本书出版前吸收了新的研究成果，在局部方面做了些许调整与改动。内蒙古广播电视台原总编辑张兴茂和台办公室秘书综合科科长宋塔娜为研讨会的顺利召开付出了诸多努力；中国广播电视社会组织联合会学术委员会副主任、云南广播电视台原台长、云南师范大学传媒学院教授、博士生导师覃信刚在百忙之中拨冗作序；作为本书的副主编，张建敏副教授在论文收集、整理和分类方面做了大量的工作；暨南大学出版社的雷晓琪编辑为本书的如期出版也付出许多辛劳。在此，一并表示由衷的谢意！

申启武

2020 年 8 月